Sorin Gadeanu

Intelligente Laute: Ein System mit eigener Ordnung /
Sunete inteligente: Un sistem cu ordine propie

Sprachwissenschaft, Band 29

Sorin Gadeanu

Intelligente Laute:
Ein System mit eigener Ordnung

Dynamisch-funktionale Kategorien zur „Phonetologie"
des Deutschen für Rumänischsprachige

Sunete inteligente:
Un sistem cu ordine propie

Categorii dinamic-funcţionale ale „fonetologiei"
limbii germane pentru vorbitorii de limba română

Frank & Timme

Verlag für wissenschaftliche Literatur

ISBN 978-3-7329-0229-3
ISSN 1862-6149

Herstellung durch Frank & Timme GmbH,
Wittelsbacherstraße 27a, 10707 Berlin.
Printed in Germany.
Gedruckt auf säurefreiem, alterungsbeständigem Papier.

www.frank-timme.de

Es ist zu bemerken, dass wir hier Sachen, nicht Wörter definiert haben; die aufgestellten Unterscheidungen sind daher durch gewisse mehrdeutige Termini, die sich von einer Sprache zur anderen nicht decken, nicht gefährdet. So bedeutet deutsch S p r a c h e sowohl „langue" (Sprache) als „langage" (menschliche Rede); R e d e entspricht einigermaßen dem „parole" (Sprechen), fügt dem aber noch den speziellen Sinn von „discours" hinzu. Lateinisch *sermo* bedeutet eher „langage" und „parole", während *lingua* die Sprache (langue) bezeichnet, usw. Kein Wort entspricht genau den oben aufgestellten Begriffen. Deshalb ist jede Definition im Hinblick auf Wörter vergeblich; es ist eine verkehrte Methode, von Wörtern auszugehen, um Sachen zu definieren. (SAUSSURE: [3]2001, S. 17)

Este de remarcat că aici am definit concepte, nu cuvinte; diferenţierile pe care le-am făcut nu sunt deci ameninţate de către anumiţi termeni plurivoci, care nu au acoperire în trecerea de la o limbă la cealaltă. Astfel în germană l i m b ă înseamnă atât „langue" (limbă) cât şi „parole" (vorbire umană); v o r b i r e corespunde oarecum lui „parole" (vorbirea), adaugă însă acestuia şi sensul special de „discours". Latinescul *sermo* înseamnă mai degrabă „langage" şi „parole", pe când *lingua* desemnează limba (langue), ş.a.m.d. Nici un cuvânt nu corespunde exact conceptelor enunţate anterior. De aceea orice definiţie ce pleacă de la cuvinte este deşartă; a porni de la cuvinte pentru a defini concepte rămâne o metodă de la coadă la cap. (SAUSSURE: [3]2001, p. 17)

meinen Eltern
părinţilor mei

INHALTSVERZEICHNIS

CUPRINS

VORWORT

Eine Handvoll aus der Universität in die höhere europäische Staatsverwaltung geflüchtete politische Bildungsmanager treiben seit 2002 über die ihnen zur Verfügung stehenden autokratischen Strukturen der Exekutive die Industrialisierung des Hochschulbetriebes voran.

Dieser Band versteht sich unter anderem auch als eine Reaktion auf die Auswirkungen des Bologna-Prozesses – nicht etwa gegen den Geist seiner deklarierten hehren Ziele, sondern gegen die buchhalterische Quantifizierung von Effizienz in den Geisteswissenschaften, die dieser mit sich bringt.
Denn eben diese führt zur exzessiven Verschulung und Verflachung im Hochschulwesen und läutet den Tod des Humboldtschen Bildungsideals an der Universität ein.

Was soll man also tun?

Man soll das Humboldtsche Bildungsideal der Universität verteidigen. Deswegen bringt die diachrone Strukturierung des Bandes auch Themenbereiche der verstorbenen Fächer *Geschichte der linguistischen Strömungen* und *Vergleichende Grammatik der germanischen Sprachen*, die eigentlich zur Allgemeinbildung eines Germanisten gehören sollten, aber sowohl aus den rumänischen, als auch aus den binnendeutschen Germanistik-Curricula bereits vor Bologna wegrationalisiert wurden.

In einem weiteren Zusammenhang:
Mein Dank gilt Ludwig Maximilian Breuer, der mit Rat und Tat die Entstehung der deutschen Fassung dieses Bandes mitverfolgt hat.
Meine Eltern haben die Geduld aufgebracht, die rumänische Fassung des Textes gegenzulesen und mich in seiner kurzen, aber umso intensiveren Entstehungszeit zu unterstützen.

Frau Heidrun Henresz und Frau Dagmar Şiclovan haben mit akribischer Genauigkeit und mit viel Geduld die Endfassung auf Korrektur gegengelesen.

Wien / Temeswar / Bukarest, Januar – Mai 2008
sowie im November 2015

CUVÂNT INAINTE

O mână de manageri educaţional-politici refugiaţi din universitate în administraţia superioară de stat europeană forţează din 2002 industrializarea vieţii universitare prin structurile autocratice ale puterii executive ce le stau la dispoziţie.

Acest volum se citeşte, printre altele, şi ca o reacţie la efectele procesului de la Bologna – nu împotriva spiritului înaltelor sale ţeluri declarate, ci împotriva contabilizării eficienţei în ştiinţele umaniste, pe care acesta o aduce cu sine.
Căci tocmai aceasta duce la o excesivă aplatizare şcolarizantă în învăţământul superior şi la decesul idealului de cultură şi educaţie universitar propus de Humboldt.

Ce se poate deci face?

Se poate apăra idealul Humboldtian al Universităţii.
De aceea volumul de faţă aduce în discuţie şi aspecte din răposatele dicipline *Istoria doctrinelor lingvistice* şi *Gramatica comparată a limbilor germanice*, parte a culturii generale de specialitate a unui germanist, dar raţionalizate atât din planurile de învăţământ germanistice din România cât şi din cele ale spaţiului de limbă germană chiar înainte de Bologna.

În altă ordine de idei:
Ţin să mulţumesc lui Ludwig Maximilian Breuer, care a urmărit cu sfatul şi cu fapta finalizarea variantei germane a acestui volum.
Părinţii mei au avut răbdarea să efectueze corectura manuscrisului românesc şi să mă sprijine în faza sa scurtă, dar cu atât mai intensivă de elaborare.

D-na Dagmar Şiclovan, şi mai apoi d-na Heidrun Henresz au avut amabilitatea de a efectua cu multă acribie şi cu multă răbdare corectura variantei finale a textului.

Viena / Timişoara / Bucureşti, ianuarie – mai 2008,
precum şi în noiembrie 2015

I. EINLEITUNG

Warum eine deutsche Phonetik und Phonologie mit dem Zusatz „für Rumänischsprachige"?

Erstens, weil die Anzahl der interessierten rumänischsprachigen Leser mit geringeren Deutschkenntnissen in den letzten zwei Jahrzehnten sprunghaft angestiegen ist. Zweitens, weil die meisten im binnendeutschen Raum erschienenen Werke zur Phonetik und Phonologie hauptsächlich auf muttersprachliche und weniger auf fremdsprachliche Adressaten zugeschnitten sind.

Drittens, weil die bislang in Rumänien erschienenen und für Rumänischsprachige gedachten Arbeiten entweder vergriffen oder schwer zugänglich sind.

Die synoptische Gliederung des Systems der hier diachronisch vorgestellten „intelligenten Laute" hat selbstverständlich Vor- und Nachteile. Dem zweisprachigen Leser zwingt die Synopsis, beziehungsweise die kontrastive Lektüre des Textes, eine unwillkürliche Gedankengymnastik von einer Sprache zur anderen sowie eine terminologische und begriffliche Mobilität auf.

Für den philologisch geschulten Deutschlerner bietet diese Gliederung zum einen den optimalen Einstieg in die Fachsprache, zum anderen eine Möglichkeit, seine Deutschkenntnisse auf eine vielleicht ungewohnte, aber umso effizientere Art zu vertiefen.
Freilich birgt aber diese Vorgehensweise auch eine nicht zu übersehende Gefahr: jene der potenziellen Halbierung des Informationsgehaltes.

Ob diese durch eine Tiefe des Inhalts und durch die zweisprachige Gedankengymnastik der Lektüre wettgemacht werden kann, wird der Leser selbst entscheiden.

I. INTRODUCERE

De ce o fonetică şi fonologie a limbii germane cu specificaţia: „pentru vorbitorii de limba română“?

În primul rând, pentru că numărul cititorilor români interesaţi, însă cu cunoştinţe sumare de limbă germană, a crescut mult în ultimele două decenii. În al doilea rând, pentru că majoritatea tratatelor de fonetică şi fonologie apărute în spaţiul lingvistic german sunt concepute mai degrabă pentru cititori vorbitori nativi de limba germană şi mai puţin pentru cei care învaţă această limbă.

Şi în al treilea rând, pentru că lucrările de fonetică şi fonologie a limbii germane apărute până în prezent în România şi concepute pentru vorbitorii nativi ail limbii române sunt fie epuizate, fie greu accesibile.

Structurarea sinoptică a sistemului „sunetelor inteligente“ prezentate aici diacronic are, bineînţeles, atât avantaje cât şi dezavantaje. Sinopsa, respectiv lectura contrastivă a textului, îi impune cititorului bilingv o gimnastică intelectuală involuntară de la o limbă la alta, precum şi o benefică mobilitate terminologică şi conceptuală.

Pentru cei ce învaţă limba germană şi au o formaţie filologică această structurare oferă pe de o parte o introducere optimă în limbajul de specialitate german, pe de altă parte o posibilitate de aprofundare a cunoştinţelor pe o cale mai neobişnuită, dar cu atât mai eficientă.

Însă această structurare ascunde, bineînţeles, şi o primejdie deloc de neglijat: anume potenţiala înjumătăţire a volumului de informaţie din text.

Dacă aceasta poate fi compensată printr-o profunzime a conţinutului şi prin gimnastica intelectual-bilingvă a lecturii, rămâne la latitudinea cititorului.

Ein weiterer Preis des vorliegenden zweisprachigen Ansatzes mit dem Fokus auf das Deutsche wird im Duktus der rumänischen Textvariante erkennbar.

Zwar ist diese nicht auf eine Interlinearversion beschränkt, doch verzichtet sie mitunter auf ihre stilistische Autonomie, dies zugunsten der Funktion als lexikalisches, semantisches, morphologisches und syntaktisches Auxiliarium des deutschen Basistextes.

So kann aber der umständliche Handgriff des rumänischen Lesers zum Wörterbuch durch einen kurzen klärenden Blick auf die rumänischsprachige Variante des Textes aufgehoben werden.

Freilich kann und soll diese radikale Methode der vorliegenden zweisprachigen Ausgabe nicht das tatsächliche Erlernen der deutschen Sprache ersetzen.
Ihr Zweck ist es, dem rumänischsprachigen Leser – ob mit geringen oder fortgeschrittenen Deutschkenntnissen – den leserfreundlichen, wörterbuchfreien und unmittelbaren Zugang zu den theoretischen und praktischen Fragestellungen der deutschen Phonetik und Phonologie zu ermöglichen.

Die Übersetzung der zitierten Quellen sowie jener Begrifflichkeiten, die bislang kein rumänisches Äquivalent hatten, stammt aus der eigenen Werkstatt. Deutschsprachige Originalzitate werden in der Schreibung des Originals wiedergegeben, die mitunter von der gegenwärtigen deutschen Rechtscheibung abweicht.

Allerdings wurde auch in der Übersetzung dieser, wie im Falle der rumänischen Variante des Basistextes, der Stil bisweilen zugunsten der syntaktischen und der textuellen Spiegelung der deutschen Fassung geopfert.
Selbstverständlich könnte sich nun die Übersetzung dieser Zitate stellenweise von der Form her merkwürdig anlesen, dennoch stehen sie vom Inhalt her dem synoptischen Spiegelungsprinzip umso näher.

Un al doilea impediment, cel al abordării bilingve şi al focusului pe limba germană devine vizibil în stilistica variantei româneşti a textului.
Ce-i drept, aceasta nu se reduce la o versiune interlineară, dar ea renunţă pe alocuri la autonomia sa stilistică în favoarea funcţiei de auxiliar lexicologic, semantic, sintactic şi morfologic al textului de bază german.

Astfel însă, permanenta şi mult stânjenitoarea recurenţă a cititorului român la dicţionar se poate reduce la o scurtă privire lămuritoare pe varianta română a textului.

Această metodă radicală a prezentei ediţii bilingve nu poate şi nu doreşte, bineînţeles, să înlocuiască învăţarea efectivă a limbii germane.

Scopul ei este să îi permită vorbitorului român ce învaţă limba germană – fie el avansat sau începător – accesul nemijlocit la chestiuni teoretice şi practice de bază ale foneticii şi fonologiei limbii germane dincolo de mijlocirea dicţionarului.

Traducerea citatelor, la fel şi traducerea acelor termeni care nu aveau până în prezent echivalente în limba română a fost efectuată în regie proprie.

Pentru citatele în original din limba germană s-a păstrat grafia originalului, care diferă pe alocuri de cea contemporană.

În traducerea acestora, ca şi în cazul variantei româneşti a textului de bază, s-a sacrificat pe alocuri stilul, în favoarea oglindirii sintactice şi textuale a variantei germane.

Bineînţeles că e posibil ca traducerea acestor citate să prezinte pe alocuri forme neobişnuite; ele vor corespunde însă cu atât mai mult din punct de vedere al oglindirii conţinutului, principiului sinoptic.

Erste Grundlagen einer deutschen Phonetik für Rumänischsprachige bietet Bruno Colbert im ersten Abschnitt seiner 1961 erschienenen *Gramatica limbii germane* [Grammatik der deutschen Sprache].

Darin bringt der Autor erste kontrastiv-didaktisierende Ansätze, in denen er vom Rumänischen als Referenzsprache ausgeht. Colbert beschränkt sich in seinem Kapitel zur Phonetik zunächst auf die praktische Phonetik.

Die diachronische Beschreibung des Deutschen nimmt er erst in seinem Standardwerk aus dem Jahre 1963 vor, *Limba germană contemporană. Vol. I. Fonetica* [Die deutsche Sprache der Gegenwart. Bd. I. Die Phonetik].

1968 erschien unter dem Titel *Gramatica practică a limbii germane* [Praktische Grammatik der deutschen Sprache] ([2]1974) ein Lehr- und Übungswerk, das zu einem deskriptiv-normativen Klassiker für rumänischsprachige Deutschlerner geworden ist.

Allerdings fristet dieser von Basilius Abager, Emilia Savin und Alexandru Roman veröffentlichte Band trotz seiner verdienstvollen sprachpraktischen Gliederung und trotz seiner Fülle an exzellent aufgebauten Übungen ein Mauerblümchendasein.

Dank seiner detailreichen Ausführlichkeit und seiner praktischen Anschaulichkeit empfiehlt sich dieses Werk auch heute als unentbehrlich für rumänischsprachige Lerner des Deutschen.

An Colbert schließt im Jahre 1979 die exzellente Synthese *Phonetik und Phonologie des Deutschen* [Fonetica şi fonologia limbii germane] von Gertrud Gregor Chiriţă an.

Dank seiner klaren Gliederung und der Fülle an systematischen Informationen wurde dieser Band zum akademischen Standardwerk zur Phonetik und Phonologie des Deutschen für Rumänischsprachige.

Primele baze ale unei fonetici germane pentru vorbitorii de limba română o oferă secţiunea întâi din lucrarea *Gramatica limbii germane* [Grammatik der deutschen Sprache] de Bruno Colbert apărută în 1961.

În aceasta autorul aduce prime elemente de fonetică contrastiv-didactizante pornind de la romana ca limbă de referinţă. Colbert se rezumă în această secţiune a lucrării sale, pentru început, la o fonetică practică.

El abordează descrierea diacronică a germanei doar în lucrarea sa de referinţă din anul 1963, *Limba germană contemporană. Vol. I. Fonetica* [Die deutsche Sprache der Gegenwart. Bd. I. Die Phonetik].

În anul 1968 apare sub titlul *Gramatica practică a limbii germane* [Praktische Grammatik der deutschen Sprache] (^{2}1974) un manual însoţit de exerciţii, care a devenit o lucrare clasică de factură descriptiv-normativă pentru vorbitorii români ce învaţă limba germană.

Din păcate acest volum, realizat de Basilius Abager, Emilia Savin şi Alexandru Roman, a alunecat în uitare, aceasta în pofida merituoasei sale structurări orientate spre practica învăţării şi în pofida bogăţiei sale de exerciţii excelent concepute.

Datorită extensivei şi amănunţitei tratări a subiectului, precum şi datorită structurii sale practice, această lucrare rămâne până în ziua de azi de neînlocuit pentru vorbitorii români care învaţă limba germană.

În succesiunea lucrării lui Colbert apare în 1979 excelenta sinteză lui Gertrud Gregor Chiriţă, *Phonetik und Phonologie des Deutschen* [Fonetica şi fonologia limbii germane].

Această lucrare a devenit, datorită structurării sale clare şi a bogăţiei de informaţie sistematic prezentată, lucrarea academică standard de fonetică şi fonologie a limbii germane pentru vorbitorii de limba română.

Hingegen geht Chiriță in ihrem zweiten Werk, *Das Lautsystem des Deutschen und des Rumänischen* [Sistemul de sunete al germanei și românei], einer Arbeit, die als Teil eines groß angelegten Projektes zur Deutsch-Rumänischen kontrastiven Grammatik von Ulrich Engel und Speranța Stănescu erschienen ist, von der rumänischen Phonetik und Phonologie aus und vergleicht diese mit dem Deutschen. Dieses Werk bietet rumänischsprachigen Philologen einen indirekten, aber dafür umso leichteren Einstieg in die Materie.

Aus der Reihe der empirischen Untersuchungen der Nachkriegszeit wären abschließend zwei Arbeiten zu erwähnen.
Die erste größere Studie in diesem Bereich, *Statistische Untersuchungen über die Phoneme im Deutschen und im Rumänischen* [Cercetări statistice asupra fonemelor limbii române și limbii germane] entstand 1965 und stammt von Delia Arsenovici.
Darin nimmt die Autorin einen ersten ausführlichen Vergleich der Phonemhäufigkeit und Phonemfrequenz im Deutschen und Rumänischen anhand eines Textkorpus vor.

Den Bogen schließt die neueste Untersuchung von Ileana Moise, *Akzent und Rhythmus im Deutschen und Rumänischen* [Accent și ritm in germană și română] aus dem Jahre 2004.
Diese bedeutende und breit angelegte empirisch-kontrastive Untersuchung enthält auch einen exzellenten theoretischen Teil zu Fragen der suprasegmentalen Phonetik.

Die vorliegende „Phonetologie" kann zunächst als eine zu Ende gedachte philologische Phonetik gelesen werden. Sie will eine wissenschaftsgeschichtliche Verortung vornehmen und ist zugleich eine Infragestellung des phonetisch-phonologischen Kanons.

Sie untersucht also nicht alleine ausgewählte phonetische Schwerpunktsetzungen in der Linguistik, sondern geht von diesen aus, um die Taxonomie der Lehre von den Sprachlauten und ihrem System zu hinterfragen.

În schimb a doua lucrare a lui Chiriţă, *Das Lautsystem des Deutschen und des Rumänischen* [Sistemul de sunete al germanei şi românei], publicată în cadrul unui amplu proiect de gramatică contrastivă germană-română al lui Ulrich Engel şi Speranţa Stănescu, porneşte de la fonetica şi fonologia limbii române, pe care o compară cu cea a limbii germane.
Această lucrare oferă filologilor vorbitori de limba română o cale de acces indirectă, dar cu atât mai facilă în materie.

Din seria de lucrări empirice apărute după cel de-al doilea război mondial în România sunt de menţionat finalmente două lucrări.

Primul studiu de proporţii mai mari în acest domeniu, *Statistische Untersuchungen über die Phoneme im Deutschen und im Rumänischen* [Cercetări statistice asupra fonemelor limbii române şi limbii germane] a fost conceput de Delia Arsenovici în 1965.

El compară pentru prima dată amănunţit repartiţia şi frecvenţa fonemelor în germană şi în română pe baza unui corpus de texte.

Ciclul se încheie cu recenta cercetare a lui Ileana Moise din anul 2004, intitulată *Akzent und Rhythmus im Deutschen und Rumänischen* [Accent şi ritm in germană şi română].
Acest important şi amplu studiu de fonetică empiric-contrastivă conţine şi o excelentă parte teoretică ce tratează probleme de fonetică suprasegmentală.

Prezenta „fonetologie" poate fi citită, la prima lectură, ca o fonetică filologică gândită până la capăt. Ea îşi propune o analiză a poziţionărilor în istoria ştiinţei şi este în acelaşi timp o analiză critică a canonului fonetic şi fonologic.

Ea nu cercetează deci doar selectiv puncte de referinţă fonetice în doctrinele lingvistice, ci porneşte de la acestea pentru a pune în discuţie taxonomia ştiinţei despre sunetele limbii şi sistemul acestora.

II. LINGUISTIK UND PHONETIK:
DIE GRUNDBEGRIFFE

2.1. Wilhelm von Humboldt: Ergon und Energeia

In seiner Sprachauffassung unterscheidet Wilhelm von Humboldt (Potsdam, 22. Juni 1767 – Tegel / Berlin, 8. April 1835) zwischen zwei Aspekten des Sprachlichen, die er **Ergon** und **Energeia** nennt. Als Ergon bezeichnet er das Gegebene, das statische Gefüge der Sprache, während Energeia der ununterbrochene Prozess der Sprachgestaltung durch die konkrete, lebendige Rede ist. In der heutigen Terminologie könnte man unter Ergon den stofflichen Vorrat an Wörtern und grammatischen Regeln verstehen und diesen als statische Erscheinung bezeichnen, während Energeia als Summe der konkreten Sprechakte eine Tätigkeit wäre.

So bilden Ergon und Energeia, die sich ergänzen und nicht ausschließen, zusammen das Wesen der Sprache:

> Die Sprache, in ihrem wirklichen Wesen aufgefasst, ist etwas beständig [sic!] und in jedem Augenblicke Vorübergehendes. ... Sie selbst ist kein Werk (*Ergon*), sondern eine Thätigkeit (*Energeia*). Ihre wahre Definition kann daher nur eine genetische sein. Sie ist nämlich die sich ewig wiederholende A r b e i t d e s G e i s t e s, den a r t i c u l i e r t e n [Sperrungen: W.v.H.], L a u t zum Ausdruck des G e d a n k e n fähig zu machen. Unmittelbar und streng genommen, ist dies die Definition des jedesmaligen S p r e c h e n s [Sperrung: W.v.H.]; aber im wahren und wesentlichen Sinne kann man auch nur gleichsam die Totalität dieses Sprechens als die Sprache ansehen. (von HUMBOLDT: 1836, §.8., S. LVII.)

Humboldt sieht also die Sprache als eine „sich ... wiederholende Arbeit des Geistes", als einen Prozess, in dem die zunächst bedeutungslosen, artikulierten Einzellaute vom Menschen zum Ausdruck eines Gedankens geformt werden.

II. LINGVISTICĂ ŞI FONETICĂ:
TERMENI FUNDAMENTALI

2.1. Wilhelm von Humboldt: Ergon şi Energeia

Wilhelm von Humboldt (Potsdam, 22 iunie 1767 – Tegel / Berlin, 8 aprilie 1835) diferenţiază în concepţia sa despre limbă două aspecte pe care le numeşte **Ergon** şi **Energeia**.

El denumeşte Ergon datul, structura statică a limbii, pe când Energeia este procesul neîntrerupt de articulare, formare şi realizare a limbii prin vorbirea concretă şi vie. În terminologia actuală s-ar înţelege prin Ergon rezerva materială de cuvinte şi reguli, un concept static, în timp ce Energeia ar fi suma actelor concrete de vorbire, adică o acţiune.

Astfel Ergon şi Energeia, care se completează şi nu se exclud, formează împreună esenţa limbii:

> Limba, percepută în esenţa sa, este ceva peren şi în acelaşi timp ceva clipă de clipă trecător şi efemer. ... Limba însăşi nu este o lucrare (Ergon), ci o acţiune (Energeia).
>
> Definiţia ei adevărată nu poate deci fi decât una genetică. Anume ea este o l u c r a r e a s p i r i t u l u i ce se repetă permanent şi care permite s u n e t u l u i a r t i c u l a t [sublinieri: W.v.H.], să devină expresie a gândului. Luată nemijlocit şi strict vorbind, aceasta ar fi deci definiţia actului de vorbire particular, definiţia fiecărei a c ţ i u n i d e a v o r b i [subliniere: W.v.H.]. Dar în sensul adevărat nu putem privi decât totalitatea acestei vorbiri ca limbă. (von HUMBOLDT: 1836, §.8., p. LVII.)

Humboldt vede deci limba ca pe o „lucrare ... [repetitivă] a spiritului", ca pe un proces în care sunetele individuale, pentru început lipsite de sens, sunt prelucrate de către om într-o expresie a unui gând.

Zu diesem Ausdruck kommt der Mensch aber erst über den „articulirten Laut", also über eine phonetische Erscheinung.

Indem er diesen Prozess in den Mittelpunkt seiner Sprachdefinition setzt, unterstreicht Humboldt einerseits seine genetische Sprachauffassung. Andererseits belegt er die zentrale Bedeutung der gesprochenen Sprache als Grundlage der sprachwissenschaftlichen Forschung. Diese kommt auch an einer anderen Stelle zum Ausdruck, an der Humboldt seine Begriffsprägungen Ergon und Energeia selbst genauer erklärt:

> Es gehört aber allerdings eine eigne Richtung der Sprachforschung dazu, den im Obigen vorgezeichneten Weg mit Glück zu verfolgen. Man muss die S p r a c h e nicht sowohl wie ein todtes E r z e u g t e s, sondern weit mehr wie eine E r z e u g u n g ansehen, mehr von demjenigen abstrahiren, was sie als Bezeichnung der Gegenstände und Vermittelung des Verständnisses wirkt … . Man kann nun dem Ziele näher rücken, die einzelnen Wege anzugeben, auf welchen den mannigfach abgetheilten, isolirten und verbundenen Völkerhaufen des Menschengeschlechts das G e s c h ä f t der S p r a c h e r z e u g u n g [Sperrungen: W.v.H.] zur Vollendung gedeiht. (von HUMBOLDT: 1836, §.8., S. LV.)

Daraus wird deutlich, dass für Humboldt das energetische Wesen der Sprache in der Energeia, also im Reden, liegt. Humboldt versteht unter Energeia nicht alleine den Sprechvorgang des Einzelsprechers, sondern die Summe der Sprechtätigkeit der gesamten Sprachgemeinschaft, also die gesamte Sprachproduktion.

Phonetisch und phonologisch relevant ist an dieser Textstelle auch die Tatsache, dass Humboldt die Spracherzeugung über das Erzeugte Produkt (also über die Laute) der Sprache setzt. Dadurch postuliert er erneut, diesmal explizit, das Primat der gesprochenen Sprache über die geschriebene Sprache. Dieser Gedanke wird erst ein gutes halbes Jahrhundert später über Ferdinand de Saussure seinen Durchbruch in der Linguistik erleben.

Omul ajunge la această expresie doar prin mijlocirea „sunetului articulat", adică prin mijlocirea unei dimensiuni fonetice.

Aşezând acest proces în centrul definiţiei sale a limbii, Humboldt subliniază pe de o parte concepţia sa genetică despre aceasta. Pe de altă parte el documentează importanţa centrală a limbii vorbite ca obiect de bază a cercetării lingvistice.

Această idee apare şi într-un alt loc, în care Humboldt însuşi explică mai detaliat termenii pe care i-a definit, Ergon şi Energeia:

> Este însă nevoie de o direcţie în cercetarea limbii pentru a urma cu succes drumul schiţat anterior.
> L i m b a trebuie privită nu ca un p r o d u s mort ci dimpotrivă, ca o p r o d u c e r e. Trebuie să abstractizăm mai mult eliberându-ne de efectele pe care le produce ea ca denumire a obiectelor şi mijlocire a înţelegerii … . Atunci ne putem apropia de ţel, putem indica căile felurite pe care mulţimile popoarelor omenirii, împărţite în diferite feluri, izolate şi legate aduc a c t u l v o r b i r i i [sublinieri: W.v.H.] la împlinire. (von HUMBOLDT: 1836, §.8., p. LV.)

De aici rezultă că pentru Humboldt esenţa energetică a limbii se află în Energeia, adică în rostire. Humboldt nu înţelege prin Energeia actul individual al vorbitorului particular, ci suma activităţilor de vorbire ale întregii comunităţi lingvistice, adică întreaga producţie lingvistică.

Relevant din punct de vedere fonetic şi fonologic în acest pasaj este faptul că Humboldt pune producerea limbii deasupra produsului limbii (adică deasupra sunetelor).

Prin aceasta el postulează din nou, de această dată explicit, primatul limbii vorbite asupra limbii scrise. Această idee va fi consacrată în lingvistică doar mai bine de jumătate de secol mai târziu prin Ferdinand de Saussure.

Zugleich vertritt Humboldt eine doppelte, genetische und dynamisch-diachrone Sprachauffassung, die aus einer weiteren Textstelle hervorgeht:

> Aus dem Sprechen aber erzeugt sich die Sprache, ein Vorrat von Wörtern und System von Regeln, und wächst, sich durch die Folge von Jahrtausenden hinschlingend, zu einer von dem jedes Mal Redenden, dem jedesmaligen Geschlecht, der Nation, ja zuletzt selbst von der Menschheit in gewisser Art unabhängigen Macht, an.

Humboldts Sprachwissenschaft ist also das „Zusammenziehen der zerstreuten Züge in das Bild eines organischen Ganzen" (von HUMBOLDT: 1836, §.8., S. LVI). Diese Verankerung Humboldts in der organisch-genetischen und diachron-dynamischen Sprachauffasung ist auf das Gedankengut der Romantik zurückzuführen.

Die breite Wirkung seiner dualen Sprachauffassung, sowie ihre schnelle Verbreitung an den deutschen Universitäten in der ersten Hälfte des 19. Jahrhunderts und in den akademischen Kreisen seiner Zeit haben Humboldt zu einem der bedeutendsten Begründer der modernen Sprachwissenschaft werden lassen.
Seine genetische Sprachauffassung hat zusammen mit dem Gedankengut der Romantik die diachrone Entwicklung der Linguistik des 19. Jahrhunderts bestimmt.
So hat zum Beispiel August Schleicher (Meiningen, 21. Februar 1821 – Jena, 6. Dezember 1868) seine Methode der linguistischen Rekonstruktion ausgehend von Humboldt erarbeitet. Diese Methode wurde dann eine der bedeutendsten Arbeitsweisen der diachronischen Linguistik im 19. Jahrhundert.
Ebenfalls ausgehend von Humboldt, aber auch von Ferdinand de Saussure, entwickelte der amerikanische Linguist Noam Chomsky den Unterschied zwischen der linguistischen **Kompetenz** (das implizite Wissen) des Sprechers, beziehungsweise des Hörers und seiner linguistischen **Performanz** (nämlich seinem konkreten und tatsächlichem Sprachgebrauch im Alltag).

În același timp Humboldt are o viziune dublă, genetică și dinamic-diacronică asupra limbii, ceea ce reiese explicit dintr-un alt pasaj:

> Însă limba se produce din vorbire, ca un rezervor de cuvinte și un sistem de reguli, și ea crește, șerpuind prin succesiunea de milenii, devenind o putere oarecum independentă de vorbitorul particular, independentă de succesiunea generațiilor, de națiuni, ba chiar independentă de omenire.

Lingvistica la Humboldt este deci „sinteza trăsăturilor disparate în imaginea unui întreg organic" (von HUMBOLDT: 1836, §.8., p. LVI).
Această ancorare a lui Humboldt în concepția organic-genetică și diacron-dinamică provine din bagajul ideatic al gândirii romantice.

Impactul larg al concepției sale duale despre limbă precum și rapida răspândire a acesteia în universitățile germane în prima jumătate a secolului al XIX-lea și în cercurile academice ale vremii, l-au poziționat pe Wilhelm von Humboldt ca pe unul dintre principalii înteimeietori ai lingvisticii moderne.
Concepția sa genetică despre limbă a determinat împreună cu bagajul de idei al romantismului evoluția lingvisticii secolului al XIX-lea spre diacronie.

Astfel August Schleicher (Meiningen, 21 februarie 1821 – Jena, 6 decembrie 1868) a elaborat metoda reconstrucției lingvistice pornind de la concepția genetică a lui Humboldt. Aceasta a devenit apoi una dintre cele mai importante metode de lucru în lingvistica diacronică a secolului al XIX-lea.

De asemenea, pornind de la Humboldt, dar și de la Ferdinand de Saussure, lingvistul american Noam Chomsky a dezvoltat diferența între conceptele de **competență** lingvistică (cunoștințe lingvistice implicite) ale vorbitorului, respectiv ale receptorului și **performanță** lingvistică (anume capacitatea sa concretă și efectivă de a folosi limba în mod curent).

Mit anderen Worten: ähnlich wie Darwins Evolutionstheorie die Biologie nachhaltig beeinflusst hat, so hat auch Humboldts genetische Sprachauffassung die diachrone Linguistik von Grund auf geprägt.

Phonetisch und phonologisch relevant ist Humboldts Fokussierung auf die konkrete, lebendige Rede, also auf die Energeia, welche die Daseinsberechtigung der Phonetik und der später auftretenden Phonologie als eigenständige Wissenschaftszweige unterstreicht.

2.2. Ferdinand de Saussure und die Genfer Schule

Das gesamte 19. Jahrhundert stand also unter dem Einfluss von Humboldts genetischer Sprachauffassung. Hingegen konnte sich seine dual-polare Ansicht von Ergon und Energeia nur teilweise durchsetzen.

Diese duale Sprachauffassung verbreitete sich endgültig, allerdings in einer von Humboldt abgewandelten Form, als 1916 Ferdinand de Saussures (Genf, 26. November 1854 – Vufflens-le-Château, 22. Februar 1913) Vorlesungen zur Allgemeinen Sprachwissenschaft an der Universität Genf unter dem Titel *Cours de linguistique générale* erschienen. Der *Cours* erschien postum, drei Jahre nach dem Tode Saussures.

Merkwürdigerweise stammt aber dieses bedeutendste Werk der Linguistik des 20. Jahrhunderts nicht unmittelbar aus der Feder seines Autors selbst, denn Saussure hat den Text des *Cours* weder eigenhändig verfasst, noch veranlasst.

Es waren zwei seiner Schüler, Charles Bally und Albert Sechehaye, welche die studentischen Mitschriften dreier seiner Vorlesungen zur allgemeinen Sprachwissenschaft in den Jahren 1907 bis 1911 nachträglich zum Text des *Cours* zusammengefasst haben. Allerdings waren sie bei den betreffenden Vorlesungen nie anwesend (ERNST: 2001, S. 303).

Zudem wurde aus der quellenkritischen Rezeption des Werks von Saussure, die verstärkt ab 1950 erfolgte, immer deutlicher, dass einige zentrale Thesen des Cours nicht von Saussure selbst, sondern von dessen Herausgebern stammen.

Cu alte cuvinte: asemănător cu teoria evoluţionistă a lui Darwin, care a influenţat profund biologia, aşa şi concepţia genetică a lui Humboldt a influenţat fundamental lingvistica diacronică.

Relevantă din punct de vedere fonetic este concentrarea sa asupra vorbirii concrete şi vii, adică asupra lui Energeia, care subliniază dreptul de existenţă al foneticii precum şi al fonologiei ce urmează să se constituie ca disciplină ştiinţifică.

2.2. Ferdinand de Saussure şi Şcoala de la Geneva

Întregul secol al XIX-lea s-a aflat deci sub influenţa concepţiei genetice despre limbă a lui Humboldt. În schimb concepţia sa dual-polară despre Ergon şi Energeia nu s-a impus decât parţial.

Această concepţie duală despre limbă s-a impus însă definitiv într-o formă modificată faţă de cea a lui Humboldt, odată cu apariţia în 1916 a prelegerilor de lingvistică generală ale lui Ferdinand de Saussure (Geneva, 26 noiembrie 1854 – Vufflens-le-Château, 22 februarie 1913) sub titlul *Cours de linguistique générale*. *Cours*-ul a apărut postum, la trei ani după moartea lui Saussure.

Ciudat e însă că cea mai importantă lucrare de lingvistică a secolului al XX-lea nu provine nemijlocit de la autorul său, căci Saussure nu şi-a redactat *Cours*-ul *manu propria* şi nici nu a iniţiat publicarea acestuia.

Doi dintre elevii săi, Charles Bally şi Albert Sechehaye au compilat notele de curs ale studenţilor participanţi la trei prelegeri de semestru ale lui Saussure ţinute între anii 1907 şi 1911 şi au redactat astfel textul volumului. Însă ei înşişi nu au participat niciodată la aceste cursuri (ERNST: 2001, p. 303).

Mai mult, exegeza critică a surselor *Cours*-ului, care a luat avânt mai cu seamă după 1950, a demonstrat tot mai clar că unele teze centrale ale *Cours*-ului nu provin de la Saussure însuşi, ci de la editorii acestuia.

In seiner deutschen Fassung erschien der *Cours* erst 1931 unter dem Titel *Grundfragen der allgemeinen Sprachwissenschaft*.

Zu diesem Zeitpunkt wurde er unter anderem bereits als Kanonbruch der Linguistik des 19. Jh. rezipiert und leitete den Strukturalismus in der europäischen Linguistik ein.

Die sofortige und bahnbrechende Auswirkung seines wissenschaftlichen Vermächtnisses, das streng genommen nicht vollständig seines war und das erst mit der zweiten Ausgabe des *Cours* 1922 auf die gesamte europäische Sprachwissenschaft zu wirken begann, ging Hand in Hand mit einem regelrechten Saussure-Mythos.

Dies führte dazu, dass der *Cours* gleich nach seinem Erscheinen zur „Bibel" der Sprachwissenschaft in der ersten Hälfte des 20. Jahrhunderts wurde.

Die Entstehungs- und Rezeptionsgeschichte des *Cours* wurde erst ab der Mitte des 20. Jahrhunderts wissenschaftlich erforscht. Erst dabei stellte sich heraus, wie sehr der Saussure-Mythos von der tatsächlichen philologischen Quellenlage abweicht.

Diese Abweichung beschreibt der bekannte Romanist und anerkannte Saussure-Forscher Peter Wunderli (Zürich, 30. Mai 1938 –) wie folgt:

> Bei Saussure bzw. den Quellen zum *Cours* finden wir keine ausredigierten, wenigstens für einen gewissen Zeitpunkt seines Lebens „definitiven" Texte; vielmehr handelt es sich immer nur um flüchtige, bruchstückhafte Notitzen oder dann um nur bedingt verlässliche Studentenaufzeichnungen.
> Bei dieser Quellenlage ist es sinnlos, grenzt es an methodologische Hybris, eine *Geschichte* [Unterstreichung.: P.W.] von Saussures Gedankenentwicklung oder seiner Formulierungen rekonstruieren zu wollen.

Cours-ul a apărut în versiunea sa germană de-abia în 1931 sub titlul *Grundfragen der allgemeinen Sprachwissenschaft* [Probleme fundamentale de lingvistică].

La acest moment el era deja receptat ca o revoluţie în canonul ştiinţific al lingvisticii sec. al XIX-lea şi devenise lucrarea de bază care a impulsionat apariţia structuralismului în lingvistica europeană.

Ecoul imediat şi deschizător de noi drumuri ale moştenirii ştiinţifice a lui Saussure, care, după cum spuneam, nu provine strict şi exclusiv de la el însuşi şi care a început doar de la ediţia a doua a *Cours*-ului în 1922 să aibă efect asupra întregii lingvistici europene, a mers mână în mână cu un adevărat mit saussurian.

Acesta a făcut din *Cours* imediat după apariţia acestuia o adevărată „biblie" a lingvisticii în prima parte a secolului al XX-lea.

Istoria genezei şi receptării *Cours*-ului au fost cercetate ştiinţific deabia de la mijlocul secolului al XX-lea. Doar cu această ocazie a ieşit la iveală cât de mult deviază mitul saussurian în raport cu situaţia reală a surselor sale filologice.

Cunoscutul romanist Peter Wunderli (Zürich, 30 mai 1938 -), recunoscut cercetător al lui Saussure, descrie această deviere după cum urmează:

> La Saussure, respectiv în sursele *Cours*-ului nu se găsesc nici un fel de texte redactate, care pot fi considerate „definitive" cel puţin la un moment dat oarecare al vieţii sale; dimpotrivă, se găsesc întotdeauna doar notiţe superficiale, sumare, sau de note de curs studenţeşti de o temeinicie discutabilă.
> Pornind de la o asemenea situaţie filologică intenţia de a reconstrui o *istorie* [subliniere: P.W.] a dezvoltării ideilor sau formulărilor la Saussure ar fi la limita unui hybris metodologic.

Angesichts dieser Quellenlage schlussfolgert er in seiner kritischen Stellungnahme zu den vorhandenen Materialien, die einen weiten interpretatorischen Spielraum, aber recht wenig definitive Fakten zulassen:

> Das einzige, was man guten Gewissens vertreten kann, ist der Versuch, aus den verfügbaren Bruchstücken ein organisches, kohärentes und adäquates Bild von Saussures Auffassung zu rekonstruieren; dass eine solche Rekonstruktion immer stark durch den Interpreten geprägt sein muss und nur als seine *Auslegung* [Unterstreichung: P.W.] der verfügbaren Fakten gelten kann, versteht sich von selbst. (WUNDERLI: 1981, S. 271f.)

Streng genommen wäre es demnach in philologischen Abhandlungen überhaupt zweifelhaft, die Aussagen zu tätigen, dass Saussure selbst tatsächlich irgendetwas im *Cours* behaupten würde.

Vielmehr müsste man immer wieder darauf hinweisen, dass die Aussagen aus dem *Cours*, auf die man sich beruft, beziehungsweise die man zitiert, nicht von Saussure selbst, sondern von seinen Herausgebern stammen. Dennoch hat es sich in der Fachliteratur eingebürgert, die Herausgeber mit Saussure gleichzustellen.

So gesehen erscheint der Text des *Cours* eher als ein Kompendium der sprachwissenschaftlichen Ideen, die um die Wende vom 19. zum 20. Jahrhundert in der europäischen Linguistik zirkulierten, denn ein Einzelwerk.

Ihre Einwirkung auf die moderne Linguistik beschreibt der Verfasser des Vorworts zur dritten deutschsprachigen Ausgabe des Cours:

> Ironischerweise steht gerade dieses Buch dann am Beginn der modernen Linguistik – ähnlich wie das Auftreten Albert Einsteins die Physik entscheidend veränderte –;
> und es hat die bis dahin an Erfolgen auch nicht gerade arme Sprachwissenschaft von Grund auf erneuert, sodass man vom „Saussure'schen Schnitt" oder „Saussure'schen Revolution" gesprochen ... und die Linguistik in eine Epoche „vor Saussure" und „nach Saussure" eingeteilt hat. (ERNST: 2001, S. 291f.)

Având în vedere această situaţie a izvoarelor filologice el concluzionează după revizia critică a materialelor existente, care oferă puţine fapte indubitabile, însă un larg câmp de interpretare:

> Singurul lucru care se poate face cu conştiinţa împăcată este încercarea de a reconstrui din fragmentele disponibile o imagine organică, coerentă şi adecvată a concepţiei lui Saussure; că o asemenea reconstrucţie trebuie să fie întotdeauna marcată puternic de către interpretul său şi că ea poate trece doar drept o *interpretare* [subliniere: P.W.] a faptelor disponibile, se înţelege de la sine. (WUNDERLI: 1981, p. 271f.)

La drept vorbind ar fi deci discutabil să se emită în lucrări cu caracter filologic enunţuri cum că Saussure însuşi ar susţine ceva în *Cours*.
Mai degrabă ar trebui să se facă permanent referinţă la faptul că ideile din *Cours* care se discută sau se citează nu provin de la Saussure, ci de la editorii săi.
Şi totuşi în literatura de specialitate s-a încetăţenit obiceiul de a-l identifica pe Saussure cu editorii săi.

Astfel devine evident că textul *Cours*-ului este mai degrabă un compendiu al ideilor lingvistice ce au circulat la sfârşitul secolului al XIX-lea şi la începutul secolului al XX-lea în lingvistica europeană, decât o lucrare a unei singure persoane.
Autorul prefeţei la a treia ediţie germană a *Cours*-ului descrie efectul acestora asupra lingvisticii moderne în felul următor:

> Ca o ironie, tocmai aceasta este cartea ce stă la începutul lingvisticii moderne – aşa cum apariţia lui Albert Einstein a modificat fundamental fizica –;
> şi [ea] a înnoit de la bazele sale o lingvistică, ce nu ducea până la acel moment în mod necesar lipsă de succese, astfel încât se vorbeşte despre „cezura saussuriană" sau „revoluţia saussuriană" şi se împarte lingvistica într-o epocă „înainte de Saussure" şi una „după Saussure". (ERNST: 2001, p. 291f.)

Unter anderen Gedankengängen, die im *Cours* vorkommen, sind nachstehende fünf Überlegungen für die Phonetik und die Phonologie relevant. Dabei führt die bedeutendste und spannendste davon, die These Saussures von der Semeologie als universale und integrative Sozialwissenschaft, ein Mauerblümchendasein.

2.2.1. Die Semeologie: Eine Universalwissenschaft

Dies ist vermutlich darauf zurückzuführen, dass Saussure diesen Gedanken sehr wohl skizziert, aber nie konsequent ausformuliert hat.
Die zentrale Aussage Saussures zur Semeologie wird von der Feststellung eingeleitet, dass die Sprache zwar bloß eines unter den vielfältigen Zeichensystemen der Menschen ist, dafür aber das bedeutendste:

> Die Sprache ist ein System von Zeichen, die Ideen ausdrücken und insofern mit der Schrift, dem Taubstummenalphabet, den symbolischen Riten, den Höflichkeitsformen, den militärischen Signalen usw. vergleichbar. Nur ist sie das wichtigste dieser Systeme. (SAUSSURE: [3]2001, S. 19)

Anschließend versucht Saussure zunächst die Stellung der Sprache im System der Wissenschaften zu verorten. Dabei kommt er nicht alleine zur Schlussfolgerung, dass die Sprache die Wissenschaft von den Zeichen im sozialen Leben ist, sondern auch, dass sie deswegen ein Bestandteil des Systems der Semeologie ist:

> Man kann sich also vorstellen eine Wissenschaft, welche das Leben der Zeichen im Rahmen des sozialen Lebens untersucht; diese würde einen Teil der Sozialpsychologie bilden und infolgedessen einen Teil der allgemeinen Psychologie; wir werden sie Semeologie (von griechisch semeion, „Zeichen") nennen.
> Sie würde uns lehren, worin die Zeichen bestehen und welche Gesetze sie regieren. Da sie noch nicht existiert, kann man nicht sagen, was sie sein wird. Aber sie hat Anspruch darauf, zu bestehen; ihre Stellung ist von vornherein bestimmt.

Dintre consideraţiile şi tezele ce apar în *Cours*, următoarele cinci sunt relevante pentru fonetică şi fonologie.

Cea mai importantă şi captivantă dintre ele, teza lui Saussure despre semeologie ca ştiinţă universală şi integrativă, a alunecat însă în uitare.

2.2.1. Semeologia: O ştiinţă universală

Cel mai probabil motiv pentru aceasta este că Saussure doar a schiţat această teză, dar nu a explicitat-o vreodată în mod consecvent.

Aserţiunea centrală a lui Saussure despre semeologie este introdusă de constatarea că limba este doar unul din multitudinea de sisteme de semne ale oamenilor, dar şi că ea este cel mai important dintre ele:

> Limba este un sistem de semne care exprimă idei: din acest punct de vedere, ea este comparabilă cu scrierea, cu alfabetul surdo-muţilor, cu ritualurile simbolice, cu formele de politeţe, cu semnalele militare ş.a.m.d. Numai că ea este cel mai important dintre aceste sisteme. (SAUSSURE: [3]2001, p. 19)

În continuare Saussure încearcă să poziţioneze limba în sistemul ştiinţelor. El nu ajunge numai la concluzia că limba este ştiinţa semnelor în viaţa socială, ci că de aceea ea face parte din sistemul semeologiei:

> Se poate deci concepe o ştiinţă care cercetează viaţa semnelor în cadrul vieţii sociale: aceasta ar forma o parte a psihologiei sociale şi ca urmare şi o parte a psihologiei generale: o vom numi semeologie (de la grecescul semeion „semn“).
> Ea ne-ar învăţa în ce constau aceste semne şi ce legi le guvernează. Deoarece această ştiinţă încă nu există, nu se poate spune ce va deveni ea. Dar ea are drept de existenţă; poziţia ei este predeterminată.

Die Sprachwissenschaft ist nur ein Teil dieser allgemeinen Wissenschaft, die Gesetze, welche die Semeologie entdecken wird, werden auf die Sprachwissenschaft anwendbar sein, und diese letztere wird auf diese Weise zu einem ganz bestimmten Gebiet in der Gesamtheit der menschlichen Verhältnisse gehören.
... Aufgabe des Sprachforschers ist es, zu bestimmen, wodurch die Sprache ein besonderes System in der Gesamtheit der semeologischen Erscheinungen ist. (SAUSSURE: [3]2001, S. 19)

Diese überzeugende Zukunftsvision Saussures ob der Semeologie als die universale Zeichenwissenschaft ist in der allgemeinen Begeisterung über seine anderen vier hier vorgestellten Thesen des *Cours* untergegangen.

2.2.2. langue, parole und langage

In seinem Werk grenzt Saussure zwei funktionale Bereiche der Sprache ab, nämlich die **langue** und die **parole**.

Unter **langue** versteht er das System einer Einzelsprache, das als ihr soziales Systemgefüge in Erscheinung tritt.
Die langue steht der Sprachgemeinschaft als Verständigungsmittel zur Verfügung und besteht in Saussures Auffassung bloß als eine abstrakte, psychische Realität, als ein virtuelles sprachliches Reservoir von Regeln und Grammatik.
Sie ist eine potenzielle Dimension der Sprache, ein im Bewusstsein der Sprachgemeinschaft und der Einzelsprecher existierendes abstraktes System. Als Summe von Sprachgewohnheiten ermöglicht sie den Sprechern das Verstehen und Verstandenwerden.

Als soziale Seite des Sprachvermögens bildet die langue ein System distinktiver Zeichen, eine Art Code, in dem sie die Einheit von Bedeutung und Lautbild sichert.
Die langue besteht laut Saussure als solche und ist als System unabhängig vom Individuum.

Lingvistica nu este decât o parte a acestei ştiinţe generale, legile pe care le va descoperi semeologia vor fi aplicabile în lingvistică şi aceasta din urmă va face astfel parte dintr-un domeniu anume în totalitatea relaţiilor umane.

... sarcina lingvistului este să determine cum şi prin ce anume limba este ceva deosebit în unitatea fenomenelor semeologice. (SAUSSURE: [3]2001, p. 19)

Această convingătoare viziune de viitor a lui Saussure asupra semeologiei ca ştiinţa universală a semnelor s-a pierdut în entuziasmul general pe care l-au generat celelalte patru teze ale *Cours*-ului care urmează să fie prezentate în cele ce urmează.

2.2.2. langue, parole şi langage

În lucrarea sa Saussure delimitează două domenii funcţionale ale limbii, anume **langue** şi **parole**.

Prin **langue** el înţelege un sistem al unei limbi particulare, care se manifestă ca reţeaua socială a acesteia.

Langue stă la dispoziţia unei comunităţi lingvistice ca mijloc de înţelegere şi comunicare şi există în concepţia lui Saussure doar ca o realitate abstractă şi psihică, ca un rezervor virtual de reguli şi cunoştinţe gramaticale.

Ea este o dimensiune potenţială a limbii, un sistem abstract existent în conştiinţa comunităţii lingvistice şi a vorbitorilor individuali. Ca sumă a obişnuinţelor lingvistice, langue permite vorbitorilor să înţeleagă şi să fie la rândul lor înţeleşi.

Ca parte socială a capacităţii de comunicare, langue formează un sistem de semne distinctive, un fel de cod, prin care ea asigură unitatea dintre înţelesul cuvântului şi tranşa sonoră.

După Saussure, langue există ca atare şi este independentă de individ.

Da sie aber nicht nur als System, sondern auch als das genannte virtuelle sprachliche Reservoir in jedem Individuum besteht, kann sie sehr wohl ausgehend vom Individuum verändert werden. Langue und parole sind für Saussure inhaltlich dichotomische, komplementäre Begriffspaare. Zur Aktualisierung der langue bedarf es des parole-Aktes.

Unter **parole** versteht Saussure den konkreten Gebrauch der Sprache, also die Aktivierung des Systems der langue beim Sprechen oder Schreiben.

Die parole ist auch das Variable, Individuelle und Zufällige an der Sprache, das in jedem Sprechakt vorhanden ist, vom Hörer aber nicht mitgenommen wird, da es nicht das Essentielle an der Äußerung ist. Daher ist die parole der ausführende Teil in dem dichotomischen Zusammenwirken zwischen langue und parole.

Die parole besteht außerhalb des Systems der langue und ist ausschließlich abhängig vom Individuum.

Eine zusammenfassende Gegenüberstellung der Merkmale der langue und der parole ergibt folgende Übersicht (nach MUNTEANU: 2005, S. 268):

	langue	**parole**
1	sozial	individuell
2	generell	partikulär
3	objektiv	subjektiv
4	konventionell	spontan
5	potentiell	reell
6	invariant	variant
7	homogen	heterogen
8	virtuell	aktualisiert
9	paradigmatisch	syntagmatisch
10	abstrakt	konkret
11	autonom	abhängig
12	wiederholbar	okkasionell

Abb. I: Die Merkmale der langue und der parole im Vergleich

Însă pentru că ea nu există doar ca sistem, ci şi ca susnumitul rezervor lingvistic în fiecare individ, langue poate fi modificată pornind de la acesta.

Langue şi parole sunt pentru Saussure o pereche de concepte dihotomice, complementare. Pentru actualizarea sistemului lui langue este nevoie de actul parole.

Prin **parole** Saussure înţelege folosirea concretă a limbii, adică activarea sistemului lui langue în timpul vorbitului sau scrisului.

Parole este de asemenea variabilul, individualul şi aleatoriul în limbă, care este prezent în fiecare act de vorbire, dar pe care ascultătorul nu-l preia, pentru că acesta nu este esenţial în enunţ. De aceea parole este partea de execuţie, adică de rostire în interacţiunea dihotomică dintre langue şi parole.

Parole există în afara sistemului lui langue şi este dependentă exclusiv de individ.

O juxtapunere sintetică a caracteristicilor lui langue şi parole duce la următorul ansamblu de caracteristici (MUNTEANU: 2005, p. 268):

	langue	Parole
1	social	individual
2	general	particular
3	obiectiv	subiectiv
4	convenţional	Spontan
5	potenţial	Real
6	invariant	Variant
7	omogen	heterogen
8	virtual	actualizat
9	paradigmatic	sintagmatic
10	abstract	Concret
11	autonom	dependent
12	repetabil	ocazional

Ilustraţia I: Caracteristicile lui langue şi parole în comparaţie

Wie seine Nachfolger in den verschiedenen strukturalistischen Schulen stellt Saussure das Postulat auf, dass die Sprache nur ausgehend von der parole untersucht werden kann, da die Vorgänge, die sich jenseits der gesprochenen Sprache abspielen, dem Linguisten nicht zugänglich bleiben.

Folglich kann also auch die langue nur über den mittelbaren Zugang der parole erforscht werden. Für den Forscher bleibt also nur das Endergebnis der Umsetzung der langue in der parole ersichtlich.

In der Psychologie wird für die Beschreibung dieser unzugänglichen Prozesse der Begriff der **Black-Box** verwendet. Dieser wurde auch in der Linguistik übernommen:

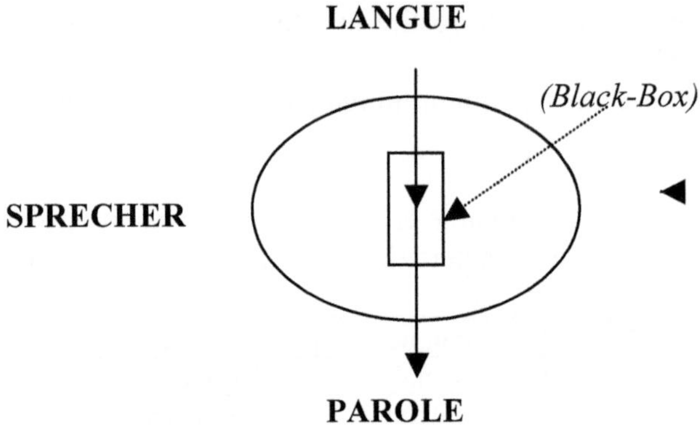

Abb. II: Die *Black-Box*: für den Linguisten unzugängliche Sprachprozesse

Schließlich erweitert Saussure sein Sprachsystem um einen dritten Begriff, der **langage**.

Darunter versteht er die menschliche Fähigkeit zur Sprache allgemein, das nicht auf die Einzelsprache beschränkte Sprachvermögen. Die langage ist übersprachlich, während die langue einzelsprachlich ist.

Als allgemeine Sprachfähigkeit des Menschen ist die langage ein der langue und den Einzelsprachen (Deutsch, Rumänisch) übergeordneter Begriff. Die langage ist aber die Bedingung für die Entwicklung der langue.

40

Ca şi succesorii săi din diferitele şcoli structuraliste, Saussure enunţă postulatul că limba nu poate fi cercetată decât pornind de la parole, căci procesele ce au loc dincolo de limba vorbită sunt inaccesibile lingvistului.

Ca urmare nici langue nu poate fi analizată decât printr-un acces intermediar via parole. Pentru cercetător rămâne deci vizibil doar rezultatul transpunerii lui langue în parole.
În psihologie se foloseşte pentru descrierea unor asemenea procese incognoscibile termenul de **black-box** (cutie neagră). Acesta a fost preluat şi în lingvistică:

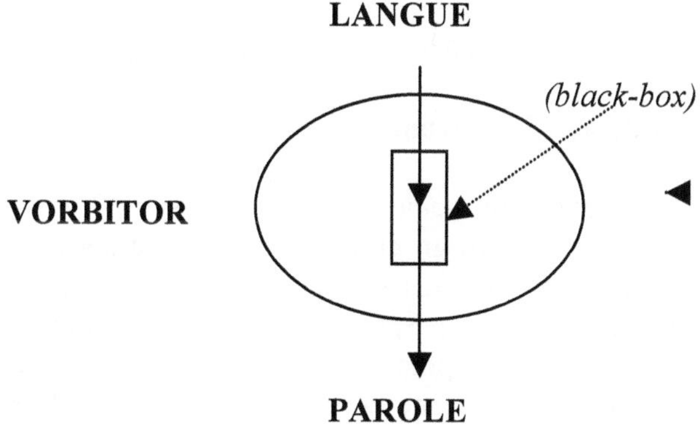

Ilustraţia II: *black-box*: procese incognoscibile pentru lingvist

În final Saussure îşi extinde sistemul lingvistic folosind un al treilea concept, şi anume **langage**.
Prin aceasta el înţelege capacitatea umană de a folosi limba în general, potenţa umană de a vorbi, care nu este restrânsă la vreo limbă individuală. Langage este un concept trans-lingvistic, pe când langue este unul legat de limbile individuale.
Ca şi capacitate de vorbire a omului, langage este un concept supraordonat lui langue şi limbilor individuale (română, germană). Langage este însă condiţia pentru dezvoltarea lui langue.

Saussures Sprachsystem lässt sich zusammenfassend folgendermaßen schematisch darstellen:

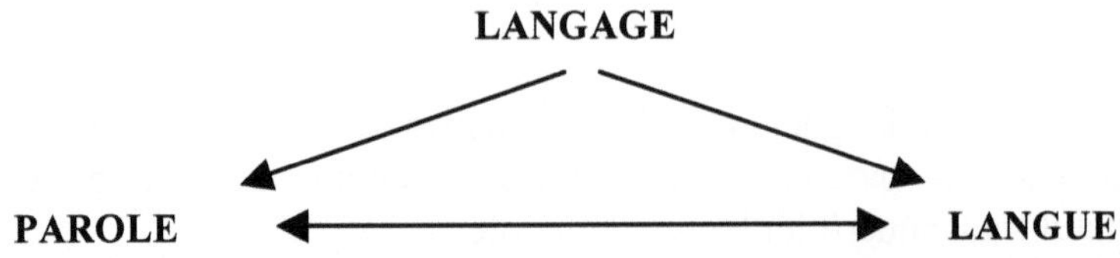

- psycho-physische Realität
- individuelle Dimension
- konkrete Realisierung

- psychische Realität
- soziale Dimension
- abstraktes System

Abb. III: Überblicksdarstellung des Saussureschen Sprachsystems

2.2.3. Synchronie und Diachronie

Saussure unterscheidet in seiner Sprachauffassung zwischen der **Diachronie** (gr. dia = durch; gr. chronos = Zeit) und der **Synchronie** (gr. syn = zusammen; gr. chronos = Zeit).
Dementsprechend teilt er die Sprachbetrachtung in eine diachrone Perspektive ein, welche die Sprache in ihrer historischen Entwicklung untersucht, und in eine synchrone Perspektive, welche die Sprache als ein komplettes System zu einem gegebenen Zeitpunkt analysiert. Zur Veranschaulichung dieser Dichotomie verwendet er nachstehende Abbildung (SAUSSURE: [3]2001, S. 94):

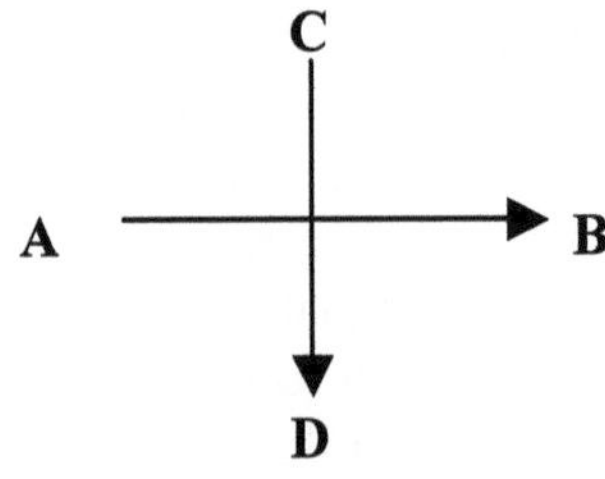

Abb. IV: Synchronie und Diachronie

Sistemul lingvistic al lui Saussure se poate descrie rezumativ după cum urmează:

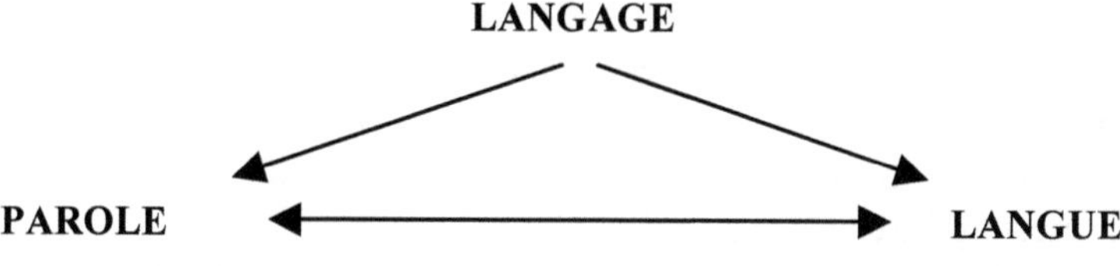

- realitate psiho-fizică
- dimensiune individuală
- realizare concretă

- realitate psihică
- dimensiune socială
- sistem abstract

Ilustraţia III: Prezentare sintetică a sistemului lingvistic saussurian

2.2.3. Sincronie şi diacronie

Saussure diferenţiază în concepţia sa lingvistică între **diacronie** (gr. dia = prin ceva, parcurgând ceva; gr. chronos = timp) şi **sincronie** (gr. syn = împreună; gr. chronos = timp).

În mod corespunzător el împarte cercetarea limbii într-o perspectivă diacronică, care cercetează limba în evoluţia sa istorică, şi o perspectiva sincronică, care analizează limba ca pe un sistem complet la un anume moment în timp. Pentru exemplificarea acestei dihotomii el foloseşte următoarea imagine (SAUSSURE: [3]2001, p. 94):

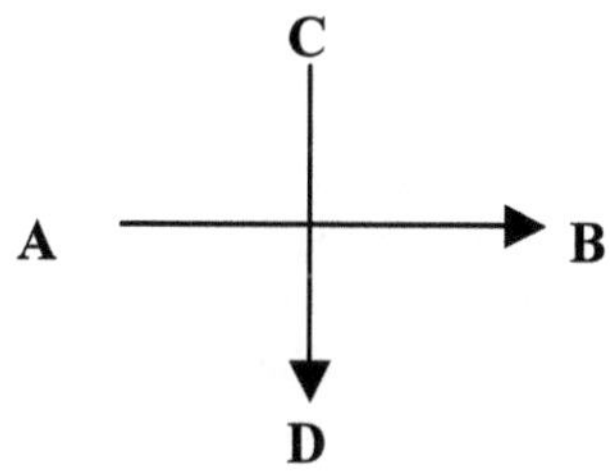

Ilustraţia IV: Sincronie şi diacronie

Die Synchronie (A – B Achse) ergibt sich also aus der Betrachtung eines bestimmten Sprachzustandes ohne Rücksicht auf seine diachrone Entwicklung (C – D Achse). Die A – B Achse nennt sich noch Achse der Gleichzeitigkeit, die C – D Achse heißt noch Achse des Aufeinanderfolgens oder der Diachronie.

Saussure sieht die Sprache als ein System reiner Größen, die durch nichts anderes bestimmt werden, als durch die augenblickliche Positionierung ihrer Bestandteile.

Um dies zu veranschaulichen, verwendet er die Schach-Metapher. So könnte man das Schachspiel zum Beispiel diachronisch erforschen. Dafür müsste man untersuchen, wie sich die Regeln des Schachspiels im Laufe der Zeit geändert haben. Man könnte aber genauso gut nur die in der Gegenwart geltenden Regeln des Schachspiels untersuchen und das würde vollends genügen, um Schach spielen zu können.

Die **Schach-Methapher** lässt sich aber genauso gut auch auf den Einzelsprecher erweitern. So braucht auch eine Person, welche die Spielregeln kennt und die mitten in ein Schachspiel dazustößt, nicht mehr und nicht weniger Information als die aktuelle Position der Figuren auf dem Brett, um die Spiellage korrekt einzuschätzen oder an Stelle eines Spielers weiterzuspielen.

Mit anderen Worten: der Verlauf des Spiels vor dem Ankommen der betreffenden Person ist irrelevant für seinen weiteren Verlauf. Die Person würde überhaupt keinen Nutzen aus dem Wissen um die Geschichte des bisherigen Verlaufs des Spiels ziehen. Was zählt, ist nur das augenblickliche Gleichgewicht auf dem Schachbrett:

> Unter allen Vergleichen, die sich ausdenken lassen, ist am schlagendsten der zwischen dem Zusammenspiel der sprachlichen Einzelheiten und einer Partie Schach. Hier sowohl als dort hat man vor sich ein System von Werten, und man ist bei ihrer Modifikation zugegen. Eine Partie Schach ist gleichsam die künstliche Verwirklichung dessen, was Sprache in ihrer natürlichen Form darstellt. (SAUSSURE: [3]2001, S. 104f.)

Sincronia (axa A - B) rezultă deci din analiza unui anume stadiu al limbii, fără a lua în considerare evoluţia sa diacronică (axa C - D). Axa A – B se mai numeşte axa simultaneităţii, iar axa C – D se mai numeşte axa succesiunii sau a diacroniei.

Saussure vede limba ca un sistem de mărimi pure, care nu sunt determinate de nimic altceva decât de poziţionarea momentană a componentelor sale.

Pentru a exemplifica aceasta, el recurge la metafora şahului. Aşa de exemplu, s-ar putea cerceta jocul de şah în perspectivă diacronică. Pentru aceasta ar trebui analizat cum s-au modificat regulile jocului de şah de-a lungul timpului. La fel de bine însă s-ar putea analiza doar regulile jocului de şah valabile în momentul de faţă, adică în prezent, şi asta ar ajunge cu prisosinţă pentru a putea juca şah.

Metafora jocului de şah se poate extinde la fel de bine şi la vorbitorul individual. Aşa de exemplu, o persoană care cunoaşte regulile acestuia şi ajunge sa ia parte la un joc de şah în plină desfăşurare, nu are nevoie de nici mai multă, nici mai puţină informaţie despre joc, decât să cunoască poziţia momentană a figurilor pe tabla de şah. Această informaţie îi ajunge acesteia pentru ca ea fie să aprecieze corect situaţia de pe tabla de joc, fie să joace ea însăşi mai departe.

Cu alte cuvinte: desfăşurarea jocului de şah înainte ca persoana să fi ajuns acolo este irelevantă pentru desfăşurarea ulterioară a acestuia. Persoana nu ar avea nici un folos din cunoaşterea informaţiilor despre desfăşurarea jocului înainte de sosirea ei la faţa locului. Ceea ce contează este doar echilibrul momentan de pe tabla de şah:

> Dintre toate comparaţiile care se pot concepe, cea mai demonstrativă este aceea dintre corelaţiile dintre jocul limbii şi o partidă de şah. Atât într-un caz cât şi în celălalt avem în faţa noastră un sistem de valori şi asistăm pe viu la modificarea sa. Jocul într-o partidă de şah este analog cu realizarea a ceea ce se reprezintă limba în forma sa naturală. (SAUSSURE: [3]2001, p. 104f.)

Dementsprechend beschreibt die Methode der Diachronie laut Saussure nur die geschichtliche Entwicklung der einzelnen Sprechlaute, nicht aber ihre Systemzusammenhänge und ihre Funktion in der Gegenwartssprache. Daher könnte man streng genommen die Diachronie laut Saussure gar nicht zur eigentlichen Sprachwissenschaft zählen. Selbstverständlich kommt diese radikale Position zugunsten der Synchronie nach einem Jahrhundert, in dem eine ausschließlich diachron ausgerichtete Sprachwissenschaft betrieben worden war, einer Revolution gleich.

Saussures dichotomische Unterscheidung zwischen Synchronie und Diachronie läutete das Ende des Primats des historischen Sprachvergleichs ein, welcher die Sprachwissenschaft des 19. Jahrhunderts dominiert hatte und bewirkte den Durchbruch der synchronen Sprachwissenschaft, die das gesamte 20. Jahrhundert prägte.
Heutzutage betrachtet man Saussures klare Begriffstrennung zwischen Diachronie und Synchronie als einen wesentlichen Beitrag zur Entwicklung der modernen Linguistik.

Inzwischen sieht man seine Auffassung, dass die strukturelle und die historische Sprachbetrachtung miteinander unvereinbar seien, differenziert und vertritt den Standpunkt der **Panchronie**.
Die Panchronie ist die gleichzeitige Verwendung der Diachronie und der Synchronie in der Beschreibung einer sprachlichen Erscheinung.

2.2.4. Das Primat der gesprochenen Sprache

Die Sprache (hier: parole) als Gegenstand der Linguistik kann bei Saussure sowohl gesprochene Sprache (*code vocal* oder *code oral*) bedeuten, wie auch geschriebene Sprache (*code écrit*).
Für ihn ist aber die gesprochene Sprache eindeutig der primäre Gegenstand der Linguistik, denn er sieht darin das primäre System (*systéme primaire*) und die Grundlage der Beschreibung von sprachlichen Strukturen.

Corespunzător cu aceasta, metoda diacroniei descrie după Saussure doar evoluţia istorică a sunetelor particulare ale limbii, nu şi conexiunile lor sistematice şi funcţiile lor în limba contemporană.

De aceea după Saussure diacronia nici nu ar aparţine de lingvistica propriu-zisă. Bineînţeles că această poziţie radicală în favoarea sincroniei, care vine după un secol în care nu se practicase decât o lingvistică exclusiv diacronă, are impactul unei adevărate revoluţii în lingvistică.

Diferenţierea dihotomică operată de Saussure între sincronie şi diacronie a fost începutul sfârşitului pentru primatul metodei comparativ-istorice, care dominase lingvistica secolului al XIX-lea şi a dus la emergenţa lingvisticii sincrone, care a dominat lingvistica întregului secol al XX-lea.
În zilele noastre diferenţierea conceptuală clară operată de Saussure între diacronie şi sincronie este privită ca o contribuţie esenţială la dezvoltarea lingvisticii moderne.

În schimb, teza sa după care perspectiva lingvistică istoric-diacronică ar fi ireconciliabilă cu cea structurală este privită diferenţiat, şi mai degrabă se susţine poziţia **pancroniei**.
Pancronia este abordarea simultană a diacroniei şi a sincroniei în descrierea unui fapt de limbă.

2.2.4. Primatul limbii vorbite

Limba (aici: parole) ca obiect al lingvisticii poate însemna la Saussure atât limbă vorbită (*code vocal* sau *code oral*), cât şi limbă scrisă (*code écrit*).

Pentru el însă limba vorbită este în mod evident obiectul primar al lingvisticii, căci el vede în ea sistemul primar (*systéme primaire*) şi baza descrierii structurilor limbii.

Auf der Basis der gesprochenen Sprache lassen sich dann die Ersatzsysteme (*systémes substitutifs*) beschreiben.

Diese sind die geschriebene Sprache als Sekundärsystem (*systéme secondaire*) sowie das Morsealphabet und andere Codes, die auf der geschriebenen Sprache basieren, als Tertiärsysteme (*systémes tertiaires*). Für und wider das Primat der gesprochenen Sprache stehen jeweils mehrere Argumente. Saussure bringt vier Pro-Argumente für das Primat der gesprochenen Sprache:

1. Beim Spracherwerb wird sowohl ontogenetisch als auch phylogenetisch das Sprechen vor dem Schreiben erlernt.
2. In der mündlichen Kommunikation stehen dem Sprecher mehr und vielfältigere Ausdrucksmöglichkeiten als in der schriftlichen Sprache zur Verfügung (paralinguistische und extraverbale).
3. Auch hat der Sprecher die Möglichkeit der unmittelbaren und sofortigen Rückkoppelung mit dem Hörer während des Sprechens.
4. Die mündliche Kommunikation kann sich die Versprachlichung des Situationellen ersparen.

Saussure sieht aber auch die bedeutende Rolle der geschriebenen Sprache ein und veranschaulicht sie im *Cours* anhand des folgenden Beispiels aus dem Französischen:

> Da die Rede sehr häufig sich der Beobachtung entzieht, wird der Sprachforscher geschriebene Texte in Rechnung ziehen müssen, da er nur daraus Idiome der Vergangenheit und entfernter Gebiete kennen lernen kann. ... Aber das geschriebene Wort ist so eng mit dem gesprochenem, dessen Bild es ist, verbunden, dass es mehr und mehr die Hauptrolle für sich in Anspruch nimmt.

	man sprach:	man schrieb:
im 11. Jahrhundert:	rei, loi	rei, lei
im 13. Jahrhundert:	roi, loi	roi, loi
im 16. Jahrhundert:	roe, loe	roi, loi
im 19. Jahrhundert:	rwa, lwa	roi, loi.

Pe baza limbii vorbite se pot descrie apoi sisteme de substituţie (*systémes substitutifs*).

Acestea sunt limba scrisă ca sistem secundar (*systéme secondaire*) precum şi alfabetul morse şi alte coduri care sunt constituite pe baza limbii scrise ca sisteme terţiare (*systémes tertiaires*).
Atât pentru, cât şi împotriva primatului limbii vorbite se pot găsi mai multe argumente. Saussure aduce patru argumente pro în favoarea primatului limbii vorbite:

1. În procesul achiziţiei limbii oamenii învaţă, atât ontogenetic cât şi filogenetic, întâi să vorbească şi apoi să scrie.
2. În comunicarea orală vorbitorul dispune de posibilităţi mai multe şi mai variate (paralingvistice şi extraverbale) decât în limba scrisă.
3. Vorbitorul are de asemenea posibilitatea de a se relaţiona la ascultător imediat şi nemijlocit pe parcursul vorbirii.
4. Comunicarea orală poate renunţa la verbalizarea structurilor situaţionale adiacente.

Însă Saussure a recunoscut şi importanţa limbii scrise, pe care o evidenţiază în exemplul următor din limba franceză într-un pasaj din *Cours*:

> Deoarece foarte des vorbirea este greu de observat, lingvistul va trebui să ia în considerare texte scrise, pentru că doar din acestea va putea să cunoască idiomuri din trecut şi din zone îndepărtate. ...
> Dar cuvântul scris este legat atât de strâns de cel vorbit, a cărui imagine este, încât el va pretinde din ce în ce mai mult primatul pentru sine.

	se pronunţa:	se scria:
în secolul al 11-lea:	rei, loi	rei, lei
în secolul al 13-lea:	roi, loi	roi, loi
în secolul al 16-lea:	roe, loe	roi, loi
în secolul al 19-lea:	rwa, lwa	roi, loi.

In der anschließenden Interpretation seiner französischen Beispiele verwendet Saussure die oben genannte diachrone Sprachbetrachtung wie folgt:

> So hat man bis zur zweiten Epoche [13. Jahrhundert, Anm.: S.G.] den Veränderungen, die in der Aussprache aufkamen, Rechnung getragen; einer Etappe der Sprachgeschichte entspricht eine Etappe der Geschichte der Schreibung. Aber vom 16. Jahrhundert an ist die Schreibung stehengeblieben, während die Sprache sich fortentwickelte, und von diesem Augenblick an bestand ein immer zunehmendes Missverhältnis zwischen ihr und der Orthographie. (SAUSSURE: [3]2001, S. 32)

Die Erklärung dafür, dass „die Schreibung stehengeblieben" ist, findet sich unter anderem in der Erfindung des Buchdruckes in Europa durch Johannes Gutenberg (Mainz, um 1400 – Mainz, 3. Februar 1468). Ab diesem Zeitpunkt hat die Rolle der geschriebenen Sprache eine ausschlaggebende Funktion für der Sprachentwicklung erhalten.

Auch das von Saussure angesprochene Missverhältnis zwischen der gesprochenen Sprache und der Orthographie, das an einer anderen Stelle ausführlich behandelt wird, wurde von Gutenbergs Erfindung des Buchdruckes vertieft.
Die geschriebene Sprache ist – technisch gesehen – im Vergleich zur gesprochenen Sprache, wesentlich leichter konservierbar. Deswegen ist sie auch wesentlich leichter tradierbar. Auch ist sie deswegen die Grundlage des kulturellen Gedächtnisses.

Außerdem ist die geschriebene Sprache leistungsfähiger als die gesprochene in den Fällen, in denen es um die Disambiguierung, d.h. um die Eindeutigmachung von Formen und Äußerungen geht, wie in den folgenden Beispielen:

A. *Wir wollen nicht die Ware Kunst, sondern die wahre Kunst.*
B. *die Lehre – die Leere*

În continuare Saussure îşi interpretează exemplele din franceză din perspectiva diacronică discutată anterior după cum urmează:

> Astfel până într-a doua epocă [secolul al XIII-lea, notă: S.G.] s-au luat în considerare modificările care au avut loc în pronunţie; unei etape a istoriei limbii îi corespunde o etapă a istoriei scrierii. Dar începând cu secolul al XVI-lea scrierea a rămas statică şi neschimbată, în timp ce limba s-a dezvoltat în continuare, iar începând cu acest moment a existat o permanentă discordanţă între ea şi ortografie. (SAUSSURE: [3]2001, p. 32)

Explicaţia pentru „scrierea ... statică şi neschimbată" se găseşte printre altete în inventarea tiparului de către Johannes Gutenberg (Mainz, în jurul anului 1400 – Mainz, 3 februarie 1468). Din acest moment rolul limbii scrise în evoluţia limbii a devenit unul hotărâtor.

De asemenea şi discordanţa amintită de Saussure dintre limba vorbită şi ortografie, ce va fi discutată mai jos în detaliu, a fost accentuată de inventarea tiparului de către Gutenberg.

Limba scrisă este în comparaţie cu limba vorbită – tehnic vorbind – mult mai uşor de conservat. De aceea ea este şi mult mai uşor de păstrat în tradiţie.
Tot din această cauză ea este baza memoriei culturale. Şi în cazurile care necesită dezambiguizarea şi univocizarea unor forme şi expresii, limba scrisă este mai eficientă decât limba vorbită, ca în următoarele exemple:

A. *Wir wollen nicht die Ware Kunst, sondern die wahre Kunst.*
în versiunea interlineară:
[noi vrem nu [X] marfa arta, ci [X] adevărata [X] arta]
în traducere:
[Noi nu vrem arta ca marfã, ci adevărata artă.]
B. *die Lehre – die Leere*
   [învăţătura – golul]

Allerdings spricht für das Primat der gesprochenen Sprache eine weitere Reihe von Beispielen. Im Falle dieser graphisch identen Wortpaare differenziert erst die Aussprache, also die gesprochene Sprache, das zweideutige Schriftbild der geschriebenen Sprache:

modern[1] [ˌmoˈdɛrn] (neu, aktuell)

modern[2] [ˈmoːdərn] (verrotten, verfaulen)

umfahren[1] [ˌʊmˈfaːrən] (um etwas herum fahren)

umfahren[2] [ˈʊmˌfaːrən] (über etwas fahren, überfahren)

übersetzen[1] [ˈybːɐˌzɛʦn̩] (über ein Wasser fahren / über etwas treten)

übersetzen[2] [ˌybːɐˈzɛʦn̩] (aus einer Sprache in eine andere übertragen)

Phonetisch und phonologisch relevant sind an diesen Beispielpaaren das Postulat des Primats der gesprochenen Sprache, welche die grundlegende Position der Phonetik im System und in der Hierarchie der Sprachwissenschaften sichert, sowie die phonologische Opposition, die durch den Akzent realisiert wird. Die phonologische Opposition ist ein Grundgedanke der Phonologie, eine „**Metaphonetik**", welchen die strukturalistischen Nachfolger Saussures weiterentwickeln werden.

2.2.5. Syntagmatische und paradigmatische Beziehungen

Eine weitere Unterscheidung, die Saussure in seinem *Cours* trifft, handelt von den systematischen Relationen innerhalb des sprachlichen Systems.

Man nennt systematische Beziehungen zwischen sprachlichen Einheiten, die an verschiedenen Positionen in einer linearen Anordnung bestehen, **syntagmatische Beziehungen**.
So entsteht durch die Aneinanderreihung mehrerer unterschiedlicher Zeichen zu einer bestimmten Kette, wie zum Beispiel jene mehrerer Wörter zu einem Satz, eine syntagmatische Beziehung.

În schimb, următoarea serie de exemple pledează pentru primatul limbii vorbite. În cazul următoarelor cuvinte identice grafic doar pronunţia, adică limba vorbită, diferenţiază imaginile ambigue ale limbii scrise:

modern [1] [ˌmoˈdɛrn] (nou, actual)

modern [2] [ˈmoːdərn] (a putrezi, a mucezi)

umfahren [1] [ˌʊmˈfaːrən] (a ocoli)

umfahren [2] [ˈʊmˌfaːrən] (a călca peste ceva, a trece peste ceva)

übersetzen [1] [ˈybːɐˌzɛ͡tsn̩] (a trece [ceva] peste o apă / a păşi peste [ceva])

übersetzen [2] [ˌybːɐˈzɛ͡tsn̩] (a traduce)

În aceste perechi de exemple sunt relevante din punct de vedere fonetic şi fonologic atât postulatul primatului limbii vorbite, care asigură poziţia fundamentală a foneticii în sistem şi ierharhia ştiinţelor limbii, cât şi opoziţia fonologică realizată prin mutarea accentului. Opoziţia fonologică este un concept de bază al fonologiei, o „metafonetică" pe care o vor dezvolta urmaşii structuralişti ai lui Saussure.

2.2.5. Relaţii sintagmatice şi paradigmatice

O altă diferenţiere pe care Saussure o operează în *Cours*-ul său se referă la relaţiile sistemice în cadrul sistemului limbii.

Relaţii sintagmatice se numesc relaţiile sistemice între unităţi lingvistice care există în poziţii diferite în cadrul unei înşiruiri lineare.

Astfel prin înşiruirea unor semne diferite într-un anume lanţ, ca de exemplu a mai multor cuvinte într-o propoziţie, ia naştere o relaţie sintagmatică.

Syntagmatische Beziehungen ordnen die Elemente eines Syntagmas, zum Beispiel eines Satzes, an und schaffen so Hierarchien. Diese bestimmen, welche anderen Elemente noch in diesem Syntagma vorkommen dürfen, nämlich nur solche, welche die passenden, also kompatiblen Eigenschaften mit der Spitze der Hierarchie besitzen.

Steht man morgens vor dem Spiegel und fragt sich, ob sich die gelbe Krawatte mit dem blauen Hemd beißt oder ob sie doch zusammenpassen, so analysiert man eine syntagmatische Beziehung: wie passen die Kleidungsstücke zusammen?
Ebenso sichern im folgenden Satz die syntagmatischen Beziehungen seine korrekte Form:

„Ich trinke."

Hier stehen *„ich"* und *„trinke"* in einer syntagmatischen Beziehung zueinander. Wenn *„ich"* durch *„du"* ersetzt wird, also wenn die Person verändert wird, muss gleichzeitig die Endung des konjugierten Verbs von *„trinke"* auf *„trinkst"* verändert werden, um die syntagmatische Beziehung der Person einzuhalten.
Hingegen sind im folgenden Satz syntagmatische Beziehungen zwischen Kasus, Genus und Numerus anzutreffen:

„Studenten trinken gerne Bier."

So zum Beispiel beeinflussen die *„Studenten"* das Verb *„trinken"*, das den Plural übernehmen muss, weil sonst der Satz ungrammatisch wäre.
Systemische Beziehungen zwischen Einheiten, die potentiell in ein und demselben Kontext auftreten können, sich aber in diesem Kontext gegenseitig ausschließen, heißen **paradigmatische Beziehungen**.

Paradigmatische Beziehungen gründen sich auf die Kriterien der Auswahl und Verteilung jener sprachlichen Elemente, die in jenem Kontext untereinander austauschbar sind.

Relaţiile sintagmatice ordonează elementele unei sintagme, de exemplu a unei propoziţii, şi formează astfel ierarhii. Acestea determină care alte elemente mai au voie să apară în această sintagmă, şi anume doar elemente care posedă însuşirile potrivite, adică compatibile cu cele din vârful ierarhiei.

Când stăm dimineaţa în faţa oglinzii şi ne întrebăm dacă oare cravata galbenă merge cu cămaşa albastră sau nu, analizăm o relaţie sintagmatică: cum se potrivesc aceste obiecte de îmbrăcăminte?
La fel şi în următoarea propoziţie relaţiile sintagmatice asigură forma corectă a enunţului:

„Ich trinke.”
[Eu beau.]

Aici *„ich“* (eu) şi *„trinke“* (beau) se află într-o relaţie sintagmatică. Dacă înlocuim pe *„ich“* (eu) prin *„du“* (tu), adică dacă modificăm persoana, trebuie să înlocuim în acelaşi timp şi terminaţia verbului de conjugat de la *„trinke“* (beau) la *„trinkst“* (bei), pentru a respecta relaţia sintagmatică de persoană.
În schimb în propoziţia următoare se întâlnesc relaţii sintagmatice de caz, gen şi număr:

„Studenten trinken gerne Bier.“
[Studenţii beau cu plăcere bere.]

Astfel, de exemplu *„Studenten“* (studenţii) influenţează verbul *„trinken“*, (a bea), care trebuie să preia pluralul, pentru că altfel propoziţia ar fi incorectă gramatical.
Relaţiile sistemice între unităţi care pot apărea potenţial în unul şi acelaşi context, însă care se exclud reciproc în acel anume context, se numesc **relaţii paradigmatice**.
Relaţiile paradigmatice se bazează pe criteriile de selecţie şi repartiţie a acelor elemente ale limbii care sunt interşanjabile în acel anume context.

Kehren wir zu unserem Morgenspiegel zurück:
Wenn wir mit der Farbkombination unzufrieden sind, suchen wir uns aus dem Stapel Krawatten, die wir im Schrank aufbewahren, so lange eine neue Krawatte aus, bis eine farblich zum Hemd passt. Das wäre eine paradigmatische Handlung. Nur in seltenen Fällen durchbrechen wir die vorgegebene syntagmatische Hierarchie und greifen zu einem anderen Hemd.
Weitere paradigmatische Relationen sind in der Semantik anzutreffen. Dort stehen die Synonymie und die Antonymie in einer paradigmatischen Relation zueinander. Die Vokabeln „*lustig*" und „*traurig*" können zwar in folgendem Satz untereinander ausgetauscht werden, aber nie gleichzeitig nebeneinander auftreten:
Marie ist heute *lustig* / *traurig*.

Paradigmatische Relationen haben aber auch eine phonetische Relevanz. In der Phonetik sind die paradigmatischen Relationen die Basis für das Erstellen des phonetischen / phonemischen Inventars einer Sprache. Dieses wird über die Bildung von *distinktiven Minimalpaaren* definiert, also indem man die Merkmalsunterschiede zwischen einzelnen Lautpaaren bestimmt.
Die distinktiven Minimalpaare entstehen bei einem bedeutungsunterscheidenden Austausch verschiedener Laute in einem ansonsten konstanten Kontext. So bilden die Anlautkonsonanten in:
Bier [b],

Tier [t],

Gier [g],

eine Austauschklasse und stehen zueinander in einer paradigmatischen Beziehung. Zugleich machen gerade diese Anlautkonsonanten den Unterschied in der Bedeutung der Vokabeln „*Bier*", „*Tier*" und „*Gier*" aus.
Die Gesamtheit der Elemente, die in ein und demselben Kontext kommutativ sind, d.h. zueinander in einer paradigmatischen Beziehung stehen, bildet ein Paradigma, wie das aus dem folgenden Beispiel deutlich wird:

Să ne întoarcem la oglinda noastră de dimineaţă:
Dacă suntem nemulţumiţi cu combinaţia de culori, vom continua să selectăm atâta vreme din maldărul de cravate din dulap, până o vom găsi pe cea corespunzătoare. Aceasta ar fi o acţiune paradigmatică. Doar în cazuri rare nu vom respecta ierarhia sintagmatică şi vom alege altă cămaşă.

Alte relaţii paradigmatice se găsesc în semantică. Acolo sinonimia şi antonimia se află într-o relaţie paradigmatică. Cuvintele „*lustig*" [vesel(ă)] şi „*traurig*" [trist(ă)] pot fi schimbate între ele in propoziţia următoare, dar ele nu pot apărea în ea niciodată unul lângă altul:

Marie ist heute *lustig* / *traurig*.
[Marie este astăzi veselă / tristă]

Relaţiile paradigmatice au însă şi o relevanţă fonetică. În fonetică relaţiile paradigmatice sunt baza constituirii inventarului fonetic / fonemic al unei limbi. Acesta se defineşte prin constituirea de *perechi minimale distinctive*, adică prin definirea diferenţelor caracteristice între perechile de sunete.

Perechile minimale distinctive se constituie prin înlocuirea cu schimbare de sens a unor sunete diferite într-un context constant. Aşa de exemplu consoanele iniţiale din:
Bier [b] (bere),

Tier [t] (animal),

Gier [g], (lăcomie),

constituie o clasă de comutare şi se află unele faţă de altele într-o relaţie paradigmatică. În acelaşi timp tocmai aceste consoane iniţiale produc diferenţa de sens între cuvintele „*Bier*" [bere], „*Tier*" [animal] şi „*Gier*" [lăcomie].
Totalitatea elementelor care se pot comuta într-un context, deci care se află într-o relaţie paradigmatică unele cu altele, formează o paradigmă, după cum reiese din următorul exemplu:

PARADIGMATISCHE ACHSE

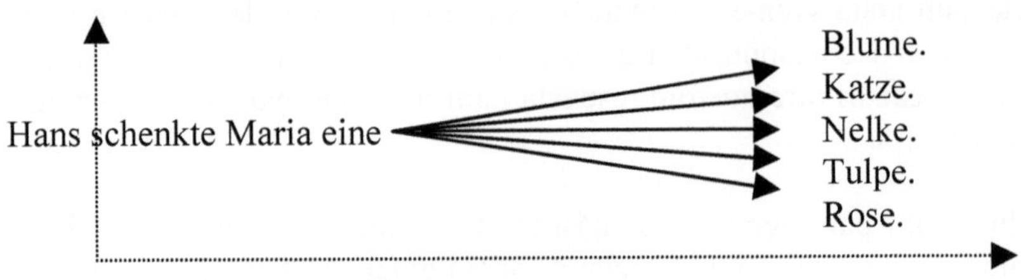

SYNTAGMATISCHE ACHSE

Abb. V: Paradigma und die dazugehörigen syntagmatischen Beziehungen

Hier sind die Wörter: *„Blume"*, *„Katze"*, *„Nelke"*, *„Tulpe"* und *„Rose"* hinsichtlich ihrer invarianten Eigenschaften austauschbar, sind kommutativ. Diese Invarianten sind grammatikalisch ausgedrückt: Substantive mit femininem Genus im Akkusativ.

Im nächsten Beispiel bilden:

Ich, Du, Er, Sie, Es, Wir

sowie:

bin, bist, ist, sind

auf der paradigmatischen Achse jeweils ein Paradigma, während:

in + der + Uni

auf der syntagmatischen Achse ein Syntagma bilden:

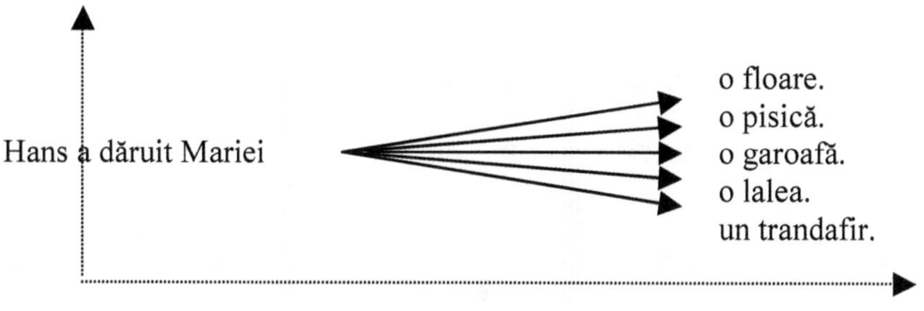

AXA SINTAGMATICĂ

Ilustraţia V: Paradigmă cu relaţiile sintagmatice aferente

Aici cuvintele: *„Blume"* [floare(a)], *„Katze"* [pisica/ă], *„Nelke"* [garoafa/ă], *„Tulpe"* [lalea(ua)] şi *„Rose"* [trandafir(ul)] sunt comutative din punctul de vedere al invariantelor. Aceste invarainte gramaticale sunt exprimate în: substantiv de gen feminin în acuzativ.

În exemplul următor:
Ich, Du, Er, Sie, Es, Wir
[eu, tu, el, ea, -, noi]
Precum şi:
bin, bist, ist, sind
[sunt, eşti, este, suntem]
formează pe axa paradigmatică câte o paradigmă, în vreme ce:
in + der + Uni
în versiunea interlineară:
[în [X] universitatea]
în traducere:
[la universitate.]
formează pe axa sintagmatică o sintagmă:

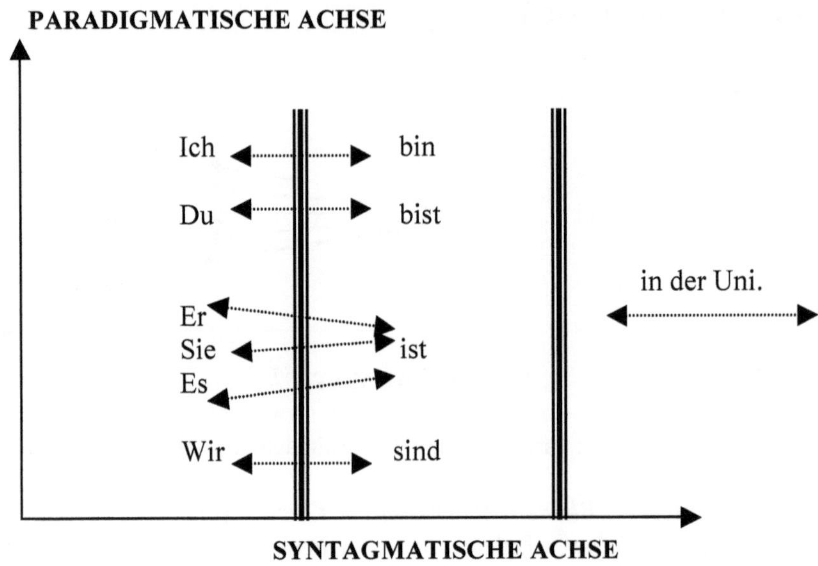

Abb. VI: Syntagma und die dazugehörigen paradigmatischen Beziehungen

Das Segmentieren und das Klassifizieren, die hier auf der morphosyntaktischen Ebene vorgestellten linguistischen Methoden, sind typische Arbeitsweisen der strukturalistischen Schulen. Sie bilden zusammen mit der phonologischen Opposition die methodologische Grundlage in der Phonologie von Trubetzkoy.

2.3. N.S. Trubetzkoy, das Phonem und die Prager Schule

1928 entstand der Prager Linguistenkreis, eine strukturalistisch orientierte Sprachgesellschaft, die später unter dem Namen Prager Schule bekannt wurde. Ihre bedeutendsten Vertreter waren die Slawisten Nikolai Sergeyevich Trubetzkoy (Moskau, 15. April 1890 – Wien, 25. Juni 1938) und Roman Jakobson (Moskau, 23. Oktober 1896 – Boston, 18. Juli 1982), die beide von Saussures Gedankengut zutiefst beeinflusst wurden.

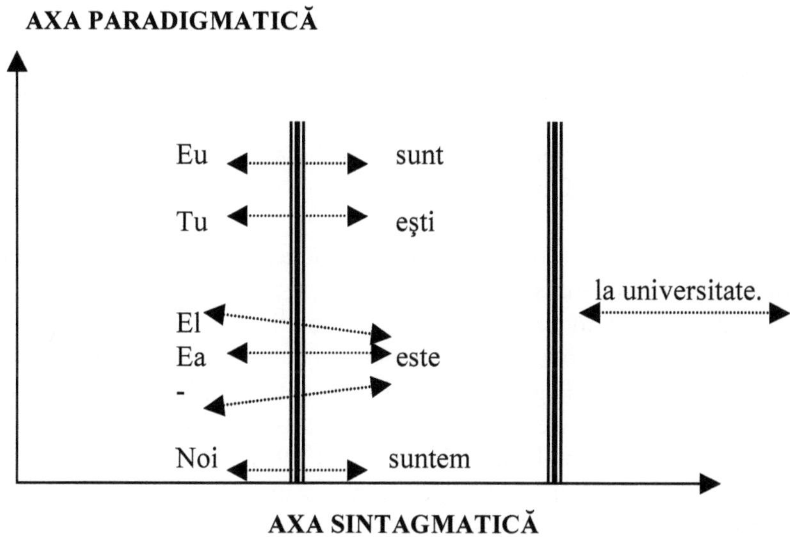

Ilustraţia VI: Sintagmă cu relaţiile paradigmatice aferente

Cele două metode lingvistice prezentate aici la nivel morfosintactic, segmentarea şi clasificarea, sunt modalităţile de lucru tipice ale şcolilor structuraliste.
Ele constituie împreună cu opoziţia fonologică baza metodologică a fonologiei lui Trubeţkoi.

2.3. N.S. Trubeţkoi, fonemul şi Şcoala de la Praga

În 1928 a luat fiinţă Cercul de la Praga, o primă societate lingvistică de orientare structuralistă, care a ajuns să fie cunoscută mai târziu sub numele de Şcoala de la Praga.
Cei mai importanţi reprezentanţi ai acestei direcţii de cercetare au fost doi slavişti, Nikolai Sergheevici Trubeţkoi (Moscova, 15 aprilie 1890 – Viena, 25 iunie 1938) şi Roman Jakobson (Moscova, 23 octombrie 1896 – Boston, 18 iulie 1982), care au fost ambii influenţaţi profund de gândirea saussuriană.

So beschrieb der *Cours* die Sprache unter anderem als eine Struktur von Oppositionen, die in der Kommunikation relevant werden durch ihre Distinktivität. Dieses Spiel von Oppositionen sowie den Unterschied zwischen langue und parole übertrug Trubetzkoy in seinem postum erschienenen Werk *Grundzüge der Phonologie* (1939) auf die artikulierten Laute.

Darin entwickelte er den Begriff des Phonems und begründete die Phonologie als Wissenschaft.
Trubetzkoy führt in seiner Arbeit eine detaillierte Beschreibung der möglichen Oppositionstypen zwischen den Phonemen an und kommt unter anderem zum Ergebnis, dass die phonetischen Merkmale in drei Klassen eingeteilt werden können: vokalisch, konsonantisch und prosodisch. In einem Brief vom 6. April 1931 an Roman Jakobson spricht Trubetzkoy über die Aufnahme seiner Theorien und deren Einwirkung auf die Wissenschaftler und auf die linguistische Öffentlichkeit der Zwischenkriegszeit:

> Kurz vor Ostern habe ich einen Vortrag zur Phonologie vor der Sprachwissenschaftlichen Gemeinschaft [in Wien] gehalten. Es war ein großer Erfolg. Mein Vortrag wurde bestens aufgenommen, und es folgten darauf angeregte Gespräche. Luick [Karl Luick (1865 - 1935), bedeutendster Anglist und Phonetiker im Wien der Zwischenkriegszeit] sprach höchst zustimmend über die historische Phonologie und zitierte mehrere Beispiele aus dem Englischen (manche davon nicht ganz überzeugend).
> Unter anderem sagte er auch, dass die Bekanntschaft mit den phonologischen Theorien sein Gewissen erleichtert habe, weil er in der Vergangenheit, als er teleologische Erklärungen zum Lautwandel gefunden hatte, diese als unwissenschaftlich verworfen habe. Aber nun sehe er ein, dass dies ein Vorurteil gewesen sei.

Im gleichen Brief erwähnt Trubetzkoy – eher anekdotenhaft – eine heute fast humoristisch wirkende, vermutlich eben deswegen bis unlängst vergessene Begriffsprägung für die Dichotomie Phonetik / Phonologie:

Astfel *Cours*–ul descrie limba printre altele şi ca pe un joc de opoziţii
ce devin relevante în comunicare prin distinctivitatea lor. Acest joc de
opoziţii precum şi diferenţa dintre langue şi parole au fost extrapolate
de către Trubeţkoi asupra sunetelor articulate în lucrarea sa postumă
Grundzüge der Phonologie [Principii de bază ale fonologiei] (1939).

În această lucrare el a dezvoltat conceptul de fonem şi a pus bazele
fonologiei ca ştiinţă.

Lucrarea lui Trubeţkoi conţine printre altele o descriere detaliată a
opoziţiilor posibile între foneme şi ajunge, printre altele, la rezultatul
împărţirii caracteristicilor fonetice în trei clase: vocalice, consonantice
şi prozodice.

Într-o scrisoare din 6 aprilie 1931 către Roman Jakobson, Trubeţkoi
vorbeşte despre rezonanţa teoriilor sale şi impactul lor asupra
oamenilor de ştiinţă şi opiniei publice din comunitatea lingvistică
interbelică:

> Cu scurt timp înainte de Paşte am ţinut la Societatea de Lingvistică
> [din Viena] o prelegere despre fonologie. A fost un succes.
> Prelegerea mea a fost primită foarte bine, şi a fost urmată de discuţii
> intense. Luick [Karl Luick (1865 - 1935), anglist şi fonetician de
> renume în Viena interbelică] a vorbit la modul cel mai pozitiv despre
> fonologia istorică şi a citat mai multe exemple din engleză (unele
> dintre ele mai puţin convingătoare).
>
> Printre altele, el a spus că întâlnirea cu teoriile fonologice i-a uşurat
> conştiinţa, pentru că în trecut, de ori câte ori găsea explicaţii
> teleologice pentru schimbări fonetice, le nega considerându-le
> neştiinţifice. Dar acum, spunea el, îşi dă seamă că aceasta a fost o
> prejudecată.

În aceeaşi scrisoare Trubeţkoi aminteşte – mai degrabă anecdotic – de
un „botez terminologic" uşor umoristic al dihotomiei fonetică /
fonologie. Acesta poate fi şi motivul pentru care termenii respectivi nu
s-au impus şi au fost daţi uitării până recent:

Anschließend ergänzte jemand seine [Luicks] Aussage, indem er behauptete, die Phonologie rehabilitiere die **Papierphilologie** in Relation zur **Ohrenphilologie**, was sehr begrüßenswert sei, denn ein voreingenommenes Verwerfen der Papierphilologie, ohne sich mit ihr erst auseinandergesetzt zu haben, versperre den Wissenschaftlern den Weg zu gültigen Schlussfolgerungen und Verallgemeinerungen. (TRUBETZKOY: 2001, S. 240f.)

Leider hält Trubetzkoy in seinem Brief den Namen des Urhebers dieses bildhaften Eindeutschungsversuches nicht namentlich fest, sehr wohl aber seine Befürwortung der neuen Disziplin. Ausgehend von dieser Prägung verwendet man heute gelegentlich den abgewandelten Terminus: „Ohrenphonetik" (BARRY: 1995, S. 3f.; KOHLER: [2]1995, S. 16f.; POMPINO-MARSCHALL: [2]2003, S. 268).

2.4. Die Phonologie *avant la lettre*

Wie bereits erwähnt, zirkulierten unter den Sprachwissenschaftlern der Zeit viele der Überlegungen, die in Saussures *Cours* und anschließend in Trubetzkoys *Grundzüge der Phonologie* erstmalig wissenschaftskanonisch zur Sprache kamen. So gesehen sind diese zwei Werke keinesfalls aus dem Nichts entstanden.

2.4.1. Karl Moritz Rapp: Die Entwicklung der Lautpolarität

Einer der verkannten und wenig bekannten Vorläufer der Phonologie ist der Tübinger Philologe Karl Moritz Rapp (23. Dezember 1803 - 7. April 1883). Rapp ist eher für seine komparatistische Tätigkeit und als Übersetzer portugiesischer Dichtung sowie als Erforscher des spanischen Dramas bekannt geworden. In der Sprachforschung hat er den methodologischen Übergang von der Buchstabenfixierung zur eigentlichen Lautforschung vorangetrieben.
Rapp geht von einer naturwissenschaftlichen Auffassung in der Sprachbeschreibung aus, jedoch wurden seine Leistungen vom Netzwerk der etablierten Junggrammatiker überschattet, dem er nicht angehörte, so dass sein Werk bald in Vergessenheit geriet.

În continuare cineva a adăugat la cele spuse de el [Luick] că fonologia reabilitează **filologia de hârtie** [Papierphilologie] în relație cu **filologia de ureche** [Ohrenphilologie], lucru de salutat, căci o respingere preconcepută a filologiei de hârtie, fără a o studia mai înainte, închide cercetătorilor drumul spre concluzii valabile și generalizări. (TRUBEȚKOI: 2001, p. 240f.)

Din păcate Trubețkoi nu a reținut în scrisoarea sa numele autorului acestei originale încercări de transpunere în germană, ci doar că teoria fonologică i-a găsit aprobarea. Pornind de la acest „botez" în prezent termenul se folosește pe alocuri în germană sub forma „fonetică de ureche" [Ohrenphonetik] (BARRY: 1995, p. 3f.; KOHLER: [2]1995, p. 16f.; POMPINO-MARSCHALL: [2]2003, p. 268).

2.4. Fonologia *avant la lettre*

După cum spuneam, multe dintre ideile și tezele care apar pentru prima dată canonizate la Saussure în *Cours* și apoi la Trubețkoi în *Grundzüge der Phonologie* circulau deja între lingviști și erau cunoscute contemporanilor. Privite astfel, cele două lucrări nu au apărut în nici un caz ca din neant.

2.4.1. Karl Moritz Rapp: Evoluția polarității sunetelor

Unul dintre precursorii puțin cunoscuți și puțin înțeleși ai fonologiei este filologul Karl Moritz Rapp (23 decembrie 1803 - 7 aprilie 1883). Rapp este cunoscut mai degrabă pentru activitatea sa de comparatist, ca traducător de poezie portugheză precum și ca cercetător al dramelor spaniole. În lingvistică el a contribuit la tranziția metodologică de la centrarea cercetării pe litere către cercetarea sunetelor propriu-zise.

Rapp pornește de la o concepție a științelor naturii în descrierea limbii, însă realizările sale au fost umbrite de rețeaua dominantă a junimiștilor gramaticieni, căreia el nu-i aparținea, așa că lucrările sale au fost repede uitate.

In seinem hie und da beiläufig erwähnten, aber noch nicht bearbeiteten vierbändigen *Versuch einer Physiologie der Sprache: nebst historischer Entwicklung der abendländischen Idiome nach physiologischen Grundsätzen* (1836-1841) sind zahlreiche sprachgenetische Überlegungen im Geiste Humboldts anzutreffen.

Darin entwickelt er auch – zum Teil in Anlehnung an die Farbenlehre Johann Wolfgang Goethes (Frankfurt / Main, 28. August 1749 – Weimar, 22. März 1832) – eine diachron-dynamische Vokallehre, in der er einen Schwa-Urlaut [ə] definiert und daraus alle anderen Folgevokale ableitet.

An sich ist diese Überlegung zur Existenz eines genetischen Urvokals, von welchem ausgehend dann alle anderen Vokale entstehen, nicht unbedingt neu und nicht so spektakulär wie die methodische Auslegung dieser Idee bei Rapp, die auf einer weiteren, prä-phonologischen Abstraktionsstufe stattfindet.

Rapp arbeitet nämlich ausführlich eine sogenannte „entwickelte Indifferenz" des Schwa-Urlautes [ə] aus.

In Opposition dazu definiert er eine „Entwicklung der Polarität" (RAPP: 1836, S. 22) bei den davon abgeleiteten Vokalen, und schlussfolgert:

> Und jetzt wollen wir die ganze Erscheinung so zusammenfassen: die beiden polaren Richtungen des Vocalismus lassen sich von der Indifferenz *a* aus, als ein Continuum betrachten, das, bis es zur Spitze des *i* und *u* angelangt ist, eine unendliche Reihe von Mittelstufen durchlaufend gedacht werden kann. Auf dieser Scala hat man aber jederseits 3 Stadien oder Stationen als leicht erkennbar und brauchbar festgelegt, indem die positive Reihe in der Formel *a, ä, e, i* einen engeren Halbkreis in der mittleren Mundregion beschreibt, indem die andere, negative Seite in der Formel *a, å, o, u* sich im weiteren Halbkreis um den ersten herumzubewegen scheint. Aus diesem Verhältnis ergibt sich, dass eigentlich nur *i* und *u* eine absolute Stellung haben; alle anderen sind in der Scala willkürlich festgehalten und nach oben wie nach unten beweglich [alle Unterstreichungen: K.M.R.]. (RAPP: 1836, S. 23)

În lucrarea sa în patru volume, menţionată ici şi colo, însă neprelucrată până în prezent, *Versuch einer Physiologie der Sprache: nebst historischer Entwicklung der abendländischen Idiome nach physiologischen Grundsätzen* [O încercare asupra fiziologiei limbii precum şi o istorie a dezvoltării idiomurilor apusene după principii fiziologice] (1836-1841), se găsesc numeroase consideraţii genetice despre limbă în spiritul lui Humboldt.

În acestea el dezvoltă – parţial şi în relativă dependenţă faţă de teoria culorilor la Johann Wolfgang Goethe (Frankfurt / Main, 28 august 1749 – Weimar, 22 martie 1832)– o teorie vocalică dinamic-diacronă, în care defineşte un sunet primar Schwa **[ə]** de la care derivă toate celelalte vocale.

În sine această teorie despre existenţa unei vocale primare genetice, de la care derivă toate celelalte vocale nu este neapărat nouă şi nici atât de spectaculoasă cât este interpretarea metodologică a acestei idei la Rapp, care are loc pe un plan de abstracţie următor, pre-fonologic.

Rapp expune pe larg o aşa-zisă „indiferenţă dezvoltată" a sunetului primar Schwa **[ə]**.

În opoziţie cu aceasta el defineşte apoi „dezvoltarea polarităţii" (RAPP: 1836, p. 22) la vocalele derivate de la acest sunet primar, concluzionând după cum urmează:

> Şi acum să rezumăm întreaga chestiune în felul următor: ambele direcţii polare ale vocalismului pot fi privite din punctul de vedere al indiferenţei *a*, deci ca un continuum, care până ajunge la vârful lui *i* şi *u*, poate fi gândit ca parcurgând un şir nesfârşit de stadii intermediare. Pe fiecare parte a acestei scale se pot însă defini 3 stadii sau staţii ca fiind uşor recognoscibile şi folosibile. Privit astfel, şirul pozitiv al formulei *a, ä, e, i* descrie un semicerc mai strâns în jurul regiunii mijlocii a gurii, iar cealaltă parte negativă a formulei *a, å, o, u* pare să se mişte într-un semicerc mai larg în jurul primului.
>
> Din această relaţie rezultă că de fapt doar *i* şi *u* au o poziţie absolută; toate celelalte sunt fixate pe scală în mod subiectiv-aleatoriu şi sunt mobile în sus sau în jos [toate sublinierile: K.M.R.]. (RAPP: 1836, p. 23)

Der Gedanke der funktionalen Opposition, so wie ihn Trubetzkoy konsekriert, kommt bei Rapp bereits deutlich in der Überschrift des Abschnittes zum Vokalismus vor und wird in der Ausführung des Vokalsystems konsequent durchgehalten und erläutert.

Selbstverständlich ist Rapps vokalische Klassifikation in positive und negative Lautreihen artikulatorisch „angehaucht", sie bleibt aber eindeutig genug, um bei ihm von einer offensichtlichen phonologischen Sicht *avant la lettre* sprechen zu können.

2.4.2. Baudouin de Courtenay: Das „Psychophonem"

Jedoch bleibt das mittlerweile kanonisch etablierte Exempel der Phonologie *avant la lettre* das Werk des Linguisten Jan Ignat Necisław Baudouin de Courtenay (Radzymin, 13. März 1845 – Warschau, 3. November 1929).

Dieser unterschied bereits während seiner Vorlesungen an der Universität Kazan in den Jahren 1880-1881 zwischen Phonemen und Sprechlauten und definierte das Phonem ausgehend von einer psychologischen Basis.

In seinem *Versuch einer Theorie der phonetischen Alternationen. Ein Kapitel aus der Psychophonetik* (1895) vertieft er diese Überlegung.

Er definiert in dieser Arbeit den Laut als jene kleinste Einheit der Artikulation, die einen einzigen akustischen Eindruck erzeugt.

Die Überlappung einzelner Eindrücke, welche die wiederholte Aussprache des gleichen Lautes in unterschiedlichen Umfeldern produziert, erzeugt laut de Courtenay in der Psyche des Menschen das Phonem, also das psychische Äquivalent des Lautes.

Deswegen kann das Phonem de Courtenays auch als **„Psychophonem"** bezeichnet werden.

Concepţia unei opoziţii funcţionale, aşa cum o consacră Trubeţkoi, apare la Rapp evidentă deja în titlurile paragrafelor despre vocalism. De asemenea, ea este păstrată consecvent şi explicată pe larg în descrierea amănunţită a sistemului vocalic.

Bineînţeles, clasificarea vocalismului la Rapp în şiruri sonore pozitive şi negative are o notă de fonetică articulatorie, ea rămâne însă suficient de univocă pentru a putea vorbi la acest autor de o evidentă perspectivă fonologică *avant la lettre*.

2.4.2. Baudouin de Courtenay: „Psihofonemul"

Însă exemplul canonic al fonologiei *avant la lettre* rămâne opera lingvistului Jan Ignat Necisłav Baudouin de Courtenay (Radzymin, 13 martie 1845 – Varşovia, 3 noiembrie 1929).

Acesta diferenţia deja în anii 1880-1881 în cadrul cursurilor sale de la Universitatea din Kazan între foneme şi sunete articulatorii, definind fonemul dintr-un punct de vedere psihologic.

În lucrarea sa *Încercare asupra unei teorii a alternanţelor fonetice. Un capitol din psihofonetică* [Versuch einer Theorie der phonetischen Alternationen. Ein Kapitel aus der Psychophonetik] (1895) el adânceşte aceste consideraţii.

În această lucrare el defineşte sunetul ca fiind cea mai mică unitate de articulaţie care produce o singură impresie acustică.

Suprapunerea acestor impresii singulare pe care le produce pronunţia repetată a aceluiaşi sunet în contexte diferite, generează în concepţia lui de Courtenay în psihicul uman fonemul, adică echivalentul psihic al sunetului.

De aceea mai putem numi fonemul lui de Courtenay şi **„psihofonem"**.

Während die Verbreitung der Forschungslinie Rapps von der Dominanz der Junggrammatiker überschattet bleibt, hat im Falle von de Courtenay eher die mangelnde Verankerung und Verbreitung seines Werkes die Rezeption an den europäischen Universitäten verhindert. So kam es, dass sich letztendlich Trubetzkoys Phonologie durchsetzte, woraus sich schließlich der Strukturalismus entwickelte.

2.5. Louis Hjelmslevs Glossematik und die Kopenhagener Schule

Eine weitere strukturalistische Schule, welche die Grundprinzipien des *Cours* sogar konsequenter als die Prager Schule austrug, entstand 1931 in Kopenhagen um die Linguisten Louis Hjelmslev (Kopenhagen, 3. Oktober 1899 – Kopenhagen, 30. Mai 1965), Hans Jorgen Uldall (1907 - 1957) und Rasmus Viggo Brøndal (13. Oktober 1887 - 1942).
Die Theorie des Begründers der Kopenhagener Schule, Louis Hjelmslev, nennt sich Glossematik.

Sie ist als eine formale Theorie der Sprachbeschreibung konzipiert und geht von der semiotischen Perspektive aus, entwickelt sich aber eher als eine Anwendung des logischen Positivismus auf die Sprache. Die Glossematik, eine Art „Algebra der Sprache" (ERNST: 2001, S. 319), darf aber nicht mit der Kopenhagener Schule selbst verwechselt werden, da dieser auch Gegner der Hjelmslevschen Theorie angehörten (ALBRECHT: [3]2007, S. 70f.).

Ausgangspunkt für die Glossematik ist Hjelmslevs Unzufriedenheit mit den Differenzierungsmöglichkeiten, welche Saussures Termini langue und parole bieten. Deswegen schlägt er eine Dreiteilung des Sprachsystems wie folgt vor:

Die Sprache als reiner **Sprachbau**, unabhängig von ihrer sozialen und konkreten Realisation, ist das **Schema**.
Die soziale Realisation des Schemas ist die **Sprachnorm**, und deren funktionale, artikulatorische Realisation ist der **Sprachgebrauch**.

În timp ce ecoul direcţiei de cercetare a lui Rapp rămâne umbrit de dominanţa junimii gramaticienilor, în cazul lui de Courtenay marginalizarea operei sale a fost cauzată mai degrabă de lipsa ei de ancorare, difuziune şi receptare în universităţile europene. Astfel până la urmă s-a impus fonologia lui Trubeţkoi, din care în final s-a dezvoltat structuralismul.

2.5. Glosematica lui Louis Hjelmslev şi Şcoala de la Copenhaga

O altă şcoală lingvistică care a continuat principiile de bază ale *Coursului* chiar mai consecvent decât Şcoala de la Praga, s-a format în 1931 în jurul lingviştilor Louis Hjelmslev (Copenhaga, 3 octombrie 1899 – Copenhaga, 30 mai 1965), Hans Jorgen Uldall (1907 - 1957) şi Rasmus Viggo Brøndal (13 octombrie 1887 - 1942) la Copenhaga.

Teoria lui Louis Hjelmslev, fondatorul Şcolii de la Copenhaga, se numeşte glosematică.

Ea este concepută ca o teorie lingvistică formal-descriptivă ce porneşte de la o perspectivă semiotică şi se dezvoltă mai degrabă ca o aplicaţie a pozitivismului logic în limbă.
Glosematica, un fel de „algebră a limbii" (ERNST: 2001, p. 319) nu trebuie însă confundată cu Şcoala de la Copenhaga însăşi, deoarece aceasta numără şi opozanţi ai teoriei lui Hjelmslev (ALBRECHT: [3]2007, p. 70f.).

Iniţial glosematica s-a constituit din nemulţumirea lui Hjelmslev faţă de posibilităţile de diferenţiere pe care le oferă la Saussure termenii de langue şi parole. De aceea el propune o structurare tripartită a sistemului limbii, după cum urmează.

Construcţia limbii ca formă pură, independentă de realizarea acesteia ca formă socială şi concretă este **schema**.
Realizarea socială a acestei scheme este **norma lingvistică**, iar realizarea funcţională, articulatorie a normei este **uzul limbii**.

Das **Glossem** (daher auch der Name der Glossematik) ist der Oberbegriff für das **Kenem**, welches die kleinste Einheit der phonologischen Ausdrucksebene ist, und für das **Plerem**, welches die kleinste Einheit der semantischen Inhaltsebene ist.

Relevant für die Entwicklung der Phonologie ist in Hjelmslevs Theorie die Abgrenzung von der klassischen Forschungsmethode, welche die Laute in den Mittelpunkt der Untersuchung stellt.
Hingegen entwickelt die Glossematik eine abstrakt-mechanische Formalisierung der Analyse, die sich letztendlich vom Laut selbst loslöst.

Ebenfalls relevant ist, dass laut Hjelmslev ein Individuum akustisch-artikulatorische Schallwellen erkennt, die es dann in sinnvolle Daten übersetzt. So gesehen sind diese Schallwellen eine Funktion zwischen Ausdruck und Inhalt.

Hier setzt die Glossematik an und zerlegt die Sprache mittels mathematisch-deduktiver Methoden in kleinste Elemente der Inhalts- und Ausdrucksebene, um daraus letztendlich eine universelle Grammatik zu erstellen. Auch zeichnet das Formalisierungsbestreben der Glossematik die spätere generative Phonologie vor.

2.6. Sprache in Bewegung: Chomskys generative Phonologie

Die generative Grammatik wurde vom Linguisten Avram Noam Chomsky (Philadelphia, 7. Dezember 1928 -) in seinem Werk *Syntactic Structures* [Syntaktische Strukturen] (1957) entwickelt.

In einem weiteren bedeutenden Werk, *The Sound Pattern of English* [Das Lautmuster des Englischen] (1968), das er zusammen mit Morris Halle (Liepaja / Lettland, 1923 -) herausbrachte, entwickelt Chomsky ein generatives Beschreibungsmodell für alle Sprachen.
Darin geht er, wie eingangs erwähnt, von Humboldts genetischer Sprachauffassung aus und baut eine Brücke zur Psychologie.

Glosemul (de unde provine şi numele glosematicii) este termenul cu grad de generalitate imediat superioară pentru **cenem**, care este cea mai mică unitate pe planul expresiei fonologice, precum şi pentru **plerem**, care este cea mai mică unitate pe planul semantic, adică al conţinutului.

Relevanţa fonologică a teoriei lui Hjelmslev constă în delimitarea de metoda clasică, care aşează sunetele în centrul cercetării. În schimb glosematica dezvoltă o formalizare abstract-mecanică a analizei, care, în ultimă instanţă, se desprinde de sunetul în sine.
De asemenea relevant este că după Hjelmslev individul recunoaşte undele sonore acustic-articulatorii, pe care le traduce apoi în date cu semnificaţie. Privite astfel, undele sonore sunt o funcţie între expresie şi conţinut.

De aici începând teoria glosematică descompune limba cu ajutorul metodelor matematic-deductive în cele mai mici elemente ale planurilor de conţinut şi de expresie, pentru a construi în final o gramatică universală. Tendinţele de formalizare ale glosematicii pot fi privite ca primii paşi în direcţia fonologiei generative ce urmează să apară ulterior.

2.6. Limba în mişcare: Fonologia generativă a lui Chomsky

Gramatica generativă a fost dezvoltată de către lingvistul Avram Noam Chomsky (Philadelphia, 7 decembrie 1928 -) în lucrarea sa *Syntactic Structures* [Structuri sintactice] (1957).

Într-o următoare importantă lucrare, *The Sound Pattern of English* [Modelul sonor al englezei] (1968), pe care a redactat-o împreună cu Morris Halle (Liepaja / Letonia, 1923 -), Chomsky dezvoltă un model de descriere generativ valabil pentru toate limbile.
În aceasta el porneşte, după cum am arătat deja, de la concepţia genetică despre limbă a lui Humboldt construind o punte spre psihologie.

Während die Strukturalisten in Saussures Nachfolge vom Text ausgehend analytische Modelle verwenden, um zu dem System der Sprache zu gelangen, will Chomsky ein iteratives, linear strukturiertes Regelwerk aufbauen, das gültig für die Generierung aller grammatisch korrekten Äußerungen in einer gegebenen Sprache sein soll.

Chomsky stellt zunächst die Hypothese auf, dass eine jede Sprache eine begrenzte Anzahl von Einheiten und Regeln besitzt, die es einem Sprecher ermöglichen, eine unbegrenzte Anzahl von grammatisch korrekten Äußerungen zu generieren, die ein Hörer auch verstehen kann.

Diese Fähigkeit des Sprechers und des Hörers bilden ihre **Kompetenz**, ihr sprachliches Können. Die Kompetenz ist also das intuitive, unreflektierte, sprachliche Können des Sprechers und des Hörers.
Die Aktualisierung der Kompetenz, das heißt, ihre Realisation im Sprechen oder Schreiben, ist die **Performanz**.

Gesunde Sprecher und Hörer können ihre einzelnen konkreten Performanzäußerungen sehr leicht vergessen, nicht aber ihre Kompetenz verlieren. Diese ist im Gehirn archiviert und geht nur bei Aphasikern verloren.

Die Sprache konstituiert sich also für Chomsky nicht als eine statische Summe von Regeln und Wörtern, sondern – wie für Humboldt – als ein Gebilde, das sich in ständiger Bewegung befindet.
Die Kompetenz der einzelnen Sprecher und Hörer ist für den Sprachwissenschaftler nicht unmittelbar zugänglich (siehe hierzu auch die Beschreibung der *Black-Box* in Abb. II), sondern nur mittelbar, über die Performanz.
Eine gewisse Ähnlichkeit zu Saussures langue und parole, lässt sich hier leicht erkennen. Auch die Unzulänglichkeit der Kompetenz für den Sprachwissenschaftler kann als eine Weiterentwicklung von Saussures Primat der gesprochenen über die geschriebene Sprache gelesen werden.

În timp ce succesorii structuralişti ai lui Saussure pornesc de la text, folosind modele analitice pentru a ajunge la sistemul limbii, Chomsky vrea să construiască un corp de reguli iterative lineare, care să fie valabil pentru generarea tuturor enunţurilor gramatical corecte într-o limbă dată.

Chomsky porneşte pentru început de la ipoteza că fiecare limbă posedă un număr finit de unităţi şi reguli, care permit vorbitorului să genereze un număr infinit de enunţuri gramatical corecte, pe care un ascultător le şi poate înţelege.

Această capacitate a vorbitorului şi a ascultătorului constituie **competenţa** lor, capacitatea şi bagajul lor de cunoaştere lingvistică. Competenţa cuprinde deci cunoştinţele de limbă intuitive, nereflectate, ale vorbitorului şi ale ascultătorului.

Actualizarea competenţei, adică realizarea ei în vorbire sau scriere, este **performanţa**.

Vorbitorii şi ascultătorii sănătoşi pot să-şi uite foarte uşor enunţurile performative, nu îşi pot însă pierde competenţa. Aceasta este arhivată în creier şi nu se pierde decât la afazici.

Limba nu se constituie deci pentru Chomsky ca o sumă de reguli şi cuvinte statice, ci – precum la Humboldt – ca un construct care se află în permanentă mişcare.

Pentru lingvist, competenţa vorbitorilor şi ascultătorilor particulari nu este accesibilă nemijlocit (vezi şi descrierea *black-box* din ilustraţia II), ci doar mijlocit, prin intermediul performanţei.

O anumită similitudine cu langue, respectiv parole la Saussure, poate fi aici uşor idenitificată. De asemenea restricţia de acces a lingvistului la competenţă se citeşte ca o dezvoltare a postulatului saussurian al primatului limbii vorbite asupra limbii scrise.

Um also überhaupt zu einem Kompetenzmodell zu gelangen, ist es zuerst notwendig die Performanz zu erforschen.
Diese wird im phonologischen Bestandteil der generativen Grammatik untersucht, der aus einer Anzahl von Regeln besteht, welche die Struktur der abstrakten syntaktischen und semantischen Sprachkomponenten auf eine Lautkette reduzieren.

So wird bei Chomsky jede lexikalische Einheit, also jedes Lexem, von einer Phonemkette dargestellt und jedes Phonem lässt sich in ein Bündel distinktiver Merkmale auflösen.
In Chomskys generativ-phonologischem Modell können demnach ganze Sätze binär-algorithmisch dargestellt werden.

In seiner generativen Phonologie gibt es nicht einmal Silben, sondern nur individuelle sprecherspezifische und merkmalsbestimmte Phonemketten:

> ... welche zusammen genommen die phonetischen Fähigkeiten des Menschen zusammenfassen. Jedes dieser Merkmale wird auf einer physikalischen Skala definiert, die an zwei Punkten von antonymischen Adjektiven abgegrenzt wird: hoch – nicht-hoch (tief), stimmhaft – nicht-stimmhaft (stimmlos), gespannt – nicht-gespannt (ungespannt). (CHOMSKY / HALLE: [2]1991, S. 229)

Nach Chomskys Auffassung analysiert die generative Grammatik die **Oberflächenstruktur** der Sprache, die er **surface structure** nennt und auf der die gesprochenen oder geschriebenen Sprachformen generiert werden.

Die **Tiefenstruktur** der Sprache, die er **deep structure** nennt (CHOMSKY / HALLE: [2]1991, S. 6f.), ist zunächst, in der ersten Phase seiner Theorie, auf die logisch-semantischen Hintergrundstrukturen in der Tiefe zu beziehen, die hinter diesem Generieren von Sprache stehen.

În concluzie, pentru a ajunge de fapt la un model de competenţă este nevoie, pentru început, de analiza performanţei.

Aceasta este cercetată în partea fonologică a gramaticii generative, care constă dintr-un număr de reguli care reduce structura abstractă a componentelor sintactice şi semantice la secvenţe sonore.

Astfel la Chomsky fiecare unitate semantică, adică fiecare lexem, este reprezentat printr-un lanţ de foneme, iar fiecare fonem se lasă dizolvat într-un mănunchi de caracteristici distinctive.

În modelul generativ-fonologic al lui Chomsky se pot deci reprezenta propoziţii întregi într-un mod binar-algoritmic.

Fonologia sa generativă nu cunoaşte nici măcar silabe, ci doar lanţuri fonemice individuale definite pentru vorbitori particulari şi corespunzătoare diferenţelor sonore caracteristice:

> ... care luate împreună subsumează capacităţile fonetice ale omului. Fiecare din aceste caracteristici se defineşte pe o scară fizică, delimitată în două puncte de adjective antonimice: înalt – non-înalt (adânc), sonor – non-sonor (surd), tens – non-tens (lax). (CHOMSKY / HALLE: [2]1991, p. 229)

În concepţia lui Chomsky gramatica generativă analizează **structura de suprafaţă** a limbii, pe care el o numeşte **surface structure** şi care generează formele lingvistice vorbite sau scrise.

În schimb **structura de adâncime** a limbii, pe care el o numeşte **deep structure** (CHOMSKY / HALLE: [2]1991, p. 6f.) se referă, cel puţin in prima fază a teoriei sale, la structurile logico-semantice profunde ce se află în spatele acestei generări de limbă.

Folglich hat jeder Satz einer natürlichen Sprache sowohl eine Oberflächenstruktur, die man in der Repräsentation seiner Form findet, also von der Art und Weise wie er klingt oder geschrieben erscheint, als auch eine Tiefenstruktur, welche die Repräsentation seiner Bedeutung ist.
So lässt sich der Satz:

„Das Fenster wurde zerbrochen.“

in seiner Oberflächenstruktur graphisch wie folgt repräsentieren:

[das ˈfɛnstɐ ˈvʊrdə ˌtsɛrˈbrɔxən].

Hingegen würde seine Tiefenstruktur wie folgt aussehen:

VERGANGENHEIT (ZERBRECHEN) [jemand / Fenster / mit (et-) was].

Phonetisch und phonologisch relevant bei Chomsky sind jedoch, analog zu den oben beschriebenen Strukturen, die **Repräsentationsebenen** (CHOMSKY / HALLE: [2]1991, S. 60f.).

Diese sind die **Oberflächenebene (surface level)**, die der Lautebene der Phonetik entspricht und die **untersetzte Ebene (underlying level)**, die der Phonemebene der Phonologie entspricht.

Ebenfalls relevant in Chomskys Auffassung ist die Stellung der zwei Disziplinen.
Seine konsequente Anerkennung des Primats der gesprochenen Sprache sowie die Ausarbeitung einer neuen langue und einer neuen parole über die Begriffe Kompetenz, beziehungsweise Performanz lässt die generative Phonetik und Phonologie zu den Basiswissenschaften der generativen Grammatik werden, dies trotz der Syntaxzentrierung, die Chomsky im Laufe der wissenschaftlichen Debatten um seine Theorie mehrfach zu verkünden bemüht war.

Deci fiecare propoziţie a unei limbi naturale are atât o structură de suprafaţă, pe care o găsim în reprezentarea formei sale, adică în modul în care ea sună sau este scrisă, cât şi o structură de adâncime, care este reprezentarea sensului său.
Astfel în propoziţia:

„Das Fenster wurde zerbrochen.“
[„Fereastra a fost spartă. “]

structura de suprafaţă se poate reprezenta după cum urmează:

[das ˈfɛnstɐ ˈvʊrdə ͜tsɛrˈbrɔxən].

În schimb structura de adâncime a acestei propoziţii ar arăta în felul următor:
TRECUT (A SPARGE) [cineva / fereastră / cu ceva].

Relevante din punct de vedere fonetic şi fonologic la Chomsky sunt însă, analog cu structurile descrise anterior, **nivelele de reprezentare** (CHOMSKY / HALLE: ^{2}1991, p. 60f.).

Acestea sunt **nivelul de suprafaţă (surface level)**, ce corespunde nivelului sunetelor din fonetică şi **nivelul de substrat (underlying level)** care corespunde fonemelor din fonologie.

De asemenea relevantă în concepţia Chomsky este poziţia celor două discipline.
Recunoaşterea consecventă a primatului limbii vorbite, precum şi dezvoltarea unei noi langue şi a unei noi parole în conceptele de competenţă, respectiv de performanţă, poziţionează fonetica şi fonologia generativă ca discipline de bază ale gramaticii generative, în pofida centrării ei sintactice, pe care Chomsky s-a strǎduit să o postuleze în mod repetat pe parcursul dezbaterilor generate de teoria sa.

III. EINE KURZE GESCHICHTE DER PHONETIK

Als eigenständige Wissenschaftsdisziplin hat sich die Phonetik verhältnismässig spät, an der Wende vom 19. zum 20. Jahrhundert etabliert.

Die Vokabel „Phonetik" selbst stammt vom Lateinischen „phoneticus" (gebildet nach dem Griechischen *phone* = die Stimme).

Sie wurde zum ersten Mal von dem dänischen Numismatiker und Ägyptologen George Zoëga (Dahler / Jütland, 20. Dezember 1755 – Rom, 10. Februar 1809) in seinem Werk *De origine et usu obeliscorum* [Über den Ursprung und den Gebrauch der Obelisken] (1797) verwendet, um jene Laute zu bezeichnen, die den Hieroglyphen entsprochen haben könnten (POMPINO-MARSCHALL: [2]2003, S. 5).

Jedoch bleibt der im deutschen Sprachraum bekannteste Autor zur Geschichte der Phonetik Giulio Panconcelli-Calzia (Rom, 4. Oktober 1878 – Hamburg, 25. Oktober 1966). Panconcelli-Calzia war Italienischlektor in Marburg und Tübingen und anschließend langjähriger Direktor des phonetischen Labors an der Universität Hamburg.

Dieses Labor wurde im Jahre 1909 von dem Afrikanisten Carl Meinhof (23. Juli 1857 Barzwitz / Rügenwalde – Greifswald, 11. Februar 1944) gegründet und bis 1949 von Panconcelli-Calzia geleitet.

Sein Nachfolger in Hamburg war ein ebenso bedeutender Experimentalphonetiker, Otto von Essen (Hamburg, 20. Mai 1898 – Hamburg, 6. Februar 1983).

Das Hamburger Labor war bis in die frühe Nachkriegszeit die bedeutendste phonetische Forschungsinstitution in Deutschland.

III. O SCURTĂ ISTORIE A FONETICII

Fonetica s-a conturat ca disciplină de sine stătătoare relativ târziu, la trecerea dintre secolul al XIX-lea şi al XX-lea.

Termenul de "fonetică" provine din latinescul "foneticus" (format după grecescul *phone* = voce).

El a fost folosit pentru prima oară de către numismatul şi egiptologul danez George Zoëga (Dahler / Jutlanda, 20 decembrie 1755 – Roma, 10 februarie 1809) în lucrarea sa *De origine et usu obeliscorum* [Despre originea şi folosul obeliscurilor] (1797) pentru a desemna sunetele care ar fi putut să corespundă hieroglifelor (POMPINO-MARSCHALL: [2]2003, p. 5).

În spaţiul de limbă germană cel mai cunoscut autor în domeniul istoriei foneticii este Giulio Panconcelli-Calzia (Roma, 4 octombrie 1878 – Hamburg, 25 octombrie 1966), lector de italiană la Marburg şi Tübingen, şi mai apoi director al Laboratorului fonetic al Universităţii din Hamburg vreme de mulţi ani.

Acest laborator a fost fondat în anul 1909 de către africanistul Carl Meinhof (23 iulie 1857 Barzwitz / Rügenwalde – Greifswald, 11 februarie 1944) şi s-a aflat sub conducerea lui Panconcelli-Calzia până în 1949.

Succesorul său la Hamburg, Otto von Essen (Hamburg, 20 mai 1898 – Hamburg, 6 februarie 1983), a fost un fonetician experimental la fel de important.

Laboratorul de la Hamburg a fost până în perioada postbelică timpurie cea mai importantă instituţie de cercetare fonetică din Germania.

Das Labor hat wesentlich zur Etablierung der Phonetik als Wissenschaftsdisziplin im deutschen Sprachraum beigetragen.

Panconcelli-Calzias bedeutende Studien zur experimentellen Phonetik konzentrieren sich insbesondere auf die Stimmforschung.

Er hat als erster durch seine Messungen der Sprechlaute nachgewiesen, dass die Buchstaben, die wir aufschreiben, wenn wir jemanden sprechen hören, nicht, wie bis dahin angenommen, einer wohlgeordneten Folge von Einzellauten entsprechen.

Im Gegenteil: die tatsächliche Lautfolge der Artikulation weicht wesentlich von der „*Als Ob*"-Fiktion ab, welche die Menschen jedes Mal in der Relation zwischen Buchstaben und Lauten aufstellen, wenn sie das von anderen Gesprochene hören oder niederschreiben (PANCONCELLI-CALZIA: 1947, S. 7ff.).

Dennoch ist Panconcelli-Calzia eher für seine Studien zur Geschichte der Phonetik, als für seine experimentalphonetischen Leistungen bekannt.

Er bleibt bislang der einzige deutschsprachige Autor, der ausführlichere Studien zur Geschichte der Phonetik durchgeführt hat, die allerdings in einem recht eigenwilligen stilistischen und konzeptuellen Duktus gehalten sind.

Dennoch wird seine Einteilung – in Ermangelung einer besseren – heutzutage zur zeitlichen Orientierung in der Phonetik laufend verwendet. Eine vollständige Geschichte dieses Faches steht jedoch noch aus.

Panconcelli-Calzia schlägt vier geschichtliche Etappen in der Entwicklung der Phonetik vor (Entstehung, Verfall, Wiedergeburt, Aufstieg), die sich aber letztendlich als fünf erweisen.

Diese Inkongruenz ergibt sich daraus, dass er selbst gleich nach dieser Vierteilung die erste Etappe, die er als „Entstehung der Phonetik" benannt hat, weiter ohne zusätzliche Erklärungen in zwei eigenständige Perioden unterteilt, nämlich in die Urzeit und in die Zeit der Antike.

Laboratorul a contribuit esenţial la consacrarea foneticii ca disciplină ştiinţifică în spaţiul de limbă germană.
Studiile relevante de fonetică experimentală ale lui Panconcelli-Calzia se concentrează în special pe cercetarea vocii.

El a demonstrat pentru prima oară, prin măsurători experimentale ale sunetelor vorbite, că literele pe care le scriem când auzim pe cineva vorbind nu corespund, după cum se credea până la momentul acela, unei succesiuni bine ordonate de sunete.

Dimpotrivă: succesiunea de sunete în articulaţia propriu-zisă deviază masiv de la ficţiunea „*Als Ob*“ („de parcă“), pe care oamenii şi-o construiesc de fiecare dată în relaţia dintre litere şi sunete, când aud, clasifică şi scriu cele vorbite de alţii (PANCONCELLI-CALZIA: 1947, p. 7ff.).
Panconcelli-Calzia este însă mai cunoscut pentru studiile sale de istorie a foneticii decât pentru realizările sale în fonetica experimentală.

El rămâne până în ziua de azi singurul autor de limbă germană care a efectuat studii mai aprofundate de istoria foneticii, care sunt însă redactate stilistic şi conceptual într-o manieră destul de voluntară.

Totuşi clasificarea sa se foloseşte în prezent – în lipsa alteia – în mod curent ca orientare temporală în fonetică. O istorie completă a acestei discipline se mai lasă însă încă aşteptată.

Panconcelli-Calzia propune patru etape istorice de evoluţie a foneticii (constituire, decădere, renaştere, emergenţă), care se dovedesc în final a fi de fapt cinci.

Această incongruenţă rezultă din faptul că imediat după delimitarea acestor patru etape distincte, el subdivide fără explicaţii suplimentare prima etapă, pe care a denumit-o „constituirea foneticii“, în alte două perioade distincte, anume în perioada preistorică şi în perioada antică.

Berücksichtigt man diese Fünfteilung, sieht Panconcelli-Calzias Klassifikation wie folgt aus (PANCONCELLI-CALZIA: 1943, S. 195f.):

DIE URZEITEN **DER PHONETIK**	von der vorgeschichtlichen Zeit bis zum 24. Jh.v.u.Z.
DIE ENTSTEHUNG **DER PHONETIK**	vom 23. Jahrhundert v.u.Z. bis zum 2. Jahrhundert u.Z.
DER VERFALL **DER PHONETIK**	vom 3. Jahrhundert bis zum 15. Jahrhundert
DIE WIEDERGEBURT **DER PHONETIK**	vom 16. Jahrhundert bis zum 18. Jahrhundert.
DER AUFSTIEG **DER PHONETIK**	vom Beginn des 19. Jahrhunderts an

Abb. VII: Die Entwicklungsetappen der Phonetik
nach PANCONCELLI-CALZIA

3.1. Die Phonetik in der Urzeit und in der Antike

Laut Panconcelli-Calzias Einstufung reicht also die Urzeit der Phonetik bis zum 24. Jahrhundert vor unserer Zeitrechnung.

Da der Autor keine Begründung für diese Zäsur angibt, ist anzunehmen, dass er die Grenze zwischen der Urzeit und der Antike einfach mit dem Auftauchen der ersten zu seiner Zeit bekannten Belege der Schriftlichkeit ansetzt.

Die Phonetik in der Antike beginnt laut Panconcelli-Calzia mit einer „magisch-religiöse[n] Richtung" (PANCONCELLI-CALZIA: 1943, S. 196), die sich vom 23. Jahrhundert vor unserer Zeitrechnung bis zum 5. Jh. v.u.Z. erstreckt.

Luând în considerare această împărţire în cinci etape, clasificarea lui Panconcelli-Calzia se prezintă după cum urmează (PANCONCELLI-CALZIA: 1943, p. 195f.):

PERIOADA PREISTORICĂ A FONETICII	din preioada preistorică până în secolul al XXIV-lea î.e.n.
CONSTITUIREA FONETICII	din secolul al XXIII-lea î.e.n. până în secolul al II-lea e.n.
DECĂDEREA FONETICII	din secolul al III-lea până în secolul al XV-lea
RENAŞTEREA FONETICII	din secolul al XVI-lea până în secolul al XVIII-lea
EMERGENŢA FONETICII	de la începutul secolului al XIX-lea. până în prezent

Ilustraţia VII: Etapele de dezvoltare ale foneticii
după PANCONCELLI-CALZIA

3.1. Fonetica în perioada preistorică şi în antichitate

Conform clasificării lui Panconcelli-Calzia perioada preistorică a foneticii se extinde până în secolul al XXIV-lea înaintea erei noastre.

Deoarece autorul nu dă nici o explicaţie pentru această cezură, rămâne de presupus că el delimitează perioada preistorică de antichitate pornind pur şi simplu de la primele mărturii ale scrierii cunoscute la vremea sa.

Fonetica din antichitate începe după Panconcelli-Calzia cu o „direcţie magic-religioasă" (PANCONCELLI-CALZIA: 1943, p. 196), care se extinde de la secolul al XXIII-lea înaintea erei noastre până în secolul al V-lea î.e.n.

Doch trifft seine Bezeichnung „magisch-religiöse Zeit" nur bedingt auf die Entwicklung der Phonetik vor dem 5. Jahrhundert v.u.Z. zu, da bis dahin bereits mehrere erweiterte Kommentare zu verschiedenen literarischen oder religiösen Texten verfasst wurden, die bereits in **vollständige historische Sprachbeschreibungen** übergehen.
Diese vollständigen historischen Beschreibungen stützen sich lediglich auf philologische Korpora und sind nicht mit den heutigen grammatischen vollständigen Beschreibungen zu verwechseln.

Sie können sich aber mitunter bis zur Stufe der **philologischen Grammatiken** entwickeln, und zwar in der erweiterten Bedeutung, welche der Terminus Grammatik im Altertum hatte (GRAUR / WALD: [3]1977, S. 5).
Philologische Grammatiken, beziehungsweise vollständige historische Sprachbeschreibungen, entstanden immer wieder bis zum Ende des 18. Jahrhunderts unserer Zeitrechnung, als die ersten **sprachwissenschaftlichen Grammatiken** erschienen.

Was nun der genaue Unterschied zwischen einer vollständigen historischen Sprachbeschreibung, einer philologischen Grammatik und einer linguistischen Grammatik ist, mag dahingestellt sein.

Allerdings wird schnell ersichtlich, dass man in der Wissenschaftsgeschichte nach der Kanonisierung der Sprachwissenschaft als selbständiges Wissenschaftsfach zu Beginn des 19. Jahrhunderts (beziehungsweise nach der Etablierung des Begriffes Linguistik im 20. Jahrhundert), versuchte, die vorkanonischen, d.h. die philologischen Grammatiken, von den nachkanonischen abzugrenzen.
Der Terminus „Linguistik" setzte sich später, um die Wende vom 19. zum 20. Jahrhundert u.Z., durch, und bezeichnet oft die „Sprachwissenschaft" ab Saussure. Da das Rumänische die Unterscheidung zwischen „Sprachwissenschaft" und „Linguistik" nicht kennnt, verwendet es dafür im Alltag alleine die Bezeichnung „lingvistică".

Însă termenul său de „direcţie magic-religioasă" corespunde doar parţial evoluţiei foneticii înainte de secolul al V-lea î.e.n., căci până la acel moment se redactaseră mai multe comentarii exhaustive la diferite texte literare şi religioase, care se ridică deja la nivelul unor **descrieri istorice complete de limbă**.

Astfel de descrieri complete ale unor limbi se bazează pe corpusuri filologice şi nu trebuie confundate cu gramaticile descriptive din ziua de azi.

Ele se pot dezvolta uneori însă până la nivelul unor **gramatici filologice**, şi anume în sensul mai larg pe care îl avea termenul de gramatică în antichitate (GRAUR / WALD: [3]1977, p. 5).

Gramaticile filologice, respectiv descrierile istorice complete de limbă au fost redactate frecvent până către sfârşitul secolului al XVIII-lea era noastră, când au apărut primele **gramatici de lingvistică moderabilă**.

Diferenţa dintre o descriere istorică completă de limbă, o gramatică filologică şi o gramatică lingvistică nu face obiectul discuţiei de faţă.

Însă devine repede limpede, că după canonizarea ştiinţei limbii [„Sprachwissenschaft"] ca ştiinţă de sine stătătoare, la începutul secolului al XIX-lea (respectiv după introducerea termenului „Linguistik" în secolul al XX-lea), s-a încercat în istoria lingvisticii o delimitare a gramaticilor pre-canonice de cele post-canonice.

Termenul de „lingvistică", care denumeşte adesea ceea ce s-a chemat „Sprachwissenschaft" până la Saussure, s-a impus mai târziu, la finele secolului al XIX-lea, respectiv la începutul secolului al XX-lea.

Deoarece în limba română nu există diferenţierea între „Sprachwissenschaft" [ştiinţa limbii] şi „Linguistik" [lingvistică], în aceasta se foloseşte în mod curent doar termenul de „lingvistică".

Die gleiche taxonomische Abgrenzung gilt für die Phonetik und Phonologie, die sich endgültig als linguistische Disziplinen relativ spät, um die Wende vom 19. zum 20. Jahrhundert etabliert haben. Sie werden aber auch früher in einer Reihe von vorkanonischen philologischen Grammatiken vollständig, ausgereift und insbesondere systematisch behandelt.

Vergleicht man nun Panconcelli-Calzias zeitliche Obergrenze der „magisch-religiöse[n] Richtung", die er im 5. Jh. v.u.Z. angesetzt hat, mit der Entstehungszeit der *Vedanga*, die im 8. Jahrhundert v.u.Z. liegt, kann man der von ihm angesetzten zeitlichen Grenze für diese Periode nur bedingt zustimmen.

3.2. Die Entstehungsphase der Phonetik

Die ersten wissenschaftlichen Sprachbeschreibungen stammen tatsächlich aus Indien, wo bereits ab dem 18. Jh. v.u.Z. eine Sammlung religiöser Hymnen entstand, die unter dem Namen *Veden* bekannt sind. Diese wurden mündlich, in ihrer archaischen Sprachform, überliefert. Verschriftlicht wurden sie erst etwa ein Jahrtausend nach ihrer Entstehung, also um das 8. Jahrhundert v.u.Z.

Die indische Intensivphase der Entstehung der Phonetik erstreckt sich in einem Kontinuum vom 9. Jh. v.u.Z. bis zum 4. Jh. v.u.Z. Sie beginnt mit den Vedanga und setzt sich mit mehreren Sprachbeschreibungen zum Sanskrit fort.

Die bedeutendste darunter ist Pāninis Grammatik. Ihr zentraler Teil heißt *Aṣṭādhyāyī* (Acht Bücher), ein Werk, das um das 4. - 3. Jahrhundert v.u.Z. entstand und bereits eindeutig die Struktur einer philologischen Grammatik aufweist. Dieses Werk ist eine vollständige, wissenschaftliche Abhandlung zur Phonetik und Phonologie, zur Semantik und zur Morphosyntax der damaligen schriftlichen Hochsprache Indiens, des Sanskrit.

Darin stellt Pānini 3996 grammatische Regeln auf, die er in Regelgruppen bündelt, die **Sutra**s heißen.

O delimitare taxonomică similară a funcţionat şi pentru fonetică şi fonologie, deşi acestea s-au conturat definitiv ca discipline lingvistice relativ târziu, la tranziţia de la secolul al XIX-lea la al XX-lea. Însă ele sunt tratate şi în etapele anterioare într-o serie întreagă de gramatici filologice pre-canonice, într-un mod complet, conturat şi mai cu seamă sistematic.

Dacă se compară deci limita temporală superioară stabilită de Panconcelli-Calzia pentru ceea ce numeşte el „direcţie magic-religioasă", adică secolul al V-lea î.e.n., cu perioada de redactare a textelor *Vedanga*, care au luat naştere în secolul al VIII-lea î.e.n., se ajunge la concluzia că limita temporală stabilită de el pentru această etapă rămâne discutabilă.

3.2. Faza de constituire a foneticii

Într-adevăr, primele descrieri complete de limbă provin din India, unde începând cu sec. al XVIII-lea î.e.n. a luat naştere o colecţie de imnuri religioase care sunt cunoscute sub numele de *Vede*. Acestea au fost păstrate din generaţie în generaţie prin tradiţie orală, în forma lor arhaică, fiind fixate în scris doar aproximativ la un mileniu după geneza lor, adică în jurul secolului al VIII-lea î.e.n.

Faza indiană intensivă de constituire a foneticii se întinde într-un continuum de la secolul al IX-lea î.e.n. până în secolul al IV-lea î.e.n. Ea începe cu *Vedanga* şi se continuă cu mai multe descrieri de limbă sanscrită.

Cea mai importantă dintre ele este gramatica lui Pānini. Partea ei centrală, numită *Aṣṭādhyāyī* (opt cărţi), datată între secolele al IV-lea şi al III-lea î.e.n. Această lucrare prezintă deja indubitabil caracterul unei gramatici filologice, fiind o descriere completă a foneticii, fonologiei, semanticii şi morfosintaxei sanscritei, limba literară scrisă din India acelor vremuri.

În *Aṣṭādhyāyī* Pānini formulează 3996 reguli gramaticale, pe care le sistematizează în grupe de reguli numite **sutre**.

Phonetisch relevant sind mehrere Elemente der *Aṣṭādhyāyī*-Grammatik.

Erstens entwickelt Pānini darin ein System der Lautklassifikation des Sanskrit nach vierzehn Klassen. Die Systematik dieser Klassifikation ist auf weiten Strecken der modernen phonetischen und phonologischen Klassifikation sehr ähnlich, und lautet wie folgt:

KLASSEN I – II:	**die Vokale**
KLASSEN III – IV:	**die Diphthonge**
KLASSEN V – VI:	**die Halbvokale**
KLASSE VII:	**die Nasallaute**
KLASSEN VIII – XII:	**die Verschlusslaute**
KLASSE XIII:	**silbische Konsonanten**
KLASSE XIV:	**der Hauchlaut „*h*"**

Abb. VIII: Pāninis Lautklassifikation des Sanskrit

Da aber die Sprache der Veden bereits von dem Sanskrit, das zu dem Zeitpunkt ihrer Verschriftlichung in Indien die Hochsprache war, abwich, waren philologische Kommentare und Erläuterungen zur Sprache der Vedentexte notwendig, um deren Ritualsprache überhaupt verständlich zu machen und sie in ihrer ursprünglichen Form zu konservieren.

Diese Kommentare und Erläuterungen werden *Vedanga* genannt und sind die ersten bekannten Sprachbeschreibungen, die einen Anspruch auf Vollständigkeit erheben. Sie enthalten unter anderem phonetische Erläuterungen zur Metrik, Aussprache und Schreibung des Vedischen.

Relevante din punct de vedere fonetic sunt mai multe elemente din gramatica *Aṣṭādhyāyī*.

În primul rând Pānini dezvoltă în această lucrare un sistem de clasificare a sunetelor limbii sanscrite în patrusprezece clase.

Pe arii foarte extinse sistematica acestei clasificări este foarte asemănătoare cu cea a foneticii şi fonologiei moderne şi se prezintă în felul următor:

CLASELE I – II:	**vocalele**
CLASELE III – IV:	**diftongii**
CLASELE V – VI:	**semivocalele**
CLASA VII:	**nazalele**
CLASELE VIII – XII:	**consoanele oclusive**
CLASA XIII:	**consoanele silabice / sibilante**
CLASA XIV:	**consoana aspirată „*h*"**

Ilustraţia VIII: Clasificarea sunetelor limbii sanscrite după Pānini

Însă pentru că vechea limbă a vedelor devia deja de la forma sanscritei, care devenise limba literară în India la momentul fixării în scris a acestora, au fost necesare comentarii şi explicaţii filologice la limba textelor vedice, pentru a putea face din nou inteligibilă această limbă rituală şi pentru a-i putea conserva formele originare.

Aceste comentarii şi explicaţii se numesc *Vedanga* şi sunt primele descrieri de limbă cunoscute care pot fi taxate drept complete.

Ele conţin, printre altele şi explicaţii metrice, indicaţii de pronunţie şi de scriere a limbii vedelor.

Zweitens beschreibt Pānini darin die Lautmodifikationen während des Sprechens, und **drittens** klassifiziert er diese ein weiteres Mal nach ihrer Artikulationsstelle.

Dabei verwendet er unter anderem auch binäre, distinktive Unterscheidungsmerkmale, die in der modernen Phonologie von N.S. Trubetzkoy in der Nachfolge Saussures anzutreffen sind.

Viertens betreibt Pānini suprasegmentale Phonetik und beschreibt die drei Tonlagen des Sanskrit: *ūdātta* (hohe Tonlage) *anudātta* (tiefe Tonlage) und *svarita* (fallende Tonlage).

Offensichtlich werden viele der hochkomplexen und systematisch strukturierten phonetischen Beschreibungen in Pāninis *Aṣṭādhyāyī*-Grammatik der modernen Linguistik vorweggenommen.

Paradoxerweise hat eben die Wiederentdeckung von Pāninis Arbeit gegen Ende des 18. Jh. u.Z. und ihre Veröffentlichung 1810 den entscheidenden Impuls zur Verselbstständigung und schließlich zur Etablierung der Sprachwissenschaft als eigenständige Wissenschaft gegeben.
Pāninis Phonetik sowie seine Phonologie haben auch die phonetischen Forschungsrichtungen des 19. Jahrhunderts wesentlich mitbestimmt.

Dennoch platziert Panconcelli-Calzia den Schwerpunkt der eigentlichen Entstehungsphase der Phonetik verstärkt in die Zeit der griechisch-römischen Antike, nämlich vom 5. Jh. v.u.Z. bis zum 2. Jh. u.Z., vermutlich weil gerade in dieser Etappe die Stimm- und Sprechpflege in der antiken Rhetorik ihre Blütezeit erreichte.
Allenfalls begründet er diese Schwerpunktsetzung mit der Herausbildung einer „naturphilosophische[n] Richtung“, die sich in der Nachfolge von Aristoteles (Stageira, 384 vor Christus - 322 v. Chr.) auch in der Phonetik entwickelt und bis ins 1. Jahrhundert n. Chr. dauert.

În al doilea rând Pānini descrie modificările sunetelor din timpul vorbirii şi **în al treilea rând** le clasifică pe acestea încă o dată după locul lor de articulaţie.

Pentru aceasta Pānini utilizează printre altele şi criterii distinctive binare de diferenţiere, care se regăsesc mult mai târziu în fonologia modernă de filiaţie saussuriană a lui N.S. Trubeţkoi.

În al patrulea rând Pānini operează cu mijloacele foneticii suprasegmentale şi descrie cele trei tipuri de ton ale sanscritei: *ūdātta* (ton înalt) *anudātta* (ton adânc) şi *svarita* (ton descendent).

Astfel devine evident că multe dintre descrierile cu un înalt grad de complexitate şi structurate sistematic pe care le prezintă Pānini în gramatica *Aṣṭādhyāyī* sunt înaintemergătoare ale lingvisticii moderne.

În mod paradoxal, tocmai redescoperirea lucrării lui Pānini la sfârşitul secolului al XVIII-lea e.n. şi publicarea ei în 1810 a dat impulsul decisiv spre dezvoltarea independentă a lingvisticii şi finalmente spre emergenţa ei ca ştiinţă de sine stătătoare.

Fonetica lui Pānini precum şi fonologia sa au influenţat profund direcţiile de cercetare fonetică din secolul al XIX-lea.

În pofida acestor fapte Panconcelli-Calzia plasează centrul de greutate al perioadei de constituire propriu-zisă a foneticii cu precădere în antichitatea greco-romană, şi anume din sec. al V-lea î.e.n. până în sec. al II-lea e.n., probabil deoarece tocmai în această perioadă cultivarea vocii şi a vorbirii au înflorit în retorica antică.

Oricum, el justifică această plasare temporală a constituirii foneticii prin constituirea unei „direcţii natural-filosofice" în succesiunea lui Aristotel (Stageira, 384 înaintea lui Christos - 322 î.Cr.), care se dezvoltă şi în fonetică şi durează până în secolul I e.n.

Ebenso definiert Panconcelli-Calzia eine „experimental-vivisektorische[…] Richtung" in der Nachfolge von Galenus (Pergamon, um 129 – Rom, um 216), die ebenfalls zur Entstehung der Phonetik führt (PANCONCELLI-CALZIA: 1943, S. 196).

Einige wissenschaftsgeschichtliche Fakten, die Panconcelli-Calzia nicht erwähnt, stützen diese Annahmen.
So wurden zum Beispiel, um die korrekte Aussprache des geschriebenen Griechisch in der Rhetorik zu sichern, gegen Ende dieser Periode Akzentzeichen eingeführt.

Ebenfalls im alten Griechenland und ebenfalls in dieser Zeit untersuchten die Stoiker zum ersten Mal in Europa einzelne Teilgebiete der Sprache, indem sie die Gliederung der Sprachforschung in die Lautlehre (Phonetik), die Wort- und Satzlehere (Morphosyntax) und die Wortgeschichte (Etymologie) parzellierten.

Doch bleiben die wenigen erhaltenen Beschreibungen des griechischen Lautsystems spekulativ, da sie von einer falschen Korrelation zwischen Buchstabe und Laut ausgehen. Die Genauigkeit des ausgereiften indischen phonologischen Systems erreichen sie nicht.
So gesehen gilt Panconcelli-Calzias Schwerpunktsetzung lediglich aus europozentristischer Sicht.

3.3. Die sogenannte mittelalterliche Verfallsetappe der Phonetik

Anschließend definiert Panconcelli-Calzia eine mittelalterliche Etappe des Verfalls der Phonetik, die vom 3. Jh. bis ins 15. Jh. u.Z. anhält (PANCONCELLI-CALZIA: 1943, S. 196).
Diese Benennung lässt sich aus Panconcelli-Calzias europozentristischen Sicht heraus einigermaßen erklären. Allerdings steht der tatsächlichen phonetischen Bedeutungslosigkeit Europas eine Entwicklung der Phonetik in anderen Teilen der Welt gegenüber, wie zum Beispiel in den arabischen Ländern oder in China.

Tot aşa Panconcelli-Calzia defineşte şi o „direcţie experimental-vivisectorică" în succesiunea lui Galenus (Pergamon, cca. 129 – Roma, cca. 216), ce duce de asemenea la constituirea foneticii (PANCONCELLI-CALZIA: 1943, p. 196).

Ce-i drept, unele argumente din istoria ştiinţei, pe care de altfel Panconcelli-Calzia nu le menţionează, susţin aceste afirmaţii.
Aşa de exemplu către sfârşitul acestei perioade s-au introdus şi semnele de accent, pentru a asigura pronunţia corectă a limbii greceşti scrise în retorică.

Tot în Grecia antică şi tot în această perioadă stoicii au analizat pentru prima oară în Europa domenii parţiale ale limbii, parcelând cercetarea limbii în ştiinţa sunetelor (fonetica), ştiinţa cuvintelor şi enunţurilor (morfosintaxa) şi istoria cuvintelor (etimologia).

Însă puţinele descrieri ale sistemului sonor grecesc păstrate rămân speculative, pentru că ele pornesc de la o corelaţie falsă dintre literă şi sunet. Ele nu ating exactitatea şi profunzimea sistemului fonologic indian.
Astfel văzută, plasarea centrului de greutate la modul propunerii lui Panconcelli-Calzia rămâne valabilă doar din punct de vedere europocentrist.

3.3. Etapa medievală de aşa-zisă decădere a foneticii

În continuare, Panconcelli-Calzia defineşte o etapă medievală a decăderii foneticii, care durează din sec. al III-lea până în sec. al XV-lea e.n. (PANCONCELLI-CALZIA: 1943, p. 196).

Această denominaţie se justifică oarecum prin viziunea europocentristă a lui Panconcelli-Calzia. Însă în opoziţie cu reala lipsă de importanţă fonetică a spaţiului european, se află evoluţia foneticii în alte părţi ale lumii, ca de exemplu în ţările arabe sau în China.

Diese außereuropäische Entwicklung relativiert erneut auch den Verfallsanspruch, den Panconcelli-Calzia für das Mittelalter erhebt.

So entstand die arabische Phonetik um das 7. Jh., kurz nach dem Tod Mohammeds, aus den Bemühungen, den Koran richtig auszusprechen. Ursprünglich war sie kein Bestandteil der Sprachbeschreibungen, sondern gehörte zum *tadjwid / tajwid* (Regelwerk der Koranlektüre, richtige Aussprache während der Rezitation), einer Hilfswissenschaft der Koranwissenschaft, welche die Metrik, die Ausspracheregelungen und die Orthographie des Koran behandelt.

Darin werden die Laute des Hocharabischen (die Entsprechung des heutigen hochsprachlichen transnationalen „Arabik"), ähnlich wie bei Pānini, nach physiologischen Kriterien in sechzehn Klassen eingeteilt.

Doch bereits im 8. Jh. begann sich die arabische Grammatik und mit ihr die Phonetik als eigene Wissenschaften zu verselbstständigen.

Das bedeutendste Werk dieser eigenständigen Zeit ist *Al Kitāb* (das Buch) von Sībawaih aus Baṣra, das eine detaillierte Beschreibung der Lautgenese des Hocharabischen enthält, also eine artikulatorische Phonetik beinhaltet (GRAUR / WALD: [3]1977, S. 29).

Auch in China entstanden im 5. und 9. Jahrhundert eine Reihe phonologischer Analysen der chinesischen Laute.

Weiters hat der amerkianische Linguist norwegischer Herkunft Einar Ingvar Haugen (Sioux City, 19. April 1906 – 20. Juni 1994) im Jahre 1950 ein *Traktat über das altisländische Alphabet* eines anonymen Autors aus dem 12. Jahrhundert wiederentdeckt, das in mancher Hinsicht die Art sprachlicher Analyse vorwegnimmt, die später zur strukturalistischen Differenzierung der Phoneme führt (HAUGEN: 1950, S. 6).

Mit der erklärten Absicht, dem Altisländischen ein eindeutiges Schreibsystem zu geben, hat dieser „mittelalterliche Saussure" (CHIRIȚĂ: 1979, S. 44) in seinem *Traktat* jene lautlichen Merkmale beschrieben, die in gleicher Position und unterschiedlicher Verteilung neue Bedeutungen hervorrufen.

Această dezvoltare extra-europeană a foneticii relativează afirmaţia privitoare la decăderea sa, pe care Panconcelli-Calzia o emite de asemenea şi pentru evul mediu.

Astfel fonetica arabă s-a constituit în jurul sec. al VII-lea, la puţin timp după moartea lui Mahomed, din necesitatea de a pronunţa coranul corect. Iniţial ea nu a fost parte a descrierilor de limbă, ci a aparţinut de *tadjwid / tajwid* (regulativ al recitării coranului, pronunţia corectă în timpul recitării), o disciplină auxiliară a Ştiinţei Coranului, care se ocupă cu metrica, pronunţia şi ortografia acestuia.
În aceasta sunetele arabei literare (corespunzând actualei varietăţi literare transnaţionale „Arabik") sunt împărţite, ca la Pānini, în şaisprezece clase formate după criterii fiziologice.

Dar deja în sec. al VIII-lea gramatica arabă, şi odată cu ea şi fonetica, încep să devină ştiinţe independente şi de sine stătătoare.
Cea mai importantă lucrare a perioadei independente este *Al Kitāb* (cartea) de Sībawaih din Bạsra, care conţine o descriere detaliată a genezei sunetelor în araba literară, adică o fonetică articulatorie (GRAUR / WALD: [3]1977, p. 29).

Şi în China au apărut în secolele al V-lea şi al IX-lea o serie de analize fonologice a sunetelor limbii chineze.

De asemenea lingvistul american de origine norvegiană Einar Ingvar Haugen (Sioux City, 19 aprilie 1906 – 20 iunie 1994) a redescoperit în anul 1950 o lucrare cu titlul *Traktat über das altisländische Alphabet* [Tratat despre alfabetul islandezei vechi] a unui autor anonim din secolul al XII-lea, care precede modalităţile de analiză lingvistică utilizate ulterior de structuralişti în diferenţierea fonemelor (HAUGEN: 1950, p. 6).
Cu intenţia declarată de a construi pentru islandeza veche un sistem de scriere univoc, acest „Saussure medieval" (CHIRIŢĂ: 1979, p. 44) a descris în *Traktat*-ul său acele criterii sonore, care generează în poziţii identice şi dispoziţii diferite sensuri noi.

Dieses Werk ist allerdings im Mittelalter ohne Wirkung geblieben. Genauso wie die *Aṣṭādhyāyī*-Grammatik bewirkte es auch nach seiner Entdeckung kein Umdenken in den gefestigten Bahnen der Geschichte der Phonetik und Phonologie, dies trotz Einar Haugens eindeutiger Verortung im Untertitel des edierten *Traktats*: *The Earliest Germanic Phonology* [Die früheste germanische Phonologie].

3.4. Die Wiedergeburt der Phonetik in der neueren Zeit

Die vierte Entwicklungsetappe der Phonetik nach Panconcelli-Calzia ist ihr Wiederaufblühen in der neueren Zeit, das im 16. Jh. ansetzt und sich bis ins 18. Jh. fortsetzt.

Tatsächlich häufen sich in dieser Periode eine Reihe von Beiträgen zur Sprechforschung, deren Entwicklung in Richtung der philologischen Grammatiken geht, die aber nicht die Systemkomplexität von Pāninis *Aṣṭādhyāyī* -Grammatik erreichen.

Im 16. Jahrhundert betrieb Leonardo da Vinci (Anchiano / Vinci, 15. April 1452 – Amboise, 2. Mai 1519) anatomische und physiologische Untersuchungen an den Sprechorganen sowie akustische Studien zur Artikulation.
In der gleichen Zeit entwarf der Anatom und Arzt Hieronymus Fabricius (Acquapendente / Lazio, 20. Mai 1537 – Padua, 21. Mai 1619) die erste europäische physiologische Lautlehre und beschrieb den Larynx und die Stimmlippen.

Pierre Ramée (Vermandois, 1515 – Paris, 26. August 1572) führte in seiner *Scholae Grammaticae* (1559) die Buchstaben „*j*" und „*v*" ein, die er zur Aussprache der Halbvokale [ʒ] / [j], beziehungsweise [v] verwendete.
Bis dahin wurden dafür die Buchstaben „*i*" und „*u*" verwendet. Ab dieser Zeit wurden mit „*i*" und „*u*" nur noch /i/ Vokale beziehungsweise /u/ Vokale geschrieben.

Această lucrare a rămas însă fără ecou în evul mediu. La fel ca gramatica *Aṣṭādhyāyī* ea n-a produs nici după redescoperirea sa vreo mutaţie pe cărările bătătorite ale istoriei foneticii şi fonologiei, aceasta în pofida menţiunii univoce în subtitlul editorial al *Traktat*-ului editat: *The Earliest Germanic Phonology* [Prima fonologie germanică].

3.4. Renaşterea foneticii în perioada modernă timpurie

A patra etapă a dezvoltării foneticii o constituie, conform lui Panconcelli-Calzia, reînflorirea acesteia în perioada modernă timpurie, care începe în sec. al XVI-lea şi continuă până în secolul al XVIII-lea.

Într-adevăr, în această perioadă se acumulează o serie de contribuţii la cercetarea vorbirii, care încep să se dezvolte în direcţia gramaticilor filologice, fără a atinge însă complexitatea sistemică a gramaticii *Aṣṭādhyāyī* lui Pānini.

În secolul al XVI-lea Leonardo da Vinci (Anchiano / Vinci, 15 aprilie 1452 – Amboise, 2 mai 1519) a efectuat cercetări anatomo-fiziologice ale organelor vorbirii precum şi studii acustice asupra articulării.

În aceeaşi perioadă anatomul şi medicul Hieronymus Fabricius (Acquapendente / Lazio, 20 mai 1537 – Padova, 21 mai 1619) a conceput prima descriere fiziologică a sunetelor în Europa. De asemenea el a descris laringele şi corzile vocale.

Pierre Ramée (Vermandois, 1515 – Paris, 26 august 1572) a introdus în lucrarea sa *Scholae Grammaticae* (1559) literele „*j*“ şi „*v*“, pe care le-a folosit pentru pronunţia semivocalelor [ʒ] / [j], respectiv [v].

Acestea se notau până la momentul acela cu „*i*“ şi „*u*“. De atunci încolo cu „*i*“ şi cu „*u*“ nu s-au mai notat decât complexele de vocale /i/, respectiv /u/.

Zu den bedeutendsten phonetischen Autoren des 18. Jahrhunderts, die hier nicht alle genannt werden können, gehört der Mathematiker und Kleriker John Wallis (Ashford, 23. November 1616 – Oxford, 28. Oktober 1703), der in seiner *Grammatica Linguae Anglicanae* [Grammatik der englischen Sprache] (1653) eine erste extensive Beschreibung des englischen Lautstandes seiner Zeit liefert.

Weitere phonetische Ansätze kommen aus der Logopädie, wie jener von Johann Konrad Amman (Schaffhausen, 7. Februar 1669 – Waramond / Leiden, 1724), der in seinen zwei Schriften *Surdus loquens* [Der zungenfertige Taube] (1692) und *Disertatio de loquela* [Abhandlung über die Zungenfertigkeit] (1700) eine logopädische Phonetik entwickelt.

Zunächst deklariert Amman die Interjektion zur primären und zugleich universalen Sprachform.
Darauf postuliert er, wie später Humboldt, (GESSINGER: 1994, S. 258f.) und Saussure, das Primat des Sprechens.
Von Bedeutung für die Geschichte der Phonetik des Deutschen sind weiters, ähnlich bei Wallis für das Englische, seine genauen Lautbeschreibungen, in denen er das „*a*" als zentralen Vokal ansetzt und darauf sein Lautsystem aufbaut.

Der Arzt und Dichter Albrecht von Haller (Bern, 8. Oktober 1708 – Bern, 12. Dezember 1777), einer der wenigen Universalgelehrten der neueren Zeit und Begründer der Physiologie, verfasste mehrere Monographien zur Respirationsmuskulatur.
Sein Werk *Elementa physiologiae corporis humani* [Elemente der Physiologie des menschlichen Körpers] (8 Bände, 1757 – 1766) enthält die Anfänge einer artikulatorischen Phonetik.

Einen weiteren Schritt in die Richtung der konsonantischen Klassifikation unternimmt William Holder (1616 – 1698) in seinen *Elements of Speech and Discourse Concerning Time* [Elemente des Sprechens und Vortrags betreffend die Zeit] (1669).

Printre cei mai importanţi autori foneticieni ai secolului al XVII-lea, care nu pot fi menţionaţi toţi aici, se numără şi matematicianul şi clericul John Wallis (Ashford, 23 noiembrie 1616 – Oxford, 28 octombrie 1703), care oferă în lucrarea sa *Grammatica Linguae Anglicanae* [Gramatica limbii engleze] (1653), o primă descriere extensivă a inventarului fonetic al englezei epocii sale.

Alte încercări fonetice provin din logopedie, ca acelea ale lui Johann Konrad Amman (Schaffhausen, 7 februarie 1669 – Waramond / Leiden, 1724), care dezvoltă în cele două lucrări ale sale, *Surdus loquens* [Surdul elocvent] (1692) şi *Disertatio de loquela* [Tratat despre elocinţă] (1700) o fonetică logopedică.

Pentru început Amman declară interjecţia drept formă lingvistică primară şi în acelaşi timp universală.
Apoi el postulează, precum ulterior Humboldt (GESSINGER: 1994, p. 258f.) şi Saussure, primatul limbii vorbite.

Relevante pentru istoria foneticii germane sunt şi descrierile sale minuţioase ale sunetelor. El plasează, asemănător lui Wallis în engleză, în centrul lor vocala „*a*" şi construieşte în jurul acesteia sistemul sonor al limbii.

Medicul şi poetul Albrecht von Haller (Berna, 8 octombrie 1708 – Berna, 12 decembrie 1777), unul dintre ultimii savanţi universali ai epocii moderne timpurii, fondatorul fiziologiei, a redactat mai multe monografii despre musculatura respiratorie.
În lucrarea sa *Elementa physiologiae corporis humani* [Elemente ale fiziologiei corpului uman] (8 volume, 1757 – 1766), se găsesc elementele de bază ale foneticii articulatorii.

Un următor pas în direcţia clasificării consonantice se găseşte în lucrarea lui William Holder (1616 – 1698) *Elements of Speech and Discourse Concerning Time* [Elemente de vorbire şi discurs cu privire la timp] (1669).

Darin unterscheidet Holder zum ersten Mal in der europäischen Sprachbeschreibung zwischen den stimmhaften Konsonanten und stimmlosen Konsonanten, die er in Paaren aufstellt:

stimmhaft [b] / stimmlos [p],

stimmhaft [d] / stimmlos [t],

stimmhaft [g] / stimmlos [k].

Hingegen beschäftigt sich Joshua Steeles (1700 – 1796) Abhandlung *An Essay on the Melody and Measure of Speech* [Ein Essay über die Melodie und das Maß der Sprache] (1775) mit der akustischen und suprasegmentalen Phonetik.
In diesem oft erwähnten, aber selten gelesenen Werk versucht Steele den Ton als suprasegmentale Eigenschaft der Lautketten zu analysieren.
Dabei kommt er zur Schlussfolgerung, dass die rhythmische Organisation des Sprechens ein gleiches Zeitmuster, also einen regelmäßigen Takt voraussetzt.
Steele postuliert auch den später nachgewiesenen Zusammenhang zwischen der kognitiven Präferenz der Menschen für rhythmitisierte Signale und der Systole und Diastole des Herzmuskels.

Diese Feststellung Steeles zur phonetischen Korrelation des Herzrhythmus' blieb lange Zeit unbeachtet, bis sie ab der zweiten Hälfte des 20. Jahrhunderts in nachstehender These wiederentdeckt wurde: der Sprechrhythmus ist eine Auswirkung der rhythmischen Kontraktionen der Atemmuskulatur des Sprechers.

Heutzutage geht man in Anlehnung daran von zwei Rhythmustypen aus: von „Brustschlägen" (chest pulses), welche die physiologische Grundlage für die Artikulation der Silben bilden und von „Betonungsschlägen" (stress pulses), welche die physiologische Grundlage für die Silbenbetonung bilden (ABERCROMBIE: 1967, S. 37ff.).
Dieser rhythmischen Dichotomie entsprechend teilt man die Sprachen in akzentzählende und silbenzählende Sprachen ein.

102

În aceasta Holder face pentru prima dată într-o descriere lingvistică europeană distincţia între consoanele sonore şi consoane surde, pe care le aşează în perechi:

sonor [b] / surd [p],

sonor [d] / surd [t],

sonor [g] / surd [k].

În schimb Joshua Steele (1700 – 1796) se ocupă în lucrarea sa *An Essay on the Melody and Measure of Speech* [Un eseu asupra melodiei şi măsurii vorbirii] (1775) cu fonetica acustică şi suprasegmentală.
În această lucrare, mult citată, însă puţin citită, Steele încearcă să analizeze tonul ca şi criteriu suprasegmental al lanţurilor de sunete.

Cu această ocazie el ajunge la concluzia că organizarea ritmică a vorbirii presupune un model temporal identic, adică o măsură regulată.

Steele mai postulează şi corelaţia dovedită ulterior între preferinţa cognitivă a omului pentru semnale ritmicizate şi sistola şi diastola muşchiului cardiac.

Această constatare a lui Steele cu privire la corelaţia fonetică a ritmului cardiac a trecut multă vreme neobservată, până când ea a fost redescoperită în cea de-a doua jumătate a secolului al XX-lea în următoarea teză: ritmul vorbirii este o consecinţă a contracţiilor ritmice ale musculaturii respiratorii a vorbitorului.

Pornind de la constatarea lui Steele în prezent se identifică două tipuri de ritm: „pulsurile pieptului" (chest pulses), care formează baza fiziologică pentru articularea silabelor şi „pulsurile de accent" (stress pulses), care formează baza fiziologică pentru accentuarea silabelor (ABERCROMBIE: 1967, p. 37ff.).

Corespunzător acestor dihotomii ritmice, limbile sunt clasificate în limbi ce măsoară accentele sau ce măsoară silabele.

Während im englischsprachigen Raum diese ersten klassifikatorischen Lautbestimmungen nach suprasegmentalen Kriterien erfolgten, versuchte der Erfinder der Pockenimpfung, der Arzt Christoph Friedrich Hellwag (Calw, 6. März 1754 – Eutin, 16. Oktober 1835), eine Klassifikation der Laute in Analogie zu den Farben. In einem Brief an Immanuel Kant definiert er wie folgt die „Farben für das Gehör":

> … Alles, was wir sehen, hat Farbe und eine Stelle im Gesichtsfelde, und, was wir hören, specifiken Klang, und eine Stelle in der Tonleiter. Farbe ist in dem Auge, was specifiker Klang dem Ohre ist … . Durch den Sinn des Gesichts vergleicht und unterscheidet man die Farben nach ihrer Mischung, durch den Sinn des Gehörs die Verschiedenheit des Klangs … .
> Die Farben für das Gehör scheinen viel mannichfaltiger zu seyn, als für das Gesicht. Letztere lassen sich alle auf weiß, gelb, roth, blau und schwarz reduciren, aber die Elemente für alle Arten von Klang sind vielleicht unerschöpflich: ein Beyspiel davon ist die menschliche Sprache. Darinn sind die Vocalen insonderheit merkwürdig, dass sie zu einem Systeme zu gehören scheinen, welches sich als vollständig denken läßt.
>
> *a* und *i*, und *u* sind die Hauptvocalen; *e* steht zwischen *a* und *i*, *ä* zwischen *a* und *e*, *o* zwischen *a* und *u*, *å* zwischen *a* und *o*, *ü* zwischen *u* und *i*, *ö* zwischen *o* und *e* [Hervorhebungen: C.F.H.].

In seiner hierarchischen Systematisierung des Vokalismus beschreibt Hellwag auch die Diphthonge in der Art der Gegenwartsphonetik:

> Bey dem Diphthongen *ai* werden mit einem Schwunge der Sprachwerkzeuge alle mögliche von *a* nach *i* [Hervorhebungen: S.G.] laufende Zwischenstufen in einer stetigen Folge ausgesprochen; ebenso sind die übrigen Diphthongen beschaffen; sie sind stetig von einer Stelle des stetigen Vocalsystems zur anderen übergehende Mischungen, ähnlich dem Farbenspiele der Seifenblasen. (Brief Christoph Friedrich Hellwags an Immanuel Kant, Eutin, 13. Dezember 1790, BONNER KANT KORPUS)

În timp ce în spaţiul de limbă engleză aveau loc aceste prime încercări de clasificare ale sunetelor după criterii suprasegmentale, medicul Christoph Friedrich Hellwag inventatorul vaccinului împotriva variolei, (Calw, 6 martie 1754 – Eutin, 16 octombrie 1835) încerca o clasificare a sunetelor în analogie cu culorile.
Într-o scrisoare către Immanuel Kant el defineşte după cum urmează „culorile auzului“:

> … Tot ce vedem are culoare şi o poziţie în câmpul facial, iar ce auzim are un sunet specific pe scara sonoră. Culoarea este pentru ochi ce este sunetul specific pentru ureche … .
> Prin simţul feţei comparăm şi deosebim culorile după amestecul lor, iar prin simţul auzului deosebirile dintre sunete … .
>
> Culorile auzului par a fi mult mai bogate decât cele ale feţei. Cele din urmă pot fi reduse cu toate la alb, galben, roşu, albastru şi negru, însă elementele componente ale tuturor tipurilor de sunet sunt chiar inepuizabile: un exemplu pentru aceasta este limba omenească. În aceasta sunt demne de mirare în special vocalele, pentru că ele par să aparţină de un sistem care poate fi conceput ca fiind complet.
>
> *a* şi *i*, şi *u* sunt vocalele principale; *e* se află între *a* şi *i*, *ä* între *a* şi *e*, *o* între *a* şi *u*, *å* între *a* şi *o*, *ü* între *u* şi *i*, *ö* între *o* şi *e* [sublinieri: C.F.H.].

În sistematizarea ierarhică a vocalismului Hellwag descrie şi diftongii într-o manieră similară cu fonetica contemporană:

> La diftongul *ai* se pronunţă dintr-un avânt al uneltelor de vorbire toate stadiile intermediare ce curg între *a* şi *i* [sublinieri: S.G.] într-o succesiune constantă; la fel sunt construiţi şi ceilalţi diftongi; ei sunt amestecuri ce curg permanent dintr-o parte într-alta a sistemului vocalic, asemenea culorilor din baloanele de săpun. (Scrisoare a lui Christoph Friedrich Hellwag către Immanuel Kant, Eutin, 13 decembrie 1790, CORPUSUL KANT DE LA BONN)

Doch findet das für die Phonetik bedeutendste Ereignis des 18. Jahrhunderts am 2. Februar 1786 in Calcutta statt, als Sir William Jones (London, 28. September 1746 – Calcutta, 27. April 1794) vor der *Royal Asiatick* [sic!] *Society* (später: *of Bengal*) [Königliche Gesellschaft für Asienstudien in Bengal], die er selbst gegründet hatte, eine mittlerweile legendäre Jahresfestansprache hält.

Darin hebt er die Verwandtschaft des Sanskrits zum Griechischen, zum Lateinischen, zum Gotischen, zum Keltischen und zum Altpersischen hervor. Im Wortlaut behauptete William Jones:

> Die *Sanskritsprache* hat, unabhängig von ihrem Alter, eine wunderbare Struktur, perfekter als jene des *Griechischen*, reicher als das *Lateinische* und exquisiter raffiniert als beide. Dennoch weist die Sanskritsprache eine viel zu enge Affinität zu beiden auf, sowohl in den verbalen Stämmem, als auch in der Form der Grammatik, als der Zufall es ergeben haben hätte können; sie ist tatsächlich so stark, dass kein Philologe alle drei untersuchen könnte, ohne zur Schlussfolgerung zu kommen, dass sie irgendeiner gemeinsamen Quelle entspringen, die es möglicherweise nicht mehr gibt. Es gibt einen ähnlichen Grund, auch wenn nicht so eindeutig, um vorauszusetzen, dass sowohl das *Gotische* als auch das *Keltische*, allerdings vermischt mit einem unterschiedlichen Idiom, den gleichen Ursprung mit dem *Sanskrit* haben; und das *Altpersische* [alle Unterstreichungen: W.J.] kann zur gleichen Familie hinzugezählt werden ... . (JONES: 1807, Bd. III., S. 34)

Die Auswirkungen dieses Vortrags sowie der Wiederentdeckung von Pāninis *Aṣṭādhyāyī*-Grammatik auf die Sprachwissenschaft sind in ihrer Intensität und Tiefe mit jenen des mehr als zwei Jahrhunderte später erschienenen *Cours* von Saussure durchaus gleichzusetzen.

William Jones hatte bereits eine vielbeachtete *Grammar of the Persian Language* [Grammatik der persischen Sprache] (1771) veröffentlicht. Doch die komparatistische Initialzündung seines Vortrages übertrifft seine Grammatik bei weitem und mündet in einer Entwicklungslinie, die schließlich zur Entstehung der vergleichenden Grammatik als wissenschaftliche Disziplin und der historisch-vergleichenden Sprachbetrachtung als Methode führen wird.

Însă cel mai important eveniment fonetic al secolului al XVIII-lea are loc în anul 1786 la Calcutta, când Sir William Jones (Londra, 28 septembrie 1746 – Calcutta, 27 aprilie 1794) ţine în faţa membrilor *Royal Asiatick* [sic!] *Society* (mai târziu: *of Bengal*) [Societatea regală pentru studii asiatice din Bengal], pe care o înfiinţase el însuşi, o prelegere festivă anuală, de acum deja legendară.

În această prelegere el relevă pentru prima oară legăturile de rudenie dintre sanscrită, greacă, latină, gotică, celtică şi persana veche.
În acest discurs William Jones susţinea:

> Limba *sanscrită* are, independent de vârsta sa, o structură minunată, mai perfectă decât *greaca*, mai bogată decât *latina* şi mai exclusiv rafinată decât ambele. Totuşi limba sanscrită prezintă o afinitate mult prea puternică faţă de ambele, atât în rădăcinile verbelor cât şi în formele gramaticale, încât aceasta să fie întâmplătoare. Această afinitate este într-adevăr atât de puternică încât nici un filolog n-ar putea să le examineze pe toate trei fără să ajungă la concluzia că ele provin din aceeaşi sursă, care, probabil, nu mai există. Şi mai există un motiv similar, poate nu atât de evident, pentru a presupune că atât *gotica* cât şi *celtica*, deşi amestecate cu un idiom foarte diferit, au avut aceeaşi origine cu *sanscrita*; iar *persana veche* [toate sublinierile: W.J.] poate fi socotită ca aparţinând aceleiaşi familii ... .
> (JONES: 1807, vol. III., p. 34)

Ecoul acestei prelegeri, precum şi a redescoperirii gramaticii lui Pānini, *Aṣṭādhyāyī*, asupra lingvisticii sunt comparabile ca intensitate şi profunzime cu cel al *Cours*-ului lui Saussure care va urma să apară cu două secole şi ceva mai târziu.

Ce-i drept, William Jones publicase deja o lucrare importantă, *Grammar of the Persian Language* [Gramatica limbii persane] (1771). Dar impulsul comparatist iniţial care porneşte de la această prelegere a sa depăşeşte cu mult impactul acestei gramatici şi se extinde într-o linie de evoluţie care va duce într-un final la dezvoltarea disciplinei gramaticii comparate şi a metodei comparativ-istorice.

Gerade diese Disziplin und diese Methode haben zusammen mit August Schleichers bereits erwähnter Rekonstruktionsmethode die Sprachwissenschaft des darauffolgenden 19. Jahrhunderts geprägt.
Ebenfalls als Folge der Bedeutung, die William Jones dem Sanskrit zuspricht, kommt es 1810 zur erstmaligen Veröffentlichung der *Aṣṭādhyāyī*-Grammatik von Pāṇini.
Relevant für die Phonetik und die Phonologie ist sowohl diese offenkundige geschichtliche Entwicklungslinie mit ausschlaggebender phonetischer Gewichtung, als auch eine begrifflich und grammatisch subtilere Erkenntnis der europäischen Sprachwissenschaftler, die diese aus dem ausführlichen Studium der *Aṣṭādhyāyī*-Grammatik gewinnen.

Analysiert man erneut das Werk Pāṇinis, wird nämlich deutlich, dass alle seine Kapitel zur Grammatik (in der heutigen Terminologie: Lexikologie, Syntax und Morphologie) auf seine Phonetik aufbauen, also ihre logische Fortsetzung sind.

Im Unterschied zu den europäischen Grammatiken, welche zuerst die grammatischen Kategorien allgemein beschreiben und anschließend die Flexionstypen behandeln, geht Pāṇinis Grammatik ausschließlich von der Beschreibung der Laute des Sanskrit aus und verfolgt ihre Substitutionen in verschiedenen Teilwissenschaften der Linguistik. Davon ausgehend beginnt dann Pāṇini zum Beispiel die einzelnen morphologischen Klassen abzuleiten (GRAUR / WALD: [3]1997, S. 7).
So stellt er also einen unmittelbaren, genetischen Bezug zwischen der Phonologie und der Morphologie auf.

So wie die generative Grammatik von Noam Chomsky am Ende des 20. Jahrhunderts strukturiert Pāṇinis *Aṣṭādhyāyī* die Wörter, Wortketten und Sätze als lineare Aufeinanderfolge von Morphemen, deren Kombinatorik von den Regeln der phonologischen Alternanz (in post-saussurescher Terminologie: Regeln der phonologischen Opposition) und von ihren jeweiligen kontextuellen suprasegmentalen Veränderungen bestimmt werden.

Iar tocmai această metodă şi această disciplină, împreună cu metoda reconstrucţiei a lui August Schleicher menţionată mai sus, au marcat lingvistica următorului secol, al XIX-lea.

De asemenea ca urmare a atenţiei pe care William Jones o acordă sanscritei se ajunge la publicarea gramaticii *Aṣṭādhyāyī* lui Pānini în 1810.
Relevantă pentru fonetică şi fonologie este atât această linie evidentă de evoluţie istorică şi cu pondere fonetică determinantă, cât şi nivelul de înţelegere conceptuală şi gramaticală mai subtil, la care ajung lingviştii europeni pe calea studiului aprofundat al gramaticii *Aṣṭādhyāyī.*

Reanalizând lucrarea lui Pānini rezultă într-adevăr că toate capitolele sale de gramatică (în terminologia contemporană: lexicologie, sintaxă şi morfologie) sunt construite pe fonetică. Deci acestea constituie continuarea logică a foneticii.

Spre deosebire de gramaticile europene, care descriu la început categoriile gramaticale la modul general şi doar apoi tipurile de flexiune, gramatica lui Pānini porneşte exclusiv de la descrierea sunetelor sanscritei şi urmăreşte substituţiile acestora în varii subdiscipline lingvistice.
Pornind de la acestea Pānini începe de exemplu să derive clasele morfologice particulare (GRAUR / WALD: [3]1997, p. 7).
Astfel el stabileşte o relaţie nemijlocită, genetică, între fonologie şi morfologie.

Precum gramatica generativă al lui Noam Chomsky la sfârşitul secolului al XX-lea, *Aṣṭādhyāyī* a lui Pānini structurează cuvintele, expresiile şi propoziţiile ca succesiuni lineare de morfeme, a căror combinatorică este determinată de regulile alternanţei fonetice (în termeni post-saussurieni: reguli ale opoziţiei fonologice) şi de modificările lor specific-contextuale de natură suprasegmentală.

3.5. Die Etablierung der Phonetik als Wissenschaftsdisziplin

Die Periode vom Beginn des 19. Jahrhunderts an bis in die Gegenwart bezeichnet Panconcelli-Calzia in seiner Chronologie als „Aufstieg" sowie „unsere Zeit" (PANCONCELLI-CALZIA: 1943, S. 196) und definiert sie – zu guter Recht – als die Zeit der Etablierung der Phonetik.
Diese Periode ist so reich an neuen wissenschaftlichen Erkenntnissen und Publikationen, dass hier aus Platzgründen lediglich die Entwicklungslinien der Phonetik in den germanischen Verkehrssprachen (Deutsch und Englisch) verfolgt werden können, und selbst diese bloß teilweise.
Demnach kann dieser Abschnitt – noch weniger als die vorherigen – kaum den Anspruch eines Gesamtüberblicks erheben.

Die Etablierung der Phonetik als Wissenschaftsdisziplin setzt ein mit Rasmus Rasks (Brændelike Sogn, 22. November 1787 – Kopenhagen, 14. November 1832) Untersuchung *Über den Ursprung der altnordischen oder isländischen Sprache* (1818). Darin stellt der Autor Regeln und Beispiele für „Buchstabenübergänge" vom Indoeuropäischen (Indogermanischen) zum Germanischen auf.
Die gleichen Regeln werden dann auch von Jacob Ludwig Karl Grimm (Hanau, 4. Januar 1785 – Berlin, 20. September 1863) in seiner vierbändigen *Deutschen Grammatik* (1819 - 1837) beschrieben und als erste Lautverschiebung oder germanische Lautverschiebung bezeichnet.
Einen weiteren wesentlichen Beitrag zur historischen Phonetik leistete Franz Bopp (Mainz, 14. September 1791 – Berlin, 23. Oktober 1867) in seinem sechsbändigen Werk *Vergleichende Grammatik des Sanskrit, Zend, Griechischen, Lateinischen, Litauischen, Gotischen und Deutschen* (1833 - 1856).

Unter anderem untersucht Bopp darin die Lautentsprechungen zwischen den im Titel seines Werkes genannten Sprachen und grenzt mit ihrer Hilfe die Familie der indoeuropäischen Sprachen ab.

3.5. Constituirea foneticii ca disciplină ştiinţifică

Panconcelli-Calzia denumeşte în cronologia sa perioada de la
începutul secolului al XIX-lea până în prezent „avânt" al „timpurilor
noastre" (PANCONCELLI-CALZIA: 1943, p. 196) şi o defineşte – pe
bună dreptate – ca perioada de ascensiune a foneticii.
Această perioadă este atât de bogată în cunoştinţe, descoperiri şi
publicaţii ştiinţifice noi, încât aici nu pot fi urmărite, din motive de
spaţiu, decât liniile de evoluţie ale foneticii în limbile germanice de
mare circulaţie (germană şi engleză), şi în acestea doar în parte.
Drept urmare această secţiune poate emite şi mai puţin decât cele
anterioare pretenţia de a fi exhaustivă.

Constituirea foneticii ca disciplină ştiinţifică începe cu lucrarea lui
Rasmus Rasks (Brændelike Sogn, 22 noiembrie 1787 – Copenhaga,
14 noiembrie 1832) *Über den Ursprung der altnordischen oder
isländischen Sprache* [Despre originea limbii nordice vechi sau islandeze]
(1818). În aceasta autorul construieşte reguli şi dă exemple pentru
„modificările de litere" de la indoeuropeană la limba germanică
comună.

Aceleaşi reguli le descrie mai apoi Jacob Ludwig Karl Grimm (Hanau,
4 ianuarie 1785 – Berlin, 20 septembrie 1863) în lucrarea sa în patru
volume *Deutsche Grammatik* [Gramatica germană] (1819-1837)
denumindu-le prima mutaţie consonantică sau mutaţia consonantică
germanică.
O altă contribuţie importantă la fonetica istorică a adus Franz Bopp
(Mainz, 14 septembrie 1791 – Berlin, 23 octobmbrie 1867) in cele
şase volume ale lucrării sale *Vergleichende Grammatik des Sanskrit,
Zend, Griechischen, Lateinischen, Litauischen, Gotischen und
Deutschen* [Gramatica comparată a sanscritei, limbii zend, limbii greceşti,
limbii latine, lituanienie, gotice şi germane] (1833 - 1856).
Printre altele Bopp cercetează în această lucrare corespondenţele de
sunete între limbile enunţate în titlul lucrării sale şi delimitează cu
ajutorul acestora familia limbilor indoeuropene.

Diese Werke, welche die definitive Etablierung der Phonetik als eigenständige Wissenschaftsdisziplin einleiten, sind Anwendungen von sprachwissenschaftlichen Methoden und Inhalten, welche im Calcutta-Vortrag von William Jones postuliert wurden und mittelbar aus der wiederentdeckten *Aṣṭādhyāyī*-Grammatik von Pānini abgeleitet wurden.
In der zweiten Hälfte des 19. Jahrhunderts rückte die Phonetik zu einer der wichtigsten sprachwissenschaftlichen Disziplinen auf. Dazu kam es im Kontext eines groß inszenierten und mit viel expliziter Auseinandersetzung ausgetragenen Paradigmenwechsels von der historisch-vergleichenden Sprachwissenschaft im Sinne Grimms zu der junggrammatischen Bewegung.

3.5.1. Die Junggrammatiker

Die Junggrammatiker vertraten die positivistischen Prinzipien der Leipziger Schule, die von den Naturwissenschaften abgeleitet waren. Diese waren zur damaligen Zeit im Aufsteigen begriffen und dominierten das gesamte Wissenschaftsbild des 19. Jahrhundert.

Die Leipziger Schule hatte sich Ende der 70er des 19. Jahrhunderts an der Universität Leipzig um den Slawisten und Indogermanisten August Leskien (Kiel, 8. Juli 1840 – Leipzig, 20. September 1916) herauskristallisiert.
Die bedeutendsten Leskien-Schüler und Junggrammatiker waren: Bertold Delbrück (1842 – 1922), Hermann Paul (1846 – 1921), Hermann Osthoff (1847 – 1909), Karl Brugmann (1849 – 1919), Wilhelm Braune (1850 – 1926), Otto Behagel (1854 – 1936) und Eduard Sievers (1850 – 1932).
Diese wurden vom Leipziger Professor Friedrich Zarnke (1825 – 1891), ein Vertrauter Leskiens, bei dem Hermann Paul promoviert hatte, ironisch und in Anlehnung an die postromantische literarische Strömung „Junges Deutschland", gelegentlich „Junggrammatiker" genannt.

Aceste lucrări, care duc la constituirea şi consolidarea definitivă a foneticii ca disciplină ştiinţifică de sine stătătoare, sunt aplicaţii ale unor metode şi conţinuturi lingvistice postulate în prelegerea lui William Jones de la Calcutta şi derivate mijlocit din gramatica redescoperită a lui Pānini, *Aṣṭādhyāyī*.

În a doua parte a secolului al XIX-lea fonetica a devenit una dintre cele mai importante discipline lingvistice. Această emergenţă a avut loc în contextul unei modificări de paradigme lingvistice şi cu multe dezbateri divergente explicite. Este vorba de trecerea de la lingvistica istoric-comparativă la mişcarea Junimii gramaticienilor germani, cunoscuţi şi sub denumirea de „neogramaticieni".

3.5.1. Junimea gramaticienilor germani („Neogramaticienii")

Junimea gramaticienilor germani pleda pentru principiile pozitiviste ale Şcolii de la Leipzig, derivate din ştiinţele naturii. Acestea erau la acea vreme în emergenţă şi dominau întreaga concepţie ştiinţifică în secolul al XIX-lea.

Şcoala de la Leipzig se formase în anii 70 ai secolului al XIX-lea la Universitatea din Leipzig în jurul slavistului şi indoeuropenistului August Leskien (Kiel, 8 iulie 1840 – Leipzig, 20 septembrie 1916).
Cei mai importanţi elevi ai lui Leskien şi junimişti gramaticieni au fost Bertold Delbrück (1842 – 1922), Hermann Paul (1846 – 1921), Hermann Osthoff (1847 – 1909), Karl Brugmann (1849 – 1919), Wilhelm Braune (1850 – 1926), Otto Behagel (1854 – 1936) şi Eduard Sievers (1850 – 1932).

Friedrich Zarnke (1825 – 1891), un alt profesor de la Leipzig, apropiat lui Leskien, şi la care îşi susţinuse teza de doctorat Hermann Paul, îi numise ocazional şi ironic, în analogie cu „Tânăra Germanie", o mişcare literară postromantică, „Junimea gramaticienilor" [Tinerii gramaticieni].

Zarnke, der einem älteren Jahrgang angehörte, wollte damit den militanten Duktus der damals noch jungen und in Ausbildung begriffenen Schüler Leskiens ironisieren.
Doch übernahmen diese den Terminus und verwendeten ihn als positive Selbstbezeichnung. Da sie später alle an renommierten deutschen Universitäten tätig wurden, bestimmten sie die Forschungsrichtungen der Linguistik in Deutschland bis in die Zwischenkriegszeit, als die Wirkung von Saussure einsetzte.

Eine der zentralen Thesen der Junggrammatiker war im Grunde genommen eine phonetische, nämlich dass Sprachveränderungen erstens ausschließlich aufgrund naturgegebener Lautgesetze, und zweitens ausnahmslos stattfinden würden:

> Aller Lautwandel, soweit er mechanisch vor sich geht, vollzieht sich nach ausnahmslosen Gesetzen, d.h. die Richtung der Lautbewegung ist bei allen Angehörigen einer Sprachgenossenschaft, außer dem Fall, daß Dialektspaltung eintritt, stets dieselbe, und alle Wörter, in denen der der Lautbewegung unterworfene Laut unter gleichen Verhältnissen erscheint, werden ohne Ausnahme von der Veränderung ergriffen. (OSTHOFF / BRUGMANN: 1878, S. XIII)

Prinzipiell fand zwar dieser Teil ihrer These allgemeine Zustimmung bei den Sprachwissenschaftlern, nicht aber die Zusatzbehauptung, dass die Lautgesetze als Naturgesetze ausnahmslos wirken würden.

Einige, darunter insbesondere der Romanist Hugo Schuchardt (Gotha, 4. Februar 1842 – Graz, 21. April 1927) lehnten die Übertragung der Ausnahmslosigkeit der Naturgesetze auf die Sprache dezidiert ab.

In seiner polemischen Schrift *Über die Lautgesetze. Gegen die Junggrammatiker* (1885) griff Schuchardt diese Ausnahmslosigkeit heftig an und entfachte eine lebhafte Polemik zu der absoluten Gültigkeit der Lautgesetze, worauf die Junggrammatiker später ihre These selbst relativierten.

Zarnke, aparţinând unei generaţii mai în vârstă, voia să ironizeze astfel stilul militant al elevilor lui Leskien, care la vremea aceea erau încă cu toţii tineri lingvişti în formare.

Însă aceştia au preluat termenul şi l-au folosit ca autodenumire de grup cu denotaţie pozitivă. Dat fiind că ulterior ei au ajuns cu toţii să activeze la universităţi germane de mare renume, junimiştii gramaticieni au determinat direcţiile de cercetare ale lingvisticii în Germania până în perioada interbelică, când a început să se resimtă influenţa lui Saussure.

Una din tezele centrale a junimii gramaticienilor era în fond una fonetică, anume că modificările în limbă au loc în primul rând exclusiv în baza unor legi fonetice date de natură şi în al doilea rând că aceste legi nu au excepţii, deci sunt mecaniciste:

> Orice modificare de sunet, în măsura în care ea are loc în mod mecanic, se desfăşoară în baza unor legi fără excepţie, adică direcţia modificării sunetului este întotdeauna aceeaşi la toţi membrii unei comunităţi lingvistice, în afara cazului în care are loc o divergenţă dialectală, întotdeauna aceeaşi, iar toate cuvintele în care apare sunetul supus modificării preiau, fără vreo excepţie, respectiva modificare. (OSTHOFF / BRUGMANN: 1878, p. XIII)

În principiu această parte a tezei lor a fost general acceptată de către lingvişti, nu însă şi afirmaţia suplimentară că legile fonetice ar acţiona ca legi naturale fără excepţii.

Unii, printre care mai cu seamă romanistul Hugo Schuchardt (Gotha, 4 februarie 1842 – Graz, 21 aprilie 1927) au combătut energic transpunerea principiului absolut al legităţilor naturii asupra limbii.

În lucrarea sa polemică *Über die Lautgesetze. Gegen die Junggrammatiker* [Despre legile sunetelor. Împotriva junimii gramaticienilor] (1885) Schuchardt a atacat această transpunere şi a deschis o polemică vehementă despre valabilitatea absolută a legilor fonetice, în urma căreia mai târziu junimea gramaticienilor şi-a revizuit de la sine această teză.

Phonetisch relevant ist aber, dass die Lautlehre in der Zeit der Junggrammatiker im Mittelpunkt der linguistischen Auseinandersetzungen stand, was die Etablierung der Phonetik als eigenständiger Wissenschaftszweig beschleunigte.

Ebenso trugen Eduard Sievers (Lippoldsberg, 25. November 1850 – Leipzig, 30. März 1932) zahlreiche metrische und phonetische Studien zu den Hauptwerken der deutschen Literatur des Mittelalters und zur Phonetik im Allgemeinen, aber insbesondere sein mehrfach editiertes Standardwerk *Grundzüge der Lautphysiologie zur Einführung in das Studium der Lautlehre der indogermanischen Sprachen* (1876), das ab der fünften Auflage unter dem Titel *Grundzüge der Phonetik* (⁵1901) veröffentlicht wurde, zur Etablierung der Phonetik als eine der bedeutendsten linguistischen Disziplinen der junggrammatischen Zeit bei.
Sievers geht darin von den subjektiven Ergebnissen des unmittelbar Gehörten aus und lehnt die Methoden der Experimentalphonetik ab. Diese begann sich im französisch- und englischsprachigen Raum aufgrund der Ergebnisse naturwissenschaftlicher Messungen zu entwickeln.

3.5.2. Die Experimentalphonetik

Zu einer einschneidenden Erweiterung des Aufgabenbereichs der Phonetik kam es im französischsprachigen Raum, als Abbé Jean-Pierre Rousselot (Saint-Claud, 14. Oktober 1846 – Paris, 16. Dezember 1924) sein zweibändiges Werk *Principes de Phonétique Expérimentale* [Prinzipien der Experimentalphonetik] (Band 1: 1897, Band 2: 1901) herausgab und darin die Experimentalphonetik begründete.
Im englischsprachigen Raum schuf Alexander Melville Bell (1819 – 1905) ein phonetisches Transkriptionsmodell, das er „Visible Speech" [Sichtbare Sprache] nannte und in seinem gleichnamigen Werk *Visible Speech, the Science of Universal Alphabetics* [Sichtbare Sprache, die Wissenschaft von der universellen Alphabetik] (1867) veröffentlichte.

116

Relevant din punct de vedere fonetic este însă faptul că ştiinţa sunetelor s-a aflat în perioada junimii gramaticienilor în centrul dezbaterilor, ceea ce a accelerat constituirea foneticii ca disciplină ştiinţifică de sine stătătoare.

De asemenea numeroasele studii metrice şi fonetice ale lui Eduard Sievers (Lippoldsberg, 25 noiembrie 1850 – Leipzig, 30 martie 1932) asupra principalelor opere ale literaturii germane a Evului Mediu precum şi studiile sale de fonetică generală, dar în special lucrarea sa de referinţă *Grundzüge der Lautphysiologie zur Einführung in das Studium der Lautlehre der indogermanischen Sprachen* [Bazele fiziologiei sunetelor spre introducere în studiul ştiinţei sunetelor în limbile indogermanice] (1876), care a apărut începând cu ediţia a cincea sub titlul *Grundzüge der Phonetik* [Bazele foneticii] (^{5}1901), au dus la constituirea foneticii ca una din cele mai importante discipline lingvistice din perioada junimii gramaticienilor.
Sievers porneşte în această lucrare de la rezultatele subiective ale receptării fonetice şi recuză metodele foneticii experimentale. Aceasta a început să se dezvolte în spaţiul francofon şi anglofon pe baza măsurătorilor efectuate cu metodele ştiinţelor naturii.

3.5.2. Fonetica experimentală

O dezvoltare puternică a domeniului de lucru al foneticii a avut loc în spaţiul de limbă franceză, când abatele Jean-Pierre Rousselot (Saint-Claud, 14 octobmrie 1846 – Paris, 16 decembrie 1924) şi-a publicat lucrarea în două volume *Principes de Phonétique Expérimentale* [Principii de fonetică experimentală] (vol. 1: 1897, vol. 2: 1901), în care acesta pune bazele foneticii experimentale.

În spaţiul de limbă engleză Alexander Melville Bell (1819 – 1905) a elaborat un model de transcriere fonetică, pe care l-a numit „Visible Speech" [vorbire vizibilă] şi pe care l-a publicat în lucrarea sa omonimă, *Visible Speech, the Science of Universal Alphabetics* [Vorbirea vizibilă, ştiinţa alfabeticii universale] (1867).

Hingegen wurde die Experimentalphonetik im deutschsprachigen Raum eher skeptisch beäugt. Der Jahrhundertwende-Nestor der deutschen Phonetik, der Junggrammatiker Eduard Sievers, spricht mit unverhohlener Skepsis darüber:

> In den letzten Jahren ist das Schlagwort >>Experimentalphonetik<< zu einer neuen Macht geworden. Ich habe mich diesem neuen Zweig der phonetischen Disciplin gegenüber auch in dieser fünften Auflage wieder im Wesentlichen abwartend verhalten müssen, schon aus dem Grunde, weil ich eigene Controlexperimente nicht habe anstellen können. Auch bekenne ich, dass ich den Enthusiasmus nicht ganz theile, mit dem die Experimentalphonetik auch von philologischer Seite begrüßt worden ist.

Sievers hatte gerade die Phonetik als Wissenschaftsfach kanonisch etabliert. Bis zu einem Punkt könnte man ihm deswegen sogar ein eifersüchtiges Schielen auf die neue Teildisziplin unterstellen, angesichts der Art, in der er mit dieser umgeht.

Hingegen verfolgt sein Einwand, dass die Experimentalphonetik – zumindest damals – außerstande gewesen sei, eine natürliche Sprechsituation zu analysieren und ihre Ergebnisse deswegen fraglich bleiben würden, diese Teildisziplin berechtigterweise noch heute:

> Zwar bezweifle ich nicht, dass die vervollkommneten [phono]graphischen Apparate der Neuzeit im Wesentlichen das richtig wiedergeben, was in sie hineingesprochen wird, wohl aber bezweifle ich auf Grund langjähriger Erfahrung im phonetischen Unterricht, dass es ohne schwerste Selbstzucht jemandem gelinge, in einen Apparat dasjenige hineinzusprechen oder mit einem Messapparat im Sprachorgan dasjenige hervorzubringen was er sonst unter normalen Bedingungen spricht. (SIEVERS: [5]1901, S. XI)

Später, gegen Ende der junggrammatischen Epoche, ab der Zwischenkriegszeit, entwickelte sich die Experimentalphonetik auch im deutschen Sprachraum, insbesondere durch Panconcelli-Calzia und seinen Nachfolger in Hamburg, Otto von Essen.

În schimb, în spaţiul de limbă germană, fonetica experimentală a fost privită la început mai degrabă cu ochi critici. Nestorul foneticii germane de la începutul secolului trecut, junimistul gramatician Eduard Sievers vorbeşte cu un scepticism nereţinut despre aceasta în tratatul său susmenţionat:

> În ultimii ani sloganul >>Fonetică experimentală<< a devenit o nouă putere. Şi în a cincea ediţie a acestei lucrări m-am poziţionat faţă de această nouă ramură a disciplinei fonetice în esenţă într-un mod expectativ, din motivul că nu am putut să efectuez experimente de control. Mărturisesc însă că nu împărtăşesc întrutotul entuziasmul cu care fonetica experimentală a fost salutată de filologie.

Sievers tocmai reuşise să consacre canonic ştiinţa foneticii. De aceea i s-ar putea reproşa până la un punct chiar o reţinere geloasă faţă de noua subdisciplină, având în vedere modul în care o tratează.

În schimb o altă observaţie a sa, anume că fonetica experimentală nu ar fi fost în stare – cel puţin la vremea aceea – să analizeze o situaţie de vorbire naturală şi că de aceea rezultatele ei ar rămâne discutabile, urmăreşte această subdisciplină pe bună dreptate şi în ziua de azi:

> Ce-i drept, nu pun la îndoială că aparatele [fono]grafice perfecţionate ale prezentului redau în esenţă corect ceea ce se rosteşte în ele, însă mă îndoiesc, în baza unei experienţe de predare a foneticii de ani de zile, că ar fi posibil – fără eforturi grele şi multă autodisciplină – ca cineva să rostească într-un aparat sau să grăiască cu un aparat de măsurătoare plasat în organul vorbirii ceea ce ar vorbi în condiţii normale. (SIEVERS: [5]1901, p. XI)

Mai târziu, către sfârşitul epocii junimii gramaticienilor, începând cu perioada interbelică, fonetica experimentală s-a dezvoltat în spaţiul de limbă germană în special datorită lui Panconcelli-Calzia şi a succesorului său la Hamburg, Otto von Essen.

3.5.3. Henry Sweet: Die praktische Phonetik

Bells Arbeit hatte einen einschneidenden Einfluss auf den bedeutendsten Phonetiker des 19. Jahrhunderts im englischsprachigen Raum, Henry Sweet (London, 15. September 1845 – Oxford, 30. April 1912), der ausgehend davon sein eigenes Transkriptionsmodell ausbaute.

Dabei ging Sweet von den massiven Unterschieden zwischen der Lautung und der traditionellen Schreibung aus, die er als **nomische Schreibung** bezeichnet. Um diese Unterschiede, die im Englischen besonders stark ausgeprägt sind, zu umgehen, entwickelte er sein eigenes phonetisches Alphabet, das er **romische Schreibung** nannte (SWEET: 1899, S. 10). Dieses wiederum wurde die Grundlage des **IPA** (International Phonetic Association)-Transkriptionssystems.

Bereits in seinem Werk *Handbook of Phonetics, including a Popular Exposition of the Principels of Spelling Reform* (1877) [Handbuch der Phonetik, einschließlich einer volkstümlichen Darstellung der Prinzipien der Rechtschreibrefrom] erweiterte Sweet den Gegenstandsbereich der Phonetik um eine neue Dimension, indem er sie in den Kontext des Fremdsprachenerwerbs setzte.

Dies war ein absolutes Novum und stand im dezidierten Unterschied zu der kontinental üblichen junggrammatischen Platzierung der Phonetik im Bereich der Naturwissenschaften und der Physiologie.

Im Gegensatz zum kontinentalen phonetischen Kanon lief die Orientierung Sweets auf eine praktische Phonetik hinaus. Seine im *Handbook* erstmals dargestellten phonetischen Prinzipien des Fremdsprachenunterrichts sowie das darin aufgestellte Postulat der absoluten Notwendigkeit eines phonetischen Trainings für Fremdsprachenlehrer gelten unverändert bis heute.

So wird Sweets *Handbook* im englischsprachigen Raum bis zum heutigen Tage als Standardwerk unverändert neu herausgegeben und verwendet. Seine Prinzipien scheinen wie ein roter Faden durch die Erforschung des Spracherwerbs und des Sprachunterrichts bis in die Gegenwart auf.

3.5.3. Henry Sweet: Fonetica practică

Lucrarea lui Bell a avut o influenţă decisivă asupra celui mai important fonetician de limbă engleză al secolului al XIX-lea, Henry Sweet (Londra, 15 septembrie 1845 – Oxford, 30 aprilie 1912), care şi-a construit pornind de la aceasta propriul sistem de transcriere.

Sweet porneşte de la neconcordanţele masive între pronunţie şi grafia tradiţională, pe care o denumeşte **scriere nomică**. Pentru a evita aceste neconcordanţe, care sunt deosebit de puternice în engleză, Sweet şi-a construit propriul alfabet fonetic, pe care l-a numit **scriere romică** (SWEET: 1899, p. 10).
Aceasta a devenit mai apoi, la rândul său, baza sistemului de transcriere al **IPA** (International Phonetic Association).

Deja în lucrarea sa *Handbook of Phonetics, including a Popular Exposition of the Principels of Spelling Reform* (1877) [Manual de fonetică, incluzând o descriere populară a principiilor reformei ortografice], Sweet a lărgit obiectul de studiu al foneticii spre o nouă dimensiune, aşezând-o în contextul învăţării limbilor străine.

Această reaşezare era o novitate absolută şi o poziţionare evident diferită faţă de obişnuita plasare continentală a foneticii în domeniul ştiinţelor naturii şi fiziologiei, aşa cum o propunea junimea gramaticienilor.

În opoziţie cu canonul fonetic continental, Sweet se orienta spre o fonetică practică. Principiile fonetice ale învăţării limbilor străine enunţate de el în *Handbook*, precum şi postulatul necesităţii absolute a unui training fonetic pentru profesorii de limbi străine rămân neschimbat valabile şi în prezent.
Astfel *Handbook*-ul se reeditează şi se foloseşte în spaţiul de limbă engleză neîntrerupt, până în ziua de astăzi, ca lucrare-standard, iar principiile lui Sweet se reflectă ca un fir roşu în cercetarea învăţării şi predării limbilor până în prezent.

Im unmittelbaren Anschluss an dieses theoretisch gehaltene Werk veröffentlichte Sweet das erste praktische moderne Lehrbuch für Englisch als Fremdsprache. Dieses war speziell für deutschsprachige Lerner des Englischen gedacht und erschien in deutscher Sprache unter dem Titel *Elementarbuch des gesprochenen Englisch* (1885).

Die Wirkung dieses *Elementarbuchs* war so groß, dass Sweet nur sechs Jahre darauf eine weitere, diesmal englischsprachige Version unter dem Titel *A Primer of Spoken English* [Ein Elementarbuch des gesprochenen Englisch] (1890) veröffentlichte.
Schließlich mutierte dieses Werk in einer weiteren Neuausgabe aus dem Jahre 1906 zu einer praktischen Erweiterung von Sweets theoretischen Grundgedanken aus dem *Handbook*. So baut er darin sein phonetisches System auf insgesamt 72 Vokale aus, die er mit genauen Beschreibungen und Ausspracheregeln versieht.

Der Gedanke einer praktischen Linguistik als selbstständiger Wissenschaftszweig geht bei Sweet Hand in Hand mit der Beschreibung der praktischen Phonetik und zieht sich durch alle seine Werke, so auch in dem Folgeband *The Practical Study of Language* [Das praktische Studium der Sprache] (1899), in dem er programmatisch behauptet:

> Es ist kaum notwendig, den Unterschied zwischen dem *praktischen* und dem *theoretischen* [Unterstreichungen: H.S.] Studium der Sprachen breit auszuführen ... . Aber es ist wichtig zugleich zu verstehen, dass das praktische Studium der Sprachen nicht minder wissenschaftlich ist als das theoretische. (SWEET: 1899, S. 1)

Das erste Drittel dieses 276 Seiten starken Bandes ist selbstverständlich der Phonetik gewidmet.
In diesem ersten Drittel verallgemeinert Sweet seine Feststellungen zur Bedeutung der Phonetik, indem er den Aufgabenbereich der praktischen Phonetik vom Fremdsprachenunterricht im Einzelnen auf das Studium der Sprachen im Allgemeinen überträgt.

În continuarea directă a acestei lucrări teoretice, Sweet a publicat primul manual modern de învăţare a limbii engleze ca limbă străină. Acesta a fost conceput în mod special pentru vorbitorii de limba germană, care intenţionau să înveţe engleza şi a apărut în limba germană sub titlul *Elementarbuch des gesprochenen Englisch* [Manual elementar al englezei vorbite] (1885).

Ecoul acestui *Elementarbuch* a fost atât de puternic, încât la doar şase ani după apariţia sa, Sweet publică o nouă versiune, de această dată în limba engleză sub titlul *A Primer of Spoken English* [Noţiuni elementare de engleză vorbită] (1890).

În final şi această lucrare a ajuns să apară într-o nouă ediţie, revăzută şi adăugită în anul 1906, care conţinea de asemenea dezvoltarea practică a consideraţiilor teoretice ale lui Sweet din *Handbook*. Aici el extinde sistemul său fonetic la un total de 72 de vocale, cărora le adaugă descrieri detaliate şi reguli de pronunţie.

Ideea unei lingvistici practice, ca disciplină de sine stătătoare, merge la Sweet mână în mână cu descrierea foneticii practice şi se dezvoltă în toate lucrările sale, la fel ca şi în următorul său volum, *The Practical Study of Language* [Studiul practic al limbii] (1899), în care el susţine programatic următoarele:

> De fapt, nu este nevoie să se facă diferenţa pe larg între studiul *practic* şi studiul *teoretic* [subl.: H.S.] al limbilor ... . Însă este important să se înţeleagă că studiul practic al limbilor nu este mai puţin ştiinţific decât cel teoretic. (SWEET: 1899, p. 1)

Prima treime a acestui volum de 276 pagini este dedicată, bineînţeles, foneticii practice.

In această primă parte Sweet generalizează constatările sale cu privire la importanţa acesteia, extinzând domeniul de activitate al foneticii practice de la învăţarea limbilor străine particulare la studiul limbii în general.

Darauf kommt er zu seiner **ersten Schlussfolgerung**, nämlich dass die Grundlage eines jeden Sprachstudiums die Phonetik sein muss, da nur diese den analytischen Rahmen und die praktische Methode für den Erwerb einer korrekten Aussprache bietet.
Zweitens behauptet Sweet darin erneut, dass die Phonetik ein genaueres und daher verlässlicheres System der Lautnotierung als die traditionelle Orthographie anbietet.
Drittens sieht er in ihr die einzige Disziplin, welche eine fundierte wissenschaftliche Ausbildung der Sprachlehrer ermöglicht.

Sweet spricht in diesem phonetischen Teil wörtlich von „signifikanten" und „nicht-signifikanten" Lautunterschieden (SWEET: 1899, S. 18) und kommt dadurch auf einen „vorstrukturalistischen Phonembegriff" (ERNST: 2001, S. 319), den er aus der „lebendigen Philologie" ableitet:

> Die wissenschaftliche Basis des praktischen Studiums der Sprachen ist die „lebendige Philologie", welche von der genauen Beobachtung der gesprochenen Sprache mit den Mitteln der Phonologie und Psychologie ausgeht und dies zur Grundlage des gesamten Sprachstudiums, ob praktisch oder theoretisch, macht. Das Gegenstück zum Lebendigen ist die „antiquierte" Philologie, welche die Gegenwart eher als einen Schlüssel zur Vergangenheit betrachtet, die lebenden Sprachen den toten Idiomen und die Laute ihren geschriebenen Symbolen unterordnet. (SWEET: 1899, S. 1)

Sweet postuliert also ein praktisches Studium der Sprache, dessen zentraler Teil die praktische Phonetik ist.
Ihre Erweiterung in Richtung einer praktischen Linguistik hat er – zumindest terminologisch – nicht mehr systematisch und konsequent weiterverfolgt. Dennoch bleibt diese Erweiterungsfrage immer wieder im Brennpunkt der linguistischen Geschichtsforschung.
So weist eine neuere vielbeachtete Arbeit zur Sprachlehrforschung auf die begriffliche und terminologische Lücke hin, welche Sweet skizzierte, doch unvollendete Aufgabenerweiterungen der praktischen Phonetik, beziehungsweise der lebendigen Philologie, hinterlassen hat.

124

El ajunge apoi la **prima sa concluzie**, anume că baza oricărui studiu al limbii trebuie să fie fonetica, deoarece doar aceasta oferă cadrul analitic şi metoda practică pentru învăţarea unei pronunţii corecte.

În al doilea rând, Sweet susţine din nou că fonetica oferă un sistem de notaţie mai precis şi prin urmare mai de încredere decât ortografia tradiţională.

În al treilea rând, el vede în ea singura disciplină care le poate oferi profesorilor de limbi o pregătire aprofundată ştiinţific.

În această secţiune dedicată foneticii Sweet vorbeşte în mod clar şi explicit despre diferenţe de sunet „semnifcative" şi „non-semnificative" (SWEET: 1899, p. 18) şi ajunge astfel la „un concept de fonem pre-structuralist" (ERNST: 2001, p. 319), pe care îl derivă din „filologia vie":

> Baza ştiinţifică a studiului practic al limblior este „filologia vie", care porneşte de la observarea amănunţită a limbii vorbite cu mijloacele fonologiei şi psihologiei. Ea face din aceasta baza studiului limbii, fie acesta unul practic sau unul teoretic. În opoziţie cu cea vie se află filologia „antichizată", care consideră prezentul a fi mai degrabă o cheie spre trecut, şi care subordonează limbile vii idiomurilor moarte din trecut, precum şi sunetele simbolurilor lor scrise. (SWEET: 1899, p. 1)

Sweet postulează deci un studiu practic al limbii, a cărui parte centrală este fonetica practică.

Dezvoltarea acesteia – cel puţin cea terminologică – în direcţia unei lingvistici practice n-a mai fost urmărită de către Sweet într-un mod sistematic şi consecvent. Totuşi această chestiune a extinderii terminologice rămâne mereu în centrul atenţiei cercetătorilor istoriei lingvisticii.

Astfel o recentă şi remarcabilă cercetare asupra predării limbilor atrage atenţia asupra golului conceptual şi terminologic pe care l-a lăsat în urmă dezvoltarea incompletă a domeniului de aplicaţii al foneticii practice, respectiv al filologiei vii, pe care le schiţează Sweet.

Es wäre falsch, den Eindruck zu erwecken, Sweet hätte unter dem Terminus „praktisches Studium der Sprache" nur das Unterrichten und Lernen von Sprachen verstanden. Sweet hatte viel mehr vor.

Er wollte eine neue Wissenschaft etablieren, die auf alle Formen der praktischen linguistischen Tätigkeit angewendet werden hätte können, inklusive der Dialektologie, der Erforschung unbekannter Sprachen, der Fragen der historischen Philologie und so weiter bis zum Spracherwerb. Leider gab er aber diesem neuen Bereich keinen Namen … .

… Sweet spricht über die Anwendung der „lebendigen" versus der „antiquierten" Philologie und verwendet den Ausdruck „lebendige Philologie" durchgehend im Text seines Buches [*The Practical Study of Language* [Das praktische Studium der Sprache] (1899), Anmerkung: S.G.], und zwar in einer Bedeutung, die im Wesentlichen der heutigen Interpretation von „Linguistik" entspricht.

Indem er es vernachlässigt hat, die Tätigkeit namens „Anwendung der lebendigen Philologie auf das praktische Studium der Sprache" auch zu benennen, hat er eine semantische Leerstelle offen gelassen, die erst anschließend im Amerika der 1940er Jahre mit der Bezeichnung „angewandte Linguistik" gefüllt wurde.

Sweet war hautnah daran, seinen Arbeitsbereich „praktische Philologie" zu nennen. Obwohl er den Terminus gelegentlich verwendete, hat er seine Durchsetzung nicht so recht angestrebt.

Auf den ersten Blick handelt es sich bei Sweets Auffassung sehr wohl um eine Parallelerscheinung zu Saussure, dessen Primat der gesprochenen Sprache über die geschriebene Sprache hier in eine weitere praktischere und konkretere Form gegossen wurde.

Dieser Eindruck täuscht.

Denn bei Sweet geht es um viel mehr: während Saussure die gesprochene Sprache in den Mittelpunkt seiner Beobachtungen setzt, konzentriert sich Sweet auf die Wissenschaft von dieser gesprochenen Sprache selbst und geht dadurch eine Abstraktionsstufe weiter.

Bloß benennt er seine Wissenschaft nicht, sondern hinterlässt eine taxonomische Leerstelle, die bis in die Gegenwart offen geblieben ist.

Ar fi greşit să creem impresia că Sweet ar fi înţeles prin termenul de „studiu practic al limbii" doar predarea şi învăţarea limbilor. Sweet gândea în dimensiuni mult mai largi.

El voia să constituie o nouă ştiinţă, care ar fi putut fi aplicată asupra tuturor formelor de activitate ale lingvisticii practice, inclusiv în dialectologie, în cercetarea limbilor necunoscute, în chestiuni de filologie istorică şi aşa mai departe, mergând până la învăţarea limbilor. Din păcate el nu a dat un nume acestui nou domeniu … .

… Sweet vorbeşte despre aplicarea filologiei „vii" în opoziţie cu cea „antichizată" şi foloseşte termenul de „filologie vie" consecvent de-a lungul textului cărţii sale [*The Practical Study of Language* [Studiul practic al limbii] (1899), notă: S.G.], şi anume într-un sens ce corespunde în esenţă interpretării contemporane a termenului de „lingvistică".

Deoarece Sweet a neglijat să denumească cu vreun termen „aplicaţia filologiei vii asupra studiului practic al limbii", el a lăsat descoperită o arie semantică care a fost acoperită abia mai apoi, în America anilor 40, de către termenul „lingvistică aplicată".
Sweet era la un pas de a-şi denumi domeniul de activitate „filologie practică". Deşi el a folosit pe alocuri termenul, Sweet nu a promovat impunerea sa într-un mod consecvent.

La prima vedere concepţia lui Sweet apare pe drept ca un fenomen paralel cu Saussure, a cărui primat al limbii vorbite asupra limbii scrise pare turnat aici în alt tipar, mai concret şi mai practic.

Această impresie amăgeşte.

Căci la Sweet e vorba de mai mult: în timp ce Saussure aşează limba vorbită în centrul observaţiilor sale, Sweet se concentrează asupra ştiinţei acestei limbi însăşi şi ascende prin aceasta pe următoarea treaptă de abstracţie.
Doar că Sweet nu-şi denumeşte ştiinţa, lăsând moştenire un gol taxonomic care a rămas deschis până în prezent.

Hätte er das getan, so würden wir heutzutage in der glücklichen
Lage sein, zwischen „praktischer Linguistik" als Begriff für
Tätigkeiten, die mit dem Spracherwerb und mit anderen praktischen
Angelegenheiten verbunden sind, und „angewandter Linguistik" als
ein eher angemessener Ausdruck für Tätigkeiten, die näher von
theoretischen Studien abhängen, wie zum Beispiel die der
Klassifikationen in den linguistischen Beschreibungen, zu
unterscheiden.

Doch abgesehen von dieser taxonomischen Frage hat Sweets Arbeit
auf dem Gebiet der angewandten Linguistik eine Tradition im
Sprachunterricht aufgestellt, die ununterbrochen bis zum heutigen
Tage anhält. (HOWATT / WIDDOWSON: [2]2005, S. 207)

Sweets Ansatz generiert aber, trotz seiner taxonomischen
Undefiniertheit, auch nach der amerikanischen Begriffsprägung für
die „angewandte Sprachwissenschaft" weiterhin neue linguistische
Disziplinen.
So entstand etwa zwanzig Jahre nach der obgenannten Etablierung der
Bezeichnung „angewandte Linguistik" eine weitere linguistische
Disziplin die ebenfalls in der unmittelbaren Nachfolge von Sweet
steht, nämlich **SLA** (Second Language Acquisition)
[Zweitsprachenerwerb].
Diese geht vom psychologischen Ansatz aus, der auch bei Sweet zu
finden ist, und stellt diesen in den Mittelpunkt der Untersuchung der
Zweitspracherwerbsprozesse, gleichberechtigt mit der Phonetik und
der Morphosyntax.

Im deutschen Sprachraum hat sich diese Disziplin mit relativer
Verspätung als „Zweitsprachenerwerb" in der Disziplin **DaZ** (Deutsch
als Zweitsprache), eingebürgert und als praktische Folge der massiven
Präsenz von Migranten aus anderen Sprachkreisen durchgesetzt.

Ebenso kann das Fach **DaF** (Deutsch als Fremdsprache) als eine
unmittelbare Fortsetzung der Sweetschen Linie im deutschen
Sprachraum gesehen werden.

Dacă ar fi făcut-o, am fi fost astăzi în situaţia fericită de a diferenţia între „lingvistică practică" ca termen pentru activităţile care sunt legate de învăţarea limbilor şi de alte varii chestiuni practice de limbă, şi între „lingvistică aplicată", ca un termen adecvat pentru activităţi ce sunt mai strâns legate de studii teoretice, ca de exemplu clasificările în descrierile lingvistice.

Însă dincolo de această chestiune taxonomică, activitatea lui Sweet în domeniul lingvisticii aplicate a creat o tradiţie în predarea limbilor care se continuă neîntrerupt până în zilele noastre. (HOWATT / WIDDOWSON: [2]2005, p. 207)

În pofida ambiguităţii sale taxonomice, abordarea lui Sweet generează însă în continuare, chiar şi după emergenţa termenului american de „lingvistică aplicată", noi discipline lingvistice.

Astfel la aproximativ douăzeci de ani după emergenţa susnumită a „lingvisticii aplicate" se constituie o altă nouă disciplină lingvistică ce se află de asemenea în succesiunea nemijlocită a lui Sweet: şi anume **SLA** (Second Language Acquisition) [Achiziţia celei de-a doua limbi străine].

Aceasta porneşte de la accepţia psihologică, care se întâlneşte şi la Sweet, şi o aşează pe picior de egalitate cu fonetica şi morfosintaxa în centrul cercetării proceselor de achiziţie a celei de-a doua limbi străine.

În spaţiul de limbă germană această disciplina s-a constituit cu relativă întârziere ca „Zweitsprachenerwerb" [Achiziţia celei de-a doua limbi străine] şi s-a impus prin disciplina **DaZ** (Deutsch als Zweitsprache), [Germana ca a doua limbă] ca o consecinţă practică a prezenţei masive a migranţilor din alte arii lingvistice în spaţiul lingvistic german.

La fel şi disciplina **DaF** (Deutsch als Fremdsprache) [Germana ca limbă străină] poate fi privită ca o continuare directă a direcţiei lui Sweet în spaţiul de limbă germană.

Eine dritte Entwicklungsrichtung, die Sweets praktischer Phonetik entspringt, tendiert ebenfalls in Richtung der lebendigen Philologie. Sie besteht ebenfalls seit etwa einem Vierteljahrhundert in der englischsprachigen Welt.

Es handelt sich um die Disziplin **EL** (Educational Linguistics) [Erziehungswissenschaftliche Linguistik], die, gleich SLA, mit zahlreichen Lehrstühlen an britischen und amerikanischen Universitäten vertreten ist.

Educational Linguistics konzentriert sich auf die sozialen Formen der Spracherwerbsprozesse in Bildungseinheiten und generell im Rahmen der Entwicklung des Individuums.

Eines der bedeutendsten EL-Forschungszentren befindet sich an der Pennsylvania State University, wo diese Disziplin an der Schnittstelle zwischen SLA, Fremdsprachendidaktik und Soziolinguistik praktiziert wird.

Im deutschen Sprachraum hat sich das erste EL-Zentrum erst jüngst an der Universität Gießen konstituiert.

3.5.4. Der Durchbruch: Der Haager Linguistenkongress 1928

Der akademische Kanon der Sprachwissenschaft war zu Beginn des 20. Jahrhunderts noch immer entweder historisch-diachron, oder positivistisch-junggrammatisch geprägt.

Sowohl Saussures *Cours*, als auch Henry Sweets „praktische Phonetik" standen offensichtlich in absoluter Opposition zu diesem Kanon der Sprachwissenschaft des ausgehenden 19. Jahrhunderts und vermochten nicht, diesen zu durchbrechen.

Beide verursachten zwar einigen Aufruhr in der Gelehrtengemeinschaft, blieben aber bis dahin eher exotische Forschungsrichtungen ausserhalb des wissenschaftlichen Mainstreams der Zeit.

130

O a treia linie de evoluţie care rezultă din fonetica practică a lui Sweet se îndreaptă de asemenea în direcţia filologiei vii.

Ea există de asemenea de aproximativ un sfert de secol în lumea anglofonă.

Este vorba de disciplina **EL** (Educational Linguistics) [Lingvistică educaţională] care este reprezentată puternic, la fel ca SLA, prin foarte multe catedre de specialitate în universităţile britanice şi americane.

Educational Linguistics se concentrează asupra formelor sociale ale achiziţiei lingvistice în unităţi de învăţământ şi în general în evoluţia individului.

Unul dinte cele mai importante centre de cercetare în EL se află la Pennsylvania State University, unde această disciplină se practică la confluenţa dintre SLA, didactica limbilor străine şi sociolingvistică.

În spaţiul de limbă germană primul centru de EL s-a constituit doar de curând la Universitatea din Gießen.

3.5.4. Consacrarea: Congresul lingvistic de la Haga din 1928

Canonul academic al ştiinţei limbii încă mai era marcat la începutul secolului al XX-lea fie de către concepţia istoric-diacronă, fie de cea pozitivistă a junimii gramaticienilor.

Atât *Cours*-ul lui Saussure cât şi „fonetica practică" a lui Henry Sweet se aflau evident într-o opoziţie absolută faţă de acest canon al ştiinţei limbii al sfârşitului de secolul al XIX-lea şi nu reuşeau să îl relativeze în vreun fel.

Ambele au produs, ce-i drept, o oarecare mişcare în comunitatea ştiinţifică, rămânând însă până la acel moment mai degrabă direcţii de cercetare exotice în afara mainstream-ului cercetării din vremea lor.

Erst die frühen internationalen Linguistenkongresse der Zwischenkriegszeit haben der Phonetik, aber insbesondere der Phonologie zum Durchbruch verholfen und über diese Wissenschaften auch die strukturalistische synchrone Linguistik endgültig etabliert.

Dieser Wandel wurde bereits während des ersten internationalen Haager Linguistenkongresses deutlich sichtbar, der vom 10. zum 15. April 1928 stattfand und auf welchem erstmals phonologische Theorien an die Öffentlichkeit getragen wurden.

Wie aus den *Actes* (1929) ersichtlich wird, nahm an diesen in seiner Bedeutung für die moderne Linguistik einzigartigen Kongress fast alles teil, was in der Zwischenkriegszeit Rang und Namen in der europäischen Linguistik hatte.

Einzigartig war auch die Konzeption und der Verlauf dieser ersten workshop-artigen wissenschaftlichen Veranstaltung der linguistischen Moderne.
Während des Kongresses fanden nämlich keine eigentlichen Vorträge statt, sondern die Sprecher stellten entweder Postulate, oder knapp formulierte linguistische Grundsatzfragen zur öffentlichen Debatte der Teilnehmer bereit.

Gleich darauf versuchten die Sprecher selbst mögliche Antworten auf ihre Grundsatzfragen (beziehungsweise Begründungen zu ihren Postulaten), zumeist in der Form von Arbeitsvorschlägen und von programmatischen Thesen, zu finden.
Diese eigenen Antworten der Sprecher, eigentlich programmatische Thesen, wurden „Propositions" genannt und waren anschließend die Grundlage für die öffentlichen Debatten der Kongressteilnehmer.

Das bedeutendste Ergebnis des Haager Kongresses war also ein intensiver Gedankenaustausch zwischen den bedeutendsten Vertretern der zwischenkriegszeitlichen Linguistik zu Fragen der Phonologie und implizit zu den Methoden des Strukturalismus.

De abia primele congrese internaţionale de lingvistică din perioada interbelică au consacrat fonetica, dar în special fonologia, iar prin aceste discipline ele au dus la emergenţa definitivă a lingvisticii sincrone structuraliste.

Această schimbare a început să devină evident vizibilă încă pe parcursul primului congres lingvistic internaţional de la Haga, ce a avut loc de la 10 până la 15 aprilie 1928 şi cu ocazia căruia fonologii şi-au expus pentru prima dată teoriile în public.

După cum reiese din *Actes* ale Congresului (1929), la acest congres de unică importanţă pentru lingvistica modernă au participat mai toţi lingviştii de renume din Europa interbelică.

Unice au fost de asemenea concepţia şi desfăşurarea acestei prime manifestări ştiinţifice cu caracter de workshop a lingvisticii moderne.

Pe parcursul congresului nu s-au ţinut conferinţe propriu-zise, ci vorbitorii au adus în discuţia publică a participanţilor fie postulate, fie chestiuni fundamentale de lingvistică formulate concis sub forma unor întrebări.

Imediat după aceea vorbitorii înşişi încercau să dea posibile răspunsuri la întrebările lor fundamentale (respectiv explicaţii la postulate), mai ales sub forma unor propuneri de lucru, dar şi sub forma unor teze programatice.

Aceste autorăspunsuri, de fapt teze programatice, au fost numite „Propositions" şi au devenit, în final, baza de discuţie a dezbaterilor publice dintre participanţii la congres.

Rezultatul cel mai important al congresului de la Haga a fost deci schimbul de idei între cei mai de seamă reprezentanţi ai lingvisticii interbelice cu privire la chestiuni fonologice şi implicit cu privire la metodele structuraliste.

Unter den Prager Teilnehmern, die solche Fragen aufwarfen und sie dann mit eigenen Thesen in „Propositions" beantworteten, waren auch N.S. Trubetzkoy und Roman Jakobson.

Diese haben zusammen mit Sergeij Karcevski (1884-1955), einem Schüler Saussures und Hörer seiner Genfer Vorlesungen zur Allgemeinen Sprachwissenschaft (HARRIS / TAYLOR: 2001, S. 17), die folgende Frage an die Teilnehmer gestellt:

> Welche sind die geeignetsten Methoden um eine vollständige und praktische Beschreibung der Grammatik einer Sprache zu geben? (*** 1929: Actes du premier congrès international de linguistes a la Haye, S. 33)

Den Kongress-Usancen entsprechend, haben Trubetzkoy und Jakobson selbst eine programmatische erste Antwort auf ihre eigene Frage geboten, die unter dem Namen „Proposition 22" (Vorschlag 22) bekannt wurde und folgendermaßen lautet:

> Jede wissenschaftliche Beschreibung der Phonologie einer Sprache [langue] muss vor allem die Charakteristik ihres phonologischen Systems erfassen, das heißt die dieser Sprache eigene Charakteristik des Repertoires an bedeutungsstiftenden Unterschieden der einzelnen akustisch-motorischen Vorstellungen. (*** 1929: Actes ..., S. 33)

Trubetzkoy und Jakobson gehen also davon aus, dass die Phonologie der erste und bedeutendste Weg sei, um eine vollständige und praktische Beschreibung der Grammatik einer Sprache zu geben, und stellen gleichzFeitig die Untersuchung der Funktion von Lauten in den Mittelpunkt einer neuen, phonologischen Grammatik, ohne aber diese konsequent weiterzuentwickeln.

Indem sie sich im weiteren Verlauf ihrer „Proposition 22" ununterbrochen auf Saussures *Cours* beziehen, grenzen sie sich dezidiert und explizit von den Junggrammatikern ab, welche die Untersuchung der Lautgesetze in der Sprache und nicht der Funktionen der Laute in einem System fordern.

Printre participanţii praghezi care au formulat astfel de întrebări şi le-au dat un răspuns în teze proprii prin „Propositions" s-au numărat şi N.S. Trubeţkoi şi Roman Jakobson.

Aceştia, împreună cu Serghei Karcevski (1884-1955), un elev al lui Saussure şi auditor al cursurilor de lingvistică generală de la Geneva (HARRIS / TAYLOR: 2001, p. 17), au adus în dezbaterea participanţilor următoarea întrebare:

> Care sunt metodele cele mai adecvate pentru a realiza o descriere completă şi practică a gramaticii unei limbi? (*** 1929: Actes du premier congrès international de linguistes a la Haye, p. 33)

Corespunzător cu uzanţele congresului, Trubeţkoi şi Jakobson au oferit ei înşişi un prim răspuns programatic la propria lor întrebare, care este cunoscut sub numele de „Proposition 22" (propunerea 22) şi care sună în felul următor:

> Oricare descriere ştiinţifică a fonologiei unei limbi [langue] trebuie înainte de toate să cuprindă caracterizarea sistemului ei fonologic, adică acele diferenţe creatoare de sens ale imaginilor particulare acustico-motorice, care sunt caracteristice repertoriului limbii respective. (*** 1929: Actes ..., p. 33)

Trubeţkoi şi Jakobson pornesc deci de la ideea că fonologia ar fi prima şi cea mai importantă cale pentru a realiza o descriere completă şi practică a gramaticii unei limbi şi aşează concomitent cercetarea funcţiilor sunetelor în centrul unei noi gramatici fonologice, fără a o dezvolta însă în mod consecvent până la capăt.

Referindu-se în continuarea lui „Proposition 22" neîntrerupt la *Cours*-ul lui Saussure, ei se delimitează decisiv şi explicit de junimea gramaticienilor, care cerea analiza legităţilor sunetelor în limbă şi nu a funcţiei sunetelor într-un sistem.

Trotz ursprünglicher Bedenken der Prager Linguisten, dass ihre Thesen auf Widerstand seitens der Vertreter der diachronen Sprachwissenschaft und der positivistischen Junggrammatiker stoßen könnten, waren diese ein grosser Erfolg (EHLERS: 2005, S. 3; S. 329).

Offensichtlich wurde dies anlässlich des ersten internationalen Phonetikkongresses in Amsterdam 1932, als die Phonologen auf Anhieb eine eigene Sektion erhielten (EHLERS: 2005, S. 3; S. 12). Bereits auf diesem ersten Kongress öffneten sich die Phonetiker erstmals massiv der strukturalistischen und phonologischen Forschung gegenüber.

So kommt es also, dass auch der *Cours* nach dem Haager Linguistenkongress 1928 und nach dem Amsterdamer Kongress 1932 schlagartig zu seinem bereits erwähnten Status einer linguistischen „Bibel" kommt, und dass gerade über die strukturalistische Phonologie die Epoche der synchronen Linguistik in Europa einkehrt.

Auf ihre Prager Betreiber wird, als eine Art informeller Konsekrierung ab dem Amsterdamer Kongress 1932 der Namen „Prager Schule" übertragen, trotzdem in dieser auch andere Forschungsrichtungen als die Phonologie vertreten sind.

In seiner Bedeutung und seinen Auswirkungen ist dieses Ereignis aus dem Jahre 1928 durchaus mit dem Calcutta-Vortrag von Sir William Jones vergleichbar.

So wie Jones mit seinem Vortrag die Epoche der historisch-vergleichenden Sprachwissenschaft einläutet, so hat die „Proposition 22" von Trubetzkoy und Jakobson – und selbstverständlich auch des mittlerweile zu Unrecht vergessenen Karcevski – die Linguistik, die wir heutztage praktizieren, eingeleitet.

Doch wurden 1928 in Haag auch einige weitere Ideen erstmalig zur Sprache gebracht, deren Auswirkungen sich erst Jahrzehnte später zu konturieren begannen.

So denkt zum Beispiel der Amsterdamer Phonetiker und Altphilologe A. W. de Groot (1892-1963) in der „Proposition 2" des Kongresses zum ersten Mal in einem Wissenschaftsforum eine mögliche und wünschenswerte Synthese zwischen Experimentalphonetik, Experimentalpsychologie und Linguistik an (*** 1929: Actes ..., S. 6).

136

În pofida dubiilor pe care le aveau şi a grijilor pe care şi le făceau lingviştii praghezi în legătură cu posibila recuzare pe care tezele lor le-ar fi putut întâmpina la congres din partea reprezentanţilor fracţiunii diacronice şi din partea junimiştii gramaticieni, acestea au avut un mare succes (EHLERS: 2005, p. 3; p. 329).

Acesta a devenit evident odată cu primul Congres internaţional de fonetică de la Amsterdam din 1932, unde fonologii au obţinut din start o secţiune proprie (EHLERS: 2005, p. 3; p. 12). Chiar pe parcursul acestui prim congres foneticienii s-au deschis pentru prima dată masiv către cercetarea structuralistă şi fonologică.

Astfel şi *Cours*-ul ajunge după congresele de la Haga din 1928 şi de la Amsterdam din 1932 dintr-o dată la statutul său menţionat mai sus de „biblie" a lingvisticii, iar tocmai prin intermediul fonologiei structuraliste în Europa începe epoca lingvisticii sincrone.

Promotorii praghezi ai acesteia devin cunoscuţi începând cu congresul de la Amsterdam din 1932 – ca un fel de consacrare informală – sub denumirea „Şcoala de la Praga", deşi în aceasta converg şi alte direcţii de cercetare decât fonologia.

În importanţa şi în efectele sale acest eveniment din anul 1928 este fără doar şi poate comparabil cu conferinţa de la Calcutta a lui Sir William Jones.

Aşa cum Jones a inaugurat cu prelegerea sa epoca lingvisticii istoric-comparative, aşa „Proposition 22" a lui Trubeţkoi şi Jakobson – precum şi bineînţeles a între timp pe nedrept uitatului Karcevski – au iniţiat lingvistica pe care o practicăm în ziua de azi.

Însă în 1928 la Haga s-au formulat pentru prima dată şi alte idei, ale căror efecte au început să se contureze doar cu decenii mai târziu.

Aşa de exemplu foneticianul şi filologul clasic de la Amsterdam A. W. de Groot (1892-1963) a gândit pentru prima oară într-un for ştiinţific în „Proposition 2" a congresului sinteza posibilă şi de dorit între fonetica experimentală, psihologia experimentală şi lingvistică (*** 1929: Actes ..., p. 6).

Ebenda verwendete de Groot zum ersten Mal den Terminus „Linguistic Phonetics" [Linguistische Phonetik] (*** 1929: Actes ..., S. 7), welcher in der Nachkriegszeit in der englischen Phonologie zu einem Klassiker geworden ist.
Ebenfalls in Haag stellte der Afrikanist und Ethnologe Ferdinand Hestermann (1878 - 1959) die „Proposition 26" des Kongresses auf:

> Die Einheitlichkeit der Grammatik ist ein Problem, das wohl erst im Laufe der Zeit zum Gemeingut der Sprachwissenschaft werden wird. (*** 1929: Actes du premier congrès international de linguistes a la Haye, S. 55)

Lange Zeit blieb die „Proposition 26" eine rein taxonomische Frage, die im Zusammenhang mit der kohärenten Klassifikation der linguistischen Disziplinen ausgelegt wurde.

Im deutschen Sprachraum belebt erst Richard Wieses *The Phonology of German* [Die Phonologie des Deutschen] (^{2}2000) die Fragestellungen der „Proposition 22" und der „Proposition 26" erneut und entwickelt konsequent erste einheitliche Ansätze einer phonologischen Lexikologie, Morphologie und Syntax. Die noch abzuwartende Weiterentwicklung einer solchen Unternehmung wäre dann wohl eine phonetisch zentrierte Linguistik.

3.5.5. Daniel Jones: Die systematisch-normative Phonetik

Die praktisch-empirische Traditionslinie der britischen phonetischen Schule, die Henry Sweet initiiert hatte, setzte Daniel Jones (London, 12. September 1881 – Gerrard's Cross / Buckinghamshire, 4. Dezember 1967) fort.
Genauso wie Sweet, der ein Jahr in Heidelberg studiert hatte, machte Daniel Jones seine ersten phonetischen Erfahrungen in Deutschland, wo er in Marburg ein Semester lang Deutschunterricht nahm.
Anschließend nahm er unter anderem auch phonetischen Privatunterricht bei Sweet.

138

De asemenea de Groot a folosit tot aici pentru prima dată termenul de „Linguistic Phonetics" [fonetică lingvistică]] (*** 1929: Actes ..., p. 7), care a devenit în fonologia britanică postbelică un termen clasic.

Tot la Haga africanistul şi etnologul Ferdinand Hestermann (1878 - 1959) a postulat „Proposition 26" a congresului:

> Structura unitară a gramaticii este o problemă care va deveni probabil doar de-a lungul timpului o temă comună a ştiinţei limbii. (*** 1929: Actes du premier congrès international de linguistes a la Haye, p. 55)

Multă vreme „Proposition 26" a rămas o chestiune pur taxonomică, care a fost interpretată în relaţie cu clasificarea coerentă a disciplinelor lingvistice.

În spaţiul de limbă germană doar lucrarea lui Richard Wiese *The Phonology of German* (Die Phonologie des Deutschen) [Fonologia limbii germane] ([2]2000) reia problematica din „Proposition 22" şi din „Proposition 26", dezvoltând consecvent premisele unei lexicologii, morfologii şi sintaxe fonologice. Rămâne de aşteptat rezultatul final al unei astfel de întreprinderi, care ar fi o lingvistică centrată fonetic.

3.5.5. Daniel Jones: Fonetica sistematic-normativă

Linia de tradiţie practică-empirică a şcolii britanice de fonetică iniţiată de Henry Sweet este continuată de către Daniel Jones (Londra, 12 septembrie 1881 – Gerrard's Cross / Buckinghamshire, 4 decembrie 1967).

La fel ca şi Sweet, care studiase un an la Heidelberg, Daniel Jones acumulează primele sale experienţe fonetice în Germania, unde a studiat germana vreme de un semestru.
Apoi Daniel Jones a luat, printre altele, şi lecţii particulare de fonetică de la Sweet.

Im Unterschied zu Sweet, der sich mehrmals erfolglos um einen Lehrstuhl in Oxford bemüht hatte und dem die Ernennung zum Professor unter leicht grotesken Umständen verwehrt blieb, wurde Daniel Jones bereits 1912 Leiter der phonetischen Abteilung in Oxford und 1921 Professor ebenda.
Zudem war Daniel Jones ab 1950 bis zu seinem Tode Präsident der *International Phonetic Association*. Diese doppelte universitäre und wissenschaftliche Verankerung eröffnete ihm bereits früh einen breiten Wirkungskreis sowie die Möglichkeit, eine eigene phonetische Schule zu gründen.

1917 brachte Daniel Jones auch sein berühmtes Wörterbuch *English Pronouncing Dictionary* [Englisches Aussprachewörterbuch] heraus, das als erstes die Aussprachenormen des Englischen in der Form der **RP** (Received Pronunciation) definiert und das in revidierten Auflagen bis heute als Standardaussprachewörterbuch des Englischen in Gebrauch ist.

In einem nächsten Standardwerk, *An Outline of English Phonetics* [Ein Abriss der englischen Phonetik] (1918), bringt Daniel Jones die erste vollständige moderne, systematische und wissenschaftliche Beschreibung der Lautung einer Sprache am Beispiel des Englischen.
Er schließt darin Sweets Arbeiten zur Systematik der Laute ab und stellt das Schema der Kardinalvokale auf, das bis zum heutigen Tage die Grundlage der phonetischen Beschreibung des Vokalismus geblieben ist.

Daniel Jones' bedeutendstes Werk zur theoretischen Phonetik und Phonologie ist *The Phoneme. Its Nature and Use* [Das Phonem. Zu seiner Natur und seinem Gebrauch] (1950).
Darin verbindet er die pragmatische Sicht der praktischen Phonetik Sweets mit den neueren Erkenntnissen der Phonologie.
An der gleichen Stelle erörtert Daniel Jones ausführlich die Umstände, unter denen seine beanspruchte Erstverwendung des Terminus Phonem stattgefunden hat.

Spre deosebire de Sweet, care candidase de mai multe ori fără succes pentru o catedră la Oxford şi care a fost recuzat în circumstanţe uşor groteşti, Daniel Jones a ajuns deja în 1912 conducătorul departamentului de fonetică la Oxford şi a fost numit tot acolo profesor în 1921.

Pe lângă aceasta Daniel Jones a fost din 1950 până la moartea sa preşedinte al *International Phonetic Association* [Asociaţia Internaţională de Fonetică]. Acest dublu acroşaj, universitar şi ştiinţific, i-a deschis deja devreme un cerc larg de acţiune, precum şi posibilitatea de a fonda o şcoală proprie de fonetică.

În anul 1917 Daniel Jones a publicat şi renumitul său dicţionar *English Pronouncing Dictionary* [Dicţionar de pronunţie englez], care defineşte pentru prima dată normele de pronunţie ale englezei în forma **RP** (Received Pronunciation) şi care a rămas în ediţii revizuite până în ziua de azi în uz ca dicţionar normativ de pronunţie al limbii engleze.

Într-o următoare lucrare de referinţă, *An Outline of English Phonetics* [Tratat de fonetică engleză] (1918), Daniel Jones prezintă prima descriere modernă, sistematică şi ştiinţifică a articulării unei limbi, folosind ca exemplu engleza.
El încheie în acest volum lucrările de sistematică a sunetelor începute de Sweet şi concepe schema vocalelor cardinale, care a rămas până în zilele noastre baza descrierii fonetice a vocalismului.

Cea mai importantă lucrare de fonetică şi fonologie teoretică a lui Daniel Jones este *The Phoneme. Its Nature and Use* [Fonemul. Asupra naturii şi folosinţei sale] (1950).
În aceasta el sintetizează viziunea pragmatică a foneticii practice a lui Sweet cu realizările mai noi ale fonologiei.
În aceeaşi lucrare Daniel Jones expune pe larg circumstanţele pe care se bazează afirmaţia sa de a fi folosit pentru prima oară termenul de fonem.

Daniel Jones war tatsächlich einer der ersten europäischen Linguisten, die den Begriff Phonem in seiner heute gängigen Bezeichnung verwendeten, so geschehen 1917 in seinem Vortrag zum Aufsatz *The phonetic structure of the Sechuana Language* [Die phonetische Struktur der Sechuanasprache] (1917). Diese Erstverwendung war laut Jones eigener Aussage lediglich eine mündliche (JONES: [3]1967, S. 260).

Zwar beansprucht Daniel Jones nicht explizit die Prägung des gegenwärtigen Phonembegriffes für sich, aber er besteht darauf, ihn als erster genannt und verwendet zu haben, was in der kontinentalen und speziell der deutschen Wissenschaftsgeschichte kaum wahrgenommen wird.

Deswegen fühlt er sich verpflichtet, seinem Standardwerk einen Anhang beizulegen, den er *The History and Meaning of the Term „Phoneme"* [Geschichte und Bedeutung des Begriffs „Phonem"] betitelt.

Anhand dieser exzellenten und faszinierenden Kurzgeschichte des Phonembegriffes können die divergenten Entwicklungslinien der kontinental-deutschen und der britischen Phonetik und Phonologie zwischen den Zeilen herausgelesen werden.

Daniel Jones setzt die „praktische" Linie von Sweet fort, indem er die Phonetik in eine systematisch-normative Richtung entwickelt.

Sein Schema der Kardinalvokale steht als Beispiel für die Durchsetzung der systematisch-phonetischen intelligenten Ordnung der Laute und sein Aussprachewörterbuch für die Durchsetzung einer normativen Systematik der Phonetik.

Die Gestalt von Daniel Jones wurde in George Bernard Shaws Theaterstück *Pygmalion* (1913), das später als Musical unter dem Titel *My Fair Lady* (1964) Weltberühmtheit erlangte, verewigt.

Allerdings wollte Shaw die direkten Bezüge und die offensichtliche Ähnlichkeit seiner Werkgestalt Professor Higgins mit Daniel Jones verschleiern, und verbreitete deswegen das falsche Gerücht, seine eigentliche Inspirationsquelle für diese Gestalt sei nicht Daniel Jones gewesen, sondern sein jüngst vor der Aufführung des Stückes verstorbener Vorgänger, Henry Sweet (COLLINS: 1999, S. 259ff.).

Daniel Jones a fost într-adevăr unul dintre primii foneticieni europeni care au folosit termenul de fonem în accepţiunea sa modernă, şi anume în studiul său *The phonetic structure of the Sechuana Language* [Structura fonetică a limbii Sechuana] (1917).
Această menţionare a fost conform mărturisirii lui Jones însuşi doar una verbală (JONES: [3]1967, p. 260).

E drept că Daniel Jones nu pretinde explicit pentru sine primatul definirii conceptului contemporan de „fonem", dar el insistă asupra faptului că l-ar fi numit şi folosit pentru prima oară, fapt practic ignorat de istoria ştiinţei continentale şi în special de cea germană.
De aceea el se simte obligat să adauge acestei lucrări de referinţă un apendice intitulat *The History and Meaning of the Term „Phoneme"* [Istoria şi semnificaţia termenului de „fonem"].

Din această excelentă şi fascinantă scurtă istorie a conceptului de fonem se desprind, printre rânduri, direcţiile divergente de evoluţie dintre fonetica şi fonologia continental-germană şi cea britanică.

Daniel Jones continuă linia „practică" a lui Sweet dezvoltând fonetica într-o direcţie sistematic-normativă.

Schema sa de vocale cardinale stă ca exemplu pentru impunerea unei ordini sistematic-fonetice inteligente a sunetelor, iar dicţionarul său de pronunţie pentru impunerea unei sistematici normative a foneticii.

Figura lui Daniel Jones a fost imortalizată in piesa lui George Bernard Shaw *Pygmalion* (1913), care a ajuns renumită internaţional într-o prelucrare ca musical sub titlul *My Fair Lady* (1964).

Însă Shaw a vrut să mascheze similitudinea evidentă a personajului său din piesă, profesorul Higgins, cu Daniel Jones.
De aceea Shaw a răspândit zvonul fals că sursa sa de inspiraţie pentru această figură nu ar fi fost Daniel Jones, ci înaintaşul acestuia, Henry Sweet, care decedase cu scurt timp înainte (COLLINS: 1999: p. 259ff.).

3.5.6. Die Nachfolger: David Abercrombie und Peter Ladefoged

Der bedeutendste Schüler Daniel Jones' war David Abercrombie (Birkenhead, 19. Dezember 1909 – Edinburgh, 4. Juli 1992), der an der Universität Edinburgh gewirkt hat.

Zu seinen bekanntesten Arbeiten zählt der Klassiker *Elements of General Phonetics* [Elemente der allgemeinen Phonetik] (1967), eine der stilistisch elegantesten Einführungen in die Phonetik überhaupt.

Peter Ladefoged (Sutton / Surrey, 17. September 1925 – London, 24. Januar 2006) ist der bedeutendste Schüler Abercrombies und schließt die Linie der direkten Nachfolge Sweets ab.

Er war der letzte große Feldforscher, der in über dreißig Staaten der Welt ausführliche phonetische Aufnahmen tätigte, die er dann zusammen mit Ian Maddieson in seinem Standardwerk *The Sounds of the World's Languages* [Die Laute der Weltsprachen] (1966) festhielt.

Dieses enzyklopädische Werk beschreibt die Laute von 400 Sprachen phonetisch. Zu seinen bekanntesten Werken gehört auch der mehrfach neugedruckte Band *A Course in Phonetics* [Ein Phonetikkurs] (1982).

Auf Vermittlung seines Lehrers Abercrombie arbeitete Ladefoged auch mit Daniel Jones an der spektrographischen Bestimmung der Lautqualität von Kardinalvokalen.

So kam es, dass Peter Ladefoged auch den Lehrer von David Abercrombie noch persönlich kennenlernen und mit ihm zusammenarbeiten konnte.

Später, zur Zeit da Daniel Jones als Professor Higgins in *My Fair Lady* dargestellt werden sollte, konnte Ladefoged die phonetische Beratung des Schauspielers übernehmen, der diesen spielte.

3.5.6. Urmaşii: David Abercrombie şi Peter Ladefoged

Cel mai important elev al lui Daniel Jones a fost David Abercrombie (Birkenhead, 19 decembrie 1909 – Edinburgh, 4 iulie 1992), care a lucrat la Universitatea din Edinburgh.

Printre lucrările sale cele mai importante se numără un volum de-acum clasic, *Elements of General Phonetics* [Elemente de fonetică generală] (1967), care se recomandă, stilistic vorbind, ca una dintre cele mai elegante introduceri în fonetică.

Peter Ladefoged (Sutton / Surrey, 17 septembrie 1925 – Londra, 24 ianuarie 2006) este cel mai important elev al lui Abercrombie şi încheie linia de descendenţă ce porneşte de la Henry Sweet.

El a fost ultimul mare cercetător de teren, realizând înregistrări fonetice extensive în peste treizeci de state ale lumii. Rezultatele acestora le-a publicat împreună cu Ian Maddieson în *The Sounds of the World's Languages* [Sunetele limbilor lumii] (1966).

Această lucrare enciclopedică descrie inventarul fonetic al sunetelor din 400 de limbi ale lumii. Printre lucrările sale cele mai cunoscute se numără şi volumul reeditat de mai multe ori *A Course in Phonetics* [Un curs de fonetică] (1982).

Prin mijlocirea profesorului său, David Abercrombie, Ladefoged a ajuns să lucreze şi cu Daniel Jones la determinarea spectrografică a calităţii sunetelor in vocalele cardinale.

Astfel Peter Ladefoged a ajuns să-l cunoască personal şi să lucreze cu profesorul lui David Abercrombie.

Mai târziu, când Daniel Jones a fost redat în *My Fair Lady* prin personajul profesorului Higgins, Ladefoged a putut să preia consultanţa fonetică a actorului care îl juca pe acesta.

Der Aufschwung und die internationale Anerkennung der britischen Phonetik ab der *Sweet-Jones-Abercrombie-Ladefoged-*Entwicklungslinie lässt sich differenziert erklären. Zweifelsohne bilden die unkonventionell-bahnbrechenden Forschungsrichtungen des Privatgelehrten Henry Sweet sowie die langjährige IPA-Präsidentschaft von Daniel Jones die Grundlage dafür.

Auch danach waren die britischen Wissenschaftler in der IPA massiv präsent. Die meisten Präsidenten und Vizepräsidenten dieser Organistation waren englische Muttersprachler.

Ebenso stellten sie die Mehrheit der Mitglieder in dem *Permanent Council for the Organization of International Congresses of Phonetic Sciences* [Ständiger Rat für die Organisation der internationalen Kongresse für phonetische Wissenschaften] der IPA, der Verein, der die Phonetikkongresse organisiert und das Internationale Phonetische Alphabet laufend bearbeitet und aktualisiert.

So hat die britische Linie das Bild der Phonetik des 20. Jahrhunderts deutlich geprägt. Selbstverständlich haben auch die innovativen Schwerpunkte der britischen Forschung dazu beigetragen.

Diese hat immer wieder über das Englische hinaus im Geiste der besten Tradition des Commonwealth die phonetische Erforschung anderer Sprachen betrieben, was Peter Ladefogeds Tätigkeit bis in die jüngste Gegenwart belegt.

3.6. Ausblick

In der Periode vom Beginn des 19. Jahrhunderts an bis in die Gegenwart zeichnet sich also ein differenziertes Bild der Entwicklung der Phonetik im Areal der germanischen Sprachen ab:

Im 19. Jahrhundert hat die deutsche diachrone Linguistik die Entwicklungslinien der Phonetik größtenteils bestimmt. Dafür kommt ab der Wende vom 19. zum 20. Jahrhundert der „praktischen" britischen Phonetik eine immer bedeutendere Rolle im Vorantreiben der phonetischen und phonologischen Entwicklungen zu.

Avântul şi recunoaşterea internaţională a foneticii britanice începând cu linia şcolii *Sweet-Jones-Abercrombie-Ladefoged* are mai multe cauze complexe. Fără îndoială însă că baza ei au pus-o direcţiile de cercetare neconvenţionale şi deschizătoare de noi drumuri ale savantului Henry Sweet precum şi anii lungi de preşedinţie a IPA ai lui Daniel Jones.

Şi după aceea omenii de ştiinţă britanici au fost masiv prezenţi în IPA. Cei mai mulţi preşedinţi şi vicepreşedinţi ai acestei organizaţii au fost vorbitori nativi de engleză.

De asemenea ei au constituit majoritatea membrilor din *Permanent Council for the Organization of International Congresses of Phonetic Sciences* [Consiliul permanent pentru organizarea congreselor internaţionale de ştiinţe fonetice] al IPA, asociaţia care organizează congresele societăţii şi care prelucrează şi actualizează Alfabetul Fonetic International în mod curent.

Astfel linia britanică a conturat imaginea foneticii în secolul al XX-lea. Bineînţeles că la aceasta au contribuit şi temele de studiu inovative ale cercetării britanice.

Aceasta a cercetat dintotdeauna în spiritul celei mai bune tradiţii a Commonwealth-ului şi alte limbi din punct de vedere fonetic, fapt dovedit până în trecutul cel mai apropiat de activitatea lui Peter Ladefoged.

3.6. La sfârşit de capitol

Pentru perioada de la începutul secolului al XIX-lea până în prezent se conturează deci o imagine diferenţiată în evoluţia foneticii în spaţiul limbilor germanice:

În secolul al XIX-lea lingvistica diacronică germană a stabilit în mare parte liniile de evoluţie ale foneticii. În schimb începând cu trecerea de la secolul al XIX-lea la cel de-al XX-lea, foneticii „practice" britanice îi revine un rol din ce în ce mai important în generarea de noi evoluţii fonetice şi fonologice.

Dennoch soll hier nicht der Eindruck erweckt werden, dass im 20. Jahrhundert im deutschen Sprachraum nichts Wesentliches auf dem Gebiet der Phonetik entstanden sei.

Ganz im Gegenteil: zur Zeit gibt es in Deutschland neunzehn Universitäten, an denen entweder phonetische Institute oder Lehrstühle mit phonetisch-phonologischen Schwerpunkten zu finden sind.

Diese liegen, von Osten nach Westen und von Norden nach Süden, in Kiel, Berlin, Potsdam, Halle, Dresden, Jena, Aachen, Köln, Bonn, Erlangen, München, Konstanz, Tübingen, Stuttgart, Freiburg, Saarbrücken, Frankfurt, Trier und Marburg.

Hingegen wurde das Hamburger Institut, das die deutsche Phonetik des 20. Jahrhunderts dominiert hatte, jüngst geschlossen.

Zu den bedeutendsten nachkriegszeitlichen phonetischen Schulen zählen jene in Berlin, Bonn, Hamburg, Saarbrücken, Trier und Marburg – um nur einige zu nennen.

In der späteren Nachkriegszeit wurde an Klaus Kohlers *Institut für Phonetik und digitale Sprachverarbeitung* das *Kieler Corpus*, eine hervorragende Sprachdatensammlung des gesprochenen Deutsch aufgebaut.

In der Zeit nach der Wende hat sich insbesondere die Hallesche Schule, an der schwerpunktmäßig sprechwissenschaftlich, also im Bereich der Sweetschen praktischen Phonetik, gearbeitet wird, profiliert.

Vergleicht man Panconcelli-Calzias Terminologie und Einteilung mit den oben beschriebenen Entwicklungslinien, wird deutlich, dass die eigentliche Verwissenschaftlichung der Phonetik erst ab der als Aufstiegsetappe definierten Phase stattgefunden hat.

Da die Phonetik bis dahin nicht als Wissenschaft voll etabliert war, bleiben die vielen Einzelleistungen der ersten vier vorkanonischen Etappen trotz ihres mitunter hohen wissenschaftlichen Wertes lediglich punktuelle Entwicklungsmomente in Richtung der wissenschaftlichen Kanonisierung dieser Disziplin.

Însă acest lucru nu înseamnă că în secolul al XX-lea în spaţiul de limbă germană nu s-a întâmplat nimic relevant în domeniul foneticii. Dimpotrivă: în momentul de faţă există în Germania nouăsprezece universităţi la care există fie institute fonetice, fie catedre cu profil fonetic-fonologic.

Acestea se află, pornind de la est la vest şi de la nord la sud, la Kiel, Berlin, Potsdam, Halle, Dresda, Jena, Aachen, Köln, Bonn, Erlangen, München, Konstanz, Tübingen, Stuttgart, Freiburg, Saarbrücken, Frankfurt, Trier şi Marburg.

În schimb institutul de la Hamburg, care a dominat fonetica germană în secolul al XX-lea a fost recent desfiinţat.

Printre cele mai profilate şcoli fonetice postbelice de fonetică se numără actualmente cele de la Berlin, Bonn, Hamburg, Saarbrücken, Trier şi Marburg – pentru a numi doar unele dintre ele.

În perioada postbelică târzie s-a constituit la *Institutul de fonetică şi procesare digitală a limbii* al lui Klaus Kohler *Corpusul de la Kiel*, o excelentă colecţie de înregistrări a germanei vorbite.

După 1990 s-a profilat în special Şcoala de la Halle, unde se lucrează cu precădere în domeniul ştiinţei vorbirii, adică în domeniul foneticii practice a lui Sweet.

Comparând terminologia şi clasificarea lui Panconcelli-Calzia cu liniile de evoluţie descrise mai sus, se poate constata că scientizarea propriu-zisă a foneticii a avut loc începând cu perioada de emergenţă.

Deoarece fonetica nu era constituită pe deplin ca ştiinţă până la acel moment, numeroasele realizări ale primelor patru etape pre-canonice rămân, în pofida valorii lor ştiinţifice de multe ori foarte înalte, doar momente de dezvoltare punctuală în direcţia canonizării ştiinţifice a acestei discipline.

IV. DIE GRAPHEMATIK: NORM UND SYSTEM IN DER DEUTSCHEN ORTHOGRAPHIE UND ORTHOEPIE

Ausgehend von Saussures Gliederung in gesprochene und geschriebene Sprache besteht die Sprache aus einem Lautsystem und einem Schriftsystem.

Diese zwei Teilsysteme bilden in der Sprachbeschreibung eine Einheit.

Doch hat sich die Erforschung der Schreibsysteme als wissenschaftliche Disziplin erst verhältnismäßig spät und nur teilweise durchsetzen können, da sie ständig, eben wegen ihrer praktischen Bedeutung, als eine Hilfswissenschaft der Linguistik betrachtet wurde.

Beispielhaft dafür ist die Entwicklung der **Handschriftenkunde**.
Dieses Fach wird mitunter an den Universitäten des deutschen Sprachraumes mit dem erklärten Zweck gelehrt, das Entziffern alter Handschriften zu erleichtern, wobei auf ihre Positionierung im Gesamtkontext der Graphematik gar nicht hingewiesen wird.

Die **Graphematik** ist die linguistische Teildisziplin, welche die Schreibsysteme konstruierter und natürlicher Sprachen untersucht.
Sie heißt auch noch **Graphemik**.

Bedeutende Vertreter der Graphematik im deutschen Sprachraum, die viel zur Entwicklung dieser Teildisziplin beigetragen haben, sind unter anderen die Münchener Germanistin Hadumod Bußmann (Frankfurt / Main, 1933 -), der Duisburger Linguist und Japanologe Florian Coulmas (Hamburg, 1949 -), ebenso die Jenaer Indogermanistin Rosemarie Lühr (Fürth, 23. März 1946 -) sowie der Münchener Germanist Hans Altmann (Platting, 1943 -).

IV. GRAFEMATICA: NORMĂ ŞI SISTEM
ÎN ORTOGRAFIA ŞI ORTOEPIA LIMBII GERMANE

Pornind de la partiţia operată de Saussure în limbă vorbită şi scrisă, limba constă dintr-un sistem de sunete şi un sistem de scriere.

Aceste două sisteme parţiale formează în descrierea limbii o unitate.

Însă cercetarea sistemelor de scriere nu s-a putut impune ca disciplină ştiinţifică decât relativ târziu şi doar parţial, ea fiind considerată permanent, tocmai datorită importanţei sale practice, o disciplină auxiliară a lingvisticii.

Exemplar în acest sens este dezvoltarea domeniului **ştiinţei manuscriselor** [Handschriftenkunde].

Această disciplină se predă pe alocuri în universităţile din spaţiul de limbă germană cu scopul declarat de a facilita descifrarea manuscriselor vechi, fără a menţiona poziţionarea acestui domeniu în contextul general al grafematicii.

Grafematica este disciplina lingvistică ce cercetează sistemele de scriere a limbilor construite şi naturale.
Ea se mai numeşte şi **grafemică**.

Reprezentanţi importanţi al grafemicii în spaţiul de limbă germană care au contribuit major la dezvoltarea acestei discipline sunt, printre alţii: germanista Hadumod Bußmann (Frankfurt / Main, 1933 -) de la München, lingvistul şi japanologul Florian Coulmas (Hamburg, 1949 -) de la Duisburg, la fel şi indogermanista Rosemarie Lühr (Fürth, 23 martie 1946 -) de la Jena precum şi germanistul Hans Altmann (Platting, 1943 -) de la München.

4.1. Der Normbegriff in der Orthographie und Orthoepie

Der Normbegriff hat zwei Bedeutungen:
Unter Norm versteht man erstens einen Mechanismus der Selbstregelung der Sprache, welcher zwischen langue und parole, also zwischen dem Sprachsystem und seiner konkreten Realisierung, funktioniert.

Freilich wird nicht alles, was in der langue potentiell möglich wäre, in der parole auch tatsächlich verwirklicht.
So gesehen ist die Norm das, was sich aus dem Reservoir der langue, also aus dem System des Möglichen, in der parole, also im System des Konkreten, auch sozial realisieren lässt.

Eine zweite Bedeutung von Norm ist eine sprachplanerische.
In diesem Sinne versteht man unter Norm einen regulierenden Eingriff in das Verhältnis zwischen langue (potentielle Möglichkeit) und parole (konkrete Realisierungsform), die von außerhalb stattfindet.
Dieser Normtyp wird auch noch *„soll*-Norm" genannt (HAKKARAINEN: 1995, S. 11).

Die **Orthographie** und die **Orthoepie** sind die phonetisch relevanten Gebiete der *soll*-Norm. Letztere wird oft auch „Orthophonie" genannt (AMMON: 1995, S. 334).

Die Orthographie ist die kodifizierte, schriftlich fixierte Norm der Schreibung einer Sprache, also ihr normiertes Schreibsystem.
Die Orthoepie ist die zur Orthographie analoge Regelung jener Aussprache, die als Norm gilt. Mit anderen Worten ist die Orthoepie die kodifizierte, schriftlich fixierte Norm der Standardlautung einer Sprache, das heißt ihr normiertes Lautsystem.
Im Unterschied zu der Entstehung der Phonetik und Phonologie als Wissenschaft, die zumindest in ihrer Endphase transnational stattfand, entwickelten sich die orthoepischen und orthographischen Normen einzelsprachlich gebunden, also streng national.

4.1. Conceptul de normă în ortografie şi ortoepie

Termenul de normă are două accepţiuni:
În primul rând se înţelege prin normă un mecanism autoregulativ al limbii, care funcţionează între langue şi parole, adică între sistemul limbii şi realizarea sa concretă.

Bineînţeles, nu tot ce ar fi potenţial posibil în langue se realizează în fapt în parole.
Privită astfel, norma este ceea ce se realizează într-adevăr din rezervorul lui langue, adică din sistemul posibilului, în cadrul lui parole, adică în sistemul concretului social.

O a doua accepţiune a normei este cea de planificare lingvistică.
În acest sens prin normă se înţelege o intervenţie regulativă din afară în relaţia dintre langue (posibilitate potenţială) şi parole (formă de realizare concretă).
Acest tip de normă se mai numeşte şi „*soll*-Norm" [normă impusă] (HAKKARAINEN: 1995, p. 11).

Ortografia şi **ortoepia** sunt domeniile relevante fonetic ale normei impuse [„*soll*-Norm"]. Alt termen frecvent folosit pentru ortoepie este „ortofonie" (AMMON: 1995, p. 334).

Ortografia este norma codificată, fixată în scris a unei limbi, adică sistemul ei de scriere normat.
Analog, ortoepia este reglementarea acelei forme de pronunţie care este considerată a fi norma. Cu alte cuvinte: ortoepia este forma codificată, fixată în scris a pronunţiei standard a unei limbi, sistemul ei normat de sunete.

Spre deosebire de constituirea foneticii şi fonologiei ca discipline ştiinţifice, care a avut loc – cel puţin în faza sa finală – transnaţional, normele ortoepice şi ortografice s-au dezvoltat legate de limbile particulare, adică strict naţional.

Gleiches gilt für die graphische Form dieser Alphabete der Einzelsprachen, also für ihre **Schreibung**. So zum Beispiel hat im rumänischen Kulturraum die Dominanz des Kirchenslawischen die Verwendung der kyrillischen Schreibung bis tief ins 19. Jahrhundert bewirkt.

4.2. Schreibformen und Schriftsätze im deutschen Sprachraum

Auch im deutschen Sprachraum fand eine nationale Entwicklung der graphischen Schriftformen statt. Der Ursprung der verschiedenen Schreibarten und Schriftsätze im europäischen, also auch im deutschen Sprachraum, ist die karolingische Minuskel.

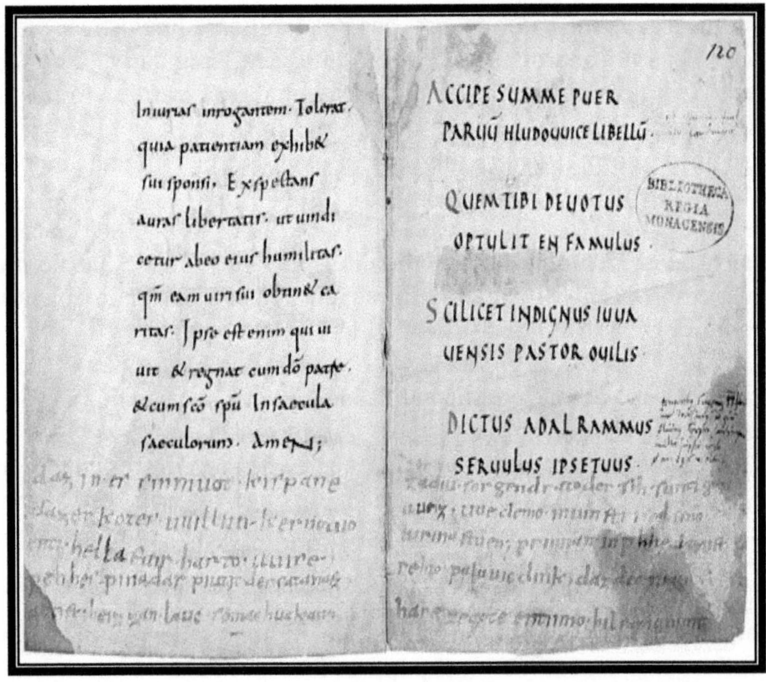

Abb. IX: Lateinische Majuskel (rechts) und karolingische Minuskel (links)

154

Acelaşi lucru este valabil pentru forma grafică a alfabetelor limbilor particulare, adică pentru **scrierea** acestora. Aşa de exemplu, în spaţiul cultural românesc dominanţa slavonei bisericeşti a determinat folosirea scrierii chirilice până târziu în secolul al XIX-lea.

4.2. Forme de scriere şi corpuri de literă în spaţiul de limbă germană

Şi în spaţiul lingvistic german a avut loc o evoluţie naţională a formelor grafice ale scrierii. Originea diferitelor forme de scriere şi corpuri de literă în spaţiul european, deci şi în cel german, este minuscula caroliniană:

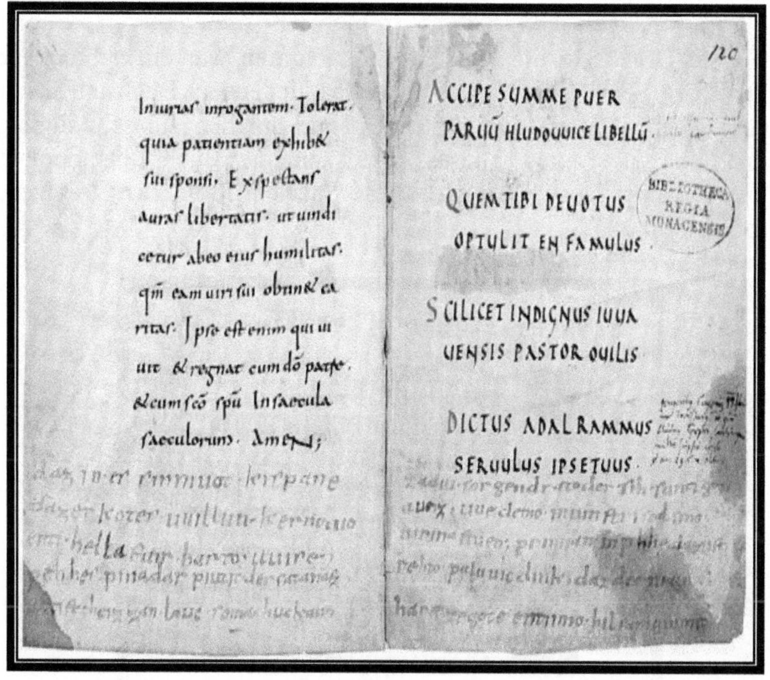

Ilustraţia IX: Majusculă latină (dreapta) şi minusculă caroliniană (stânga)

In den zwei Blättern der obigen Handschrift aus dem Besitz des fränkischen Königs Ludwig der II. (um 806 – Frankfurt / Main, 28. August 876), das unter dem Namen *Muspilli*-Manuskript bekannt ist, befindet sich auf der oberen linken Seite ein kalligraphisch geschriebener Text in karolingischer Minuskel und auf der oberen rechten Seite einige Zeilen in lateinischen Majuskeln.

Im unteren Teil der beiden Seiten befinden sich weitere in ungelenker karolingischer Minuskel geschriebene Zeilen des *Muspilli*. Das *Muspilli* und das *Hildebrandslied* sind die einzigen erhaltenen umfangreichen althochdeutschen Stabreimdichtungen, weswegen diese Handschriften auch so berühmt geworden sind.

4.2.1. Druckschriften: Von der Textura bis zur Antiqua

Der erste Drucksatz im deutschen Sprachraum war ein gebrochener Schriftsatz. Seine sehr eng aneinander liegenden Buchstaben und ebenso kleinen Wort- und Zeilenabstände ergeben ein sehr dunkles Schriftbild des Textes. Dieses ähnelt einem „Buchstabenteppich", einem Gewebe. Deswegen wird diese Satzschrift **Textura** (Gewebe) genannt:

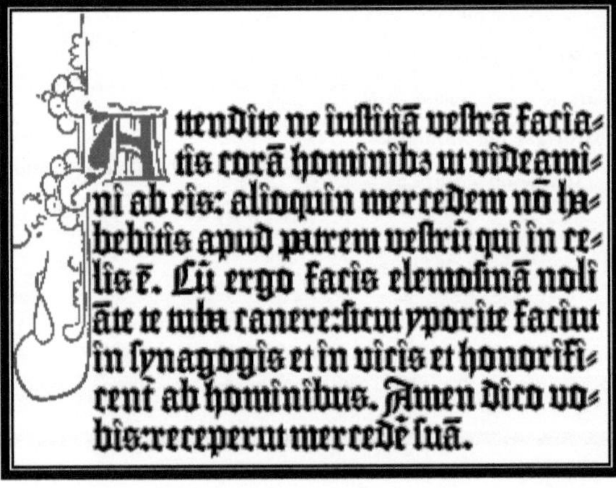

Abb. X: Computergenerierter Textura-Schriftsatz

În cele două pagini ale manuscrisului de mai sus din colecţia regelui francon Ludovic al II-lea (cca. 806 – Frankfurt / Main, 28 august 876), cunoscut sub numele de Manuscrisul *Muspilli*, se găseşte pe partea stângă superioară un text scris caligrafic în minusculă caroliniană, iar pe partea superioară dreaptă se află câteva rânduri în majusculă latină.

Pe partea inferioară a ambelor pagini apar alte câteva rânduri din *Muspilli* scrise într-o minusculă caroliniană neglijentă. *Muspilli* şi *Hildebrandslied* sunt singurele texte poetice cu aliteraţie şi de o lungime considerabilă în germana veche de sus care s-au păstrat, motiv pentru care acest manuscris a şi ajuns atât de renumit.

4.2.1. Corpuri de literă: De la Textura până la Antiqua

Prima formă grafică de tipăritură în spaţiul de limbă germană a fost un corp de literă frânt. Literele sale foarte apropiate şi spaţiile sale foarte mici între cuvinte şi rânduri duceau la o imagine foarte întunecată a textului. Aceasta semăna cu un „covor de litere", cu o ţesătură [Gewebe]. Din această cauză acest corp de literă a fost numit **textură**:

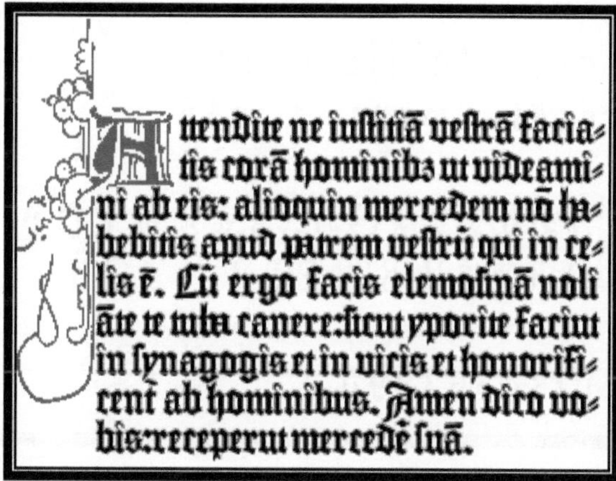

Ilustraţia X: Corp de literă textura generat pe calculator

Die Textura ist auch noch unter dem Namen „Gitterschrift" bekannt und wurde von Johannes Gutenberg, dem Erfinder des Buchdrucks mit beweglichen Buchstaben, für seinen Erstdruck, der sogenannten Gutenberg-Bibel, verbreitet.

Parallel dazu entwickelte sich eine weitere Satzschrift, welche die Textura Schritt für Schritt verdrängte. Diese Satzschrift wies Brüche im Schriftsatz auf und wurde deswegen **Fraktur** genannt. Im Laufe ihrer Entwicklung haben einzelne Drucker und Schriftsetzer an der Fraktur immer wieder Veränderungen vorgenommen, so dass diese verschiedene zeitliche Variationen aufweist. Im deutschen Sprachraum verwendete man vom Ende des 16. Jahrhunderts bis 1941 im Druck überwiegend verschiedene Variationen dieser „gebrochenen" Schriftsätze, also Frakturabwandlungen.

Die Fraktur war zwar in dieser gesamten Periode nicht der alleinige Schriftsatz im Gebrauch, denn parallel zu ihr wurden – allerdings viel seltener – auch verschiedene Antiqua-Sätze verwendet.

Die Satzschrift einer der letzten gebräuchlichen Frakturvarianten wurde vom Schriftkünstler Rudolf Koch (Nürnberg, 20. November 1876 – Offenbach / Main, 9. April 1934) entworfen und sieht wie folgt aus:

Abb. XI: Computergenerierte typographische Koch-Druckfraktur

Textura mai este cunoscută şi sub numele de „scriere-grilaj" şi a fost răspândită de Johannes Gutenberg, inventatorul tiparului cu litere mobile, în prima sa tipăritură, cunoscută sub numele de Biblia lui Gutenberg.

Paralel cu acesta s-a dezvoltat şi o altă formă grafică de tipăritură, care a înlocuit treptat textura. Această formă grafică prezenta frângeri în corpul de literă, pentru care a şi fost denumită **fractură**.
Pe parcursul timpului unii tipografi şi zeţari au modificat mereu corpul de literă al fracturii, aşa că acesta prezintă felurite variaţii temporale.
În spaţiul de limbă germană s-au folosit începând cu sfârşitul secolului al XVI-lea până în 1941 în mod predominant diferite variaţiuni de corpuri de literă aşa-zis „frânte", adică forme ale fracturii.
Fractura nu a fost în această întreagă perioadă unicul corp de literă de tipar în uz, căci paralel cu ea s-au folosit – ce-i drept, mult mai rar – şi diferite corpuri de literă Antiqua.
Formă grafică de tipăritură a uneia dintre ultimele variante de fractură uzuale a fost creată de artistul zeţar Rudolf Koch (Nürnberg, 20 noiembrie 1876 – Offenbach / Main, 9 aprilie 1934) şi arată după cum urmează:

Ilustraţia XI: Fractura tipografică Koch generată pe calculator

Heutzutage wird die Fraktur noch teilweise in verschiedenen Publikationen, wie zum Beispiel in den Überschriften und Untertiteln der *Neuen Züricher Zeitung* (NZZ), der größten deutschsprachigen Zeitung der Schweiz, verwendet. Allerdings ist die Fraktur eher im Rückzug: so hat die größte deutsche Tageszeitung, die *Frankfurter Allgemeine Zeitung* (FAZ) unlängst, ab dem 5. Oktober 2007, die Verwendung der Frakturschrift in ihren Titeln aufgegeben.

Eine weitere Form, die als Abwandlung der Textura ungefähr zeitgleich mit der Fraktur entstand, ist der **Schwabacher** Schriftsatz. Bei diesem wechseln, im Unterschied zur Fraktur, die Kanten der Buchstaben mit Rundungen ab.

Der Schwabacher Schriftsatz war vom 15. bis zur Mitte des 17. Jahrhunderts weit verbreitet, da er leichter als die Textura und die Fraktur lesbar war.

Die zwei folgenden Abbildungen aus der Zeitung *Hannoverscher Anzeiger* weisen die für den Schwabacher Satz typischen abwechselnden Kanten und Rundungen auf:

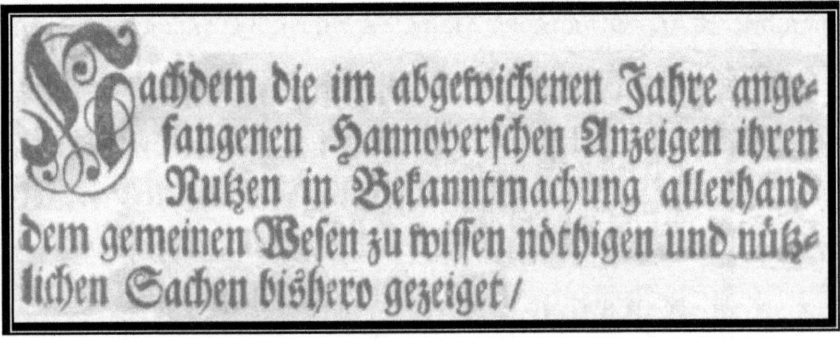

Abb. XII: Schwabacher Satz in den *Hannoverschen Anzeigen*

[Nachdem die im abgewichenen Jahre ange=
fangenen Hannoverschen Anzeigen ihren
Nutzen in Bekanntmachung allerhand
dem gemeinen Wesen zu wissen nöthigen und nütz=
lichen Sachen bishero gezeiget /]

În zilele noastre fractura se mai foloseşte parţial în diferite publicaţii
ca de exemplu în titrările şi în subtitlurile celui mai mare cotidian
elveţian, *Neue Züricher Zeitung* (NZZ). Însă ea se află mai degrabă pe
cale de dispariţie: astfel cel mai mare cotidian german, *Frankfurter
Allgemeine Zeitung* (FAZ), a renunţat nu de mult, începând cu 5
octombrie 2007, la folosirea fracturii în titlurile sale.

O altă fomă, care a luat naştere ca variaţie a texturii, aproximativ în
acelaşi timp cu fractura, este corpul de literă **Schwabach**. Spre
deosebire de fractură la acesta frângerile de litere alternează cu
rotunjirile.

Corpul de literă Schwabach s-a bucurat de o largă răspândire începând
cu secolul al XV-lea până la mijlocul secolului al XVII-lea, fiind mai
uşor de citit decât textura şi fractura.

Următoarele două imagini provin din ziarul *Hannoverscher Anzeiger*
[Monitorul de Hanovra] şi prezintă alternanţa dintre frângeri şi
rotunjiri specifică corpului de literă Schwabach:

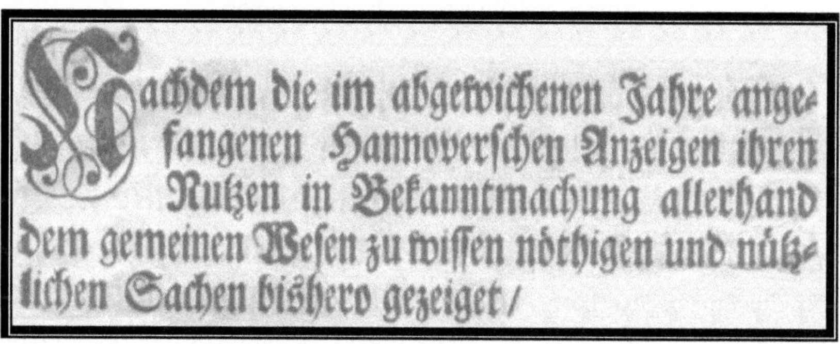

Ilustraţia XII: Corp de literă de Schwabach în *Monitorul de Hanovra*

[După ce în trecutul anul înce=
puta [=noua] Gazetă de Hanovra a sa
folosinţă în vestirea a toate cele
către tot poporul ce ştiute trebuie şi folo=
sitoare lucruri pâna acum a arătat /]

Darin ordnet der Hannoversche Kurfürst Georg August II. (1683 -
1760), der gleichzeitig König von England war, mit einem Edikt vom
26. Juli 1751 an, dass die betreffende Zeitung als Amtsblatt anerkannt
werde und von den Hannoverschen Behörden unterstützt werden solle.

Abb. XIII: Schwabacher Fraktur mit Antiqua-Hervorhebungen
für Vokabeln lateinischen Ursprungs

[So werden hiedurch alle Obrigkeiten in den
Städten / Aemtern und Gerichten / Namens
Sr. Königl. Majestät Unsers Allergnädigsten
Herrn / dahin angewiesen / daß sie Extracts=
weise / und mit wenig Worten alle bey ihnen
vorfallende *Proclamata, Edictal-Citationes,* ... (anmelde)]

Aus diesen vorgestellten Auszügen sieht man, dass anstelle der heute
verwendeten Punkte und Kommata meistens Schrägstriche gebraucht
wurden. Jene Wörter, die als Vokabeln lateinischen Ursprungs
empfunden wurden (hier: *Proclamata, Edictal-Citationes*), waren
bereits damals in Antiqua gesetzt, der Schriftart, die nach 1941 die
Fraktur und den Schwabacher Satz ersetzt hat.

Im Vergleich dazu zeigt nachstehendes Beispiel die Entwicklung des
Schwabacher Satzes und der Fraktur im 20. Jahrhundert.

162

În acest text principele elector de Hanovra, Georg August II. (1683 - 1760), care era în acelaşi timp şi regele Angliei, ordonă printr-un edict din 26 iulie 1751 ca ziarul respectiv să fie recunoscut de-atunci încolo ca monitor oficial şi să fie sprijinit de către autorităţile din Hanovra.

So werden hiedurch alle Obrigkeiten in den Städten / Aemtern und Gerichten / Namens Sr. Königl. Majestät Unsers Allergnädigsten Herrn / dahin angewiesen / daß sie Extracts= weise / und mit wenig Worten alle bey ihnen vorfallende Proclamata, Edictal - Citationes,

Ilustraţia XIII: Fractură de Schwabach cu vizualizări în corp de literă Antiqua
pentru cuvinte de origine latină

[Astfel prin prezenta tot guvernământul din
Oraşele / Cancelariile şi Judecăţile / în numele
Majestăţii Sale Al Nostru Preabun
Domn / spre aceasta [sunt] îndrumate / ca să extracteze=
prin / şi cu puţine cuvinte toate la ele
întâmplate *proclamaţii, citaţiuni de edict*, ... (să anunţe)]

Din fragmentele prezentate se vede că în locul punctului şi virgulei folosite în ziua de astăzi, se folosea frecvent bara. Cuvintele percepute ca fiind de origine latină (aici: *proclamaţii, citaţiuni de edict*) se tipăreau însă deja la vremea aceea cu corp de literă Antiqua, care a înlocuit după 1941 fractura şi corpul de literă Schwabach.

În comparaţie cu aceasta următorul exemplu arată evoluţia corpului de literă Schwabach şi a fracturii in secolul al XX-lea.

Bei diesen werden die Buchstabenformen regelmäßiger, und die Dimensionen der Bruchlinien und die Proportionen der Buchstaben sind vereinheitlicht:

Dies ist die Schwabacher Schriftart,
[Dies ist die Schwabacher Schriftart,]

welche vom 15. bis zur Mitte des 17.
[welche vom 15. bis zur Mitte des 17.]

Jahrhunderts im deutschen Sprachraum
[Jahrhunderts im deutschen Sprachraum]

intensiv im Druck verwendet wurde.
[intensiv im Druck verwendet wurde.]

Abb. XIV: Computergenerierter Schwabacher Schriftsatz

Hingegen werden an dem nachstehenden **Kabinett-Fraktursatz**, der auch heute gelegentlich verwendet wird, die ausgeprägtere und konsequentere Buchstabenbrechungen deutlich:

Im Gegensatz dazu ist dies ein typischer
[Im Gegensatz dazu ist dies ein typischer]

Fraktursatz, der später, bis ins 20. Jahrhundert
[Fraktursatz, der später, bis ins 20. Jahrhundert]

in Deutschland, in Österreich
[in Deutschland, in Österreich]

und in der Schweiz verwendet wurde.
[und in der Schweiz verwendet wurde.]

Abb. XV: Computergenerierter Kabinett-Fraktursatz

La acestea formele literelor au devenit mai regulate, iar dimensiunile frângerilor şi proporţiile literelor sunt unitare:

Dies ist die Schwabacher Schriftart,
[Acesta   este   corpul   de   literă   Schwabach]

welche vom 15. bis zur Mitte des 17.
[care   din   al XV-lea până la mijlocul   al XVII-lea]

Jahrhunderts im deutschen Sprachraum
[secolului   în   german   spaţiul de limbă]

intensiv im Druck verwendet wurde.
[intensiv   în   tipar   s-a folosit.]

Ilustraţia XIV: Corp de literă Schwabach generat pe calculator

În schimb la următorul corp de literă de **fractură tip cabinet**, ce se foloseşte pe alocuri şi în prezent, se poate observa o frângere mai consecventă şi mai evidentă al literelor:

Im Gegensatz dazu ist dies ein typischer
[În   opoziţie   cu aceasta este aceasta un   tipic]

Fraktursatz, der später, bis ins 20. Jahrhundert
[Corp de literă de fractură, care mai târziu, până în al XX-lea secol]

in Deutschland, in Österreich
[în   Germania,   în   Austria]

und in der Schweiz verwendet wurde.
[şi   în   Elveţia   s-a folosit.]

Ilustraţia XV: Corp de literă fractură de tip cabinet generat pe calculator

Ein weiterer, im deutschen Sprachraum weniger üblicher Schriftsatz,
stammt aus Norditalien und heißt **Rotunda**. Bei diesem Schriftsatz
sind die typischen „Brechungen" der Textura, der Fraktur und des
Schwabacher Schriftsatzes weniger ausgeprägt:

Schriftbeispiel für die Rotunda

Was ist Aufklärung?

Aufklärung ist der Ausgang des Menschen aus
seiner selbst verschuldeten Unmündigkeit.
Unmündigkeit ist das Unvermögen, sich seines
Verstandes ohne Leitung eines anderen zu
bedienen. Selbstverschuldet ist diese Unmündigkeit,
wenn die Ursache derselben nicht am Mangel des
Verstandes, sondern der Entschließung und des
Mutes liegt, sich seiner ohne Leitung eines anderen
zu bedienen. Sapere aude! Habe Mut dich deines
eigenen Verstandes zu bedienen! ist also der
Wahlspruch der Aufklärung.

...

Immanuel Kant, 1784

Abb. XVI: Computergenerierter Rotunda-Schriftsatz

Indessen hatten sich in den anderen europäischen Ländern (wie in
Italien, in Frankreich oder in England) bereits seit dem 16.
Jahrhundert die lateinisch geprägten Variationen der Antiqua-Sätze im
Druckerwesen definitiv durchgesetzt.
Die Sammelbezeichnung für alle Varianten dieser „gebrochenen"
Druck- und Schreibformen ist: **„deutsche" Schrift**, oder seltener:
„gotische" Schrift.

Un alt corp de literă, mai puţin frecvent, folosit în spaţiul de limbă germană, provine din nordul Italiei şi se numeşte **rotunda**. La acest corp de literă „frângerile" tipice ale texturii, ale fracturii şi ale corpului de literă Schwabach sunt mai puţin accentuate:

Schriftbeifpiel für die Rotunda

Was ift Aufklärung?

Aufklärung ift der Ausgang des Menfchen aus feiner felbft verfchuldeten Unmündigkeit. Unmündigkeit ift das Unvermögen, fich feines Verftandes ohne Leitung eines anderen zu bedienen. Selbftverfchuldet ift diefe Unmündigkeit, wenn die Urfache derfelben nicht am Mangel des Verftandes, fondern der Entfchließung und des Mutes liegt, fich feiner ohne Leitung eines anderen zu bedienen. Sapere aude! Habe Mut dich deines eigenen Verftandes zu bedienen! ift alfo der Wahlfpruch der Aufklärung.

...

Immanuel Kant, 1784

Ilustraţia XVI: Corp de literă rotunda generat pe calculator

În acest timp, în celelalte ţări europene (ca în Italia, Franţa sau Anglia) diferitele variante ale corpului de literă Antiqua dominau deja în producţia tipografică a secolului al XVI-lea.

Termenul generic pentru toate variantele acestor forme de tipăritură şi scriere „frântă" este: **scriere „germană"** sau mai rar: **scriere „gotică"**.

In der nachstehenden Tabelle findet sich eine Gegenüberstellung dieser bedeutendsten Formen der „gebrochenen" Schriftsätze:

	Textur	Rotunda	Schwa-bacher	Fraktur
a	a	a	a	a
d	d	d	d	d
g	g	g	g	g
n	n	n	n	n
o	o	o	o	o
A	A	A	A	A
B	B	B	B	B
H	H	H	H	H
S	S	S	S	S

Abb. XVII: Die bedeutendsten computergenerierten
Druckschriftsätze im Vergleich

4.2.2. Die Schreibschrift im deutschen Sprachraum

Für die handschriftliche Schreibung wurde im deutschen Sprachraum lange Zeit die **Kurrentschrift** verwendet. Auch diese hat sich, genauso wie die Drucksätze, im Laufe der Zeit ständig verändert, so dass sie eine hohe Anzahl diachroner Variationen aufweist.

În tabelul următor se găseşte o juxtapunere a celor mai importante variante ale corpurilor de literă „frânte":

	Textur	Rotunda	Schwa-bacher	Fraktur
a	a	a	a	a
d	d	d	d	d
g	g	g	g	g
n	n	n	n	n
o	o	o	o	o
A	A	A	A	A
B	B	B	B	B
H	H	H	H	H
S	S	S	S	S

Ilustraţia XVII: Cele mai importante corpuri de literă pentru tipar
generate pe calculator în comparaţie

4.2.2. Scrierea de mână în spaţiul de limbă germană

În spaţiul de limbă germană s-a folosit multă vreme scrierea de mână denumită **scriere curentă**. Şi aceasta s-a modificat permanent de-a lungul timpului, la fel ca şi corpurile de literă pentru tipar, aşa că ea se prezintă într-un număr mare de variaţiuni diacrone.

Die klassische Form der Kurrentschrift des 18. und 19. Jahrhunderts wird in der Abbildung XVIII wiedergeben. Zur Veranschaulichung und zum Vergleich mit der bereits in der Abb. XVI vorgestellten Rotunda wird der programmatische Definitionstext zur Aufklärung von Immanuel Kant erneut aufgenommen:

Abb. XVIII: Computergenerierte Kurrent-Handschrift

Forma clasică a scrierii curente din secolele al XVIII-lea şi al XIX-lea este redată în ilustraţia XVIII. Spre ilustrare şi spre comparaţie cu corpul de literă Rotunda, care a fost deja discutat în ilustraţia XVI, s-a redat din nou textul programatic de definiţie a iluminismului redactat de Immanuel Kant:

Ilustraţia XVIII: Scriere de mână curentă generată pe calculator

Die klassische Form der Kurrentschrift wurde dann später, zu Beginn des 20. Jahrhunderts, durch die **Sütterlinschrift**, ersetzt, die der gleichnamige Graphiker und Pädagoge Ludwig Sütterlin (Lahr / Schwarzwald, 15. Juli 1865 – Berlin, 20. November 1917) ursprünglich als Schulausgangsschrift 1911 entwickelt hatte.

Da ihre graphische Form für das ungeübte Auge etwas schwieriger ist, wird sie hier zwecks besserer Lesbarkeit interlinear mit dem entsprechenden Antiqua-Drucksatz vorgestellt:

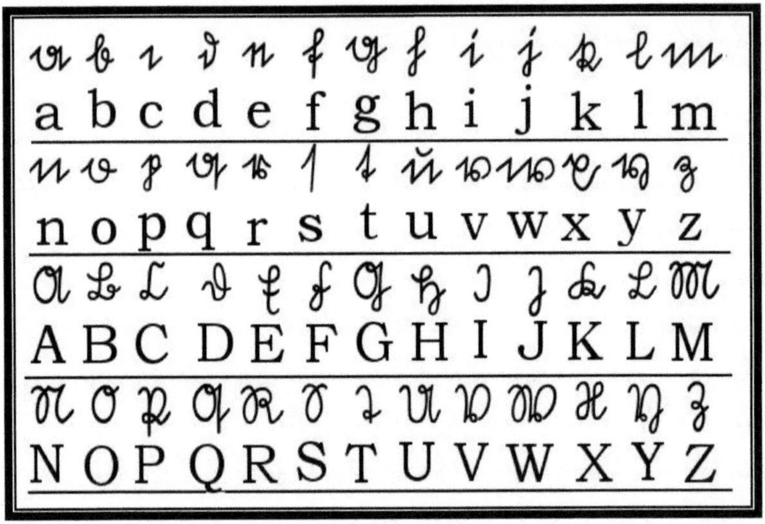

Abb. XIX: Die Sütterlinschrift

Anbei einige Schreibbeispiele in Sütterlinschrift:

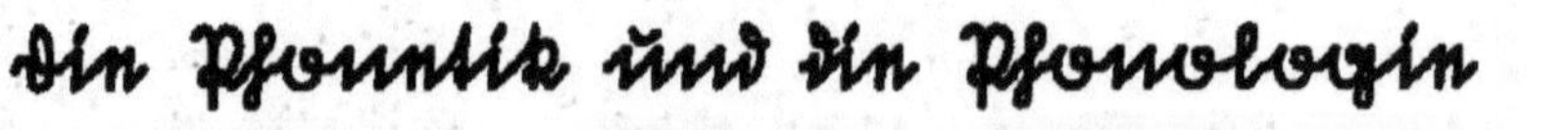

[Die Phonetik und die Phonologie]

Forma clasică a scrierii curente a fost înlocuită mai târziu, la începutul secolului al XX-lea, de **scrierea Sütterlin**, dezvoltată de graficianul şi pedagogul omonim Ludwig Sütterlin (Lahr / Pădurea Neagră, 15 iulie 1865 – Berlin, 20 noiembrie 1917) în 1911 şi gândită iniţial ca scriere incipient-propedeutică pentru şcoala elementară.

Deoarece forma sa grafică este mai dificil de descifrat pentru o persoană fără exerciţiu, aceasta este prezentată aici, pentru a-i uşura lectura, interlinear cu corpul de tipar antiqua al scrierii Sütterlin:

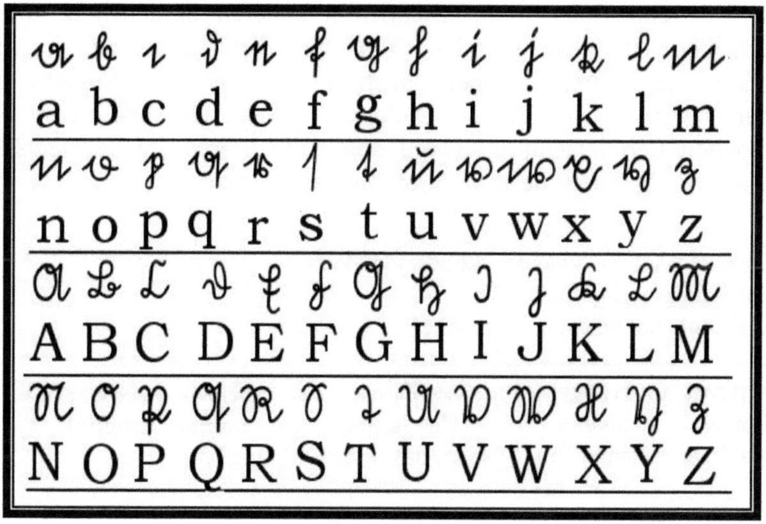

Ilustraţia XIX: Scrierea Sütterlin

Alăturat câteva exemple în scriere Sütterlin:

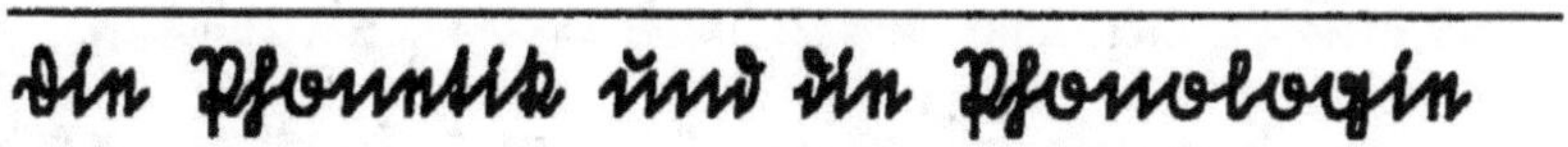

[Die   Phonetik   und   die   Phonologie]
[Fonetica   şi   fonologia]

[Intelligente   Laute:]
[inteligente   sunete]

[Ein   System,   das   seine   Ordnung   hat]

Das Verwenden der Sütterlinschrift in anderen Sprachen als dem
Deutschen ist eher unüblich. Trotzdem kann man sie in der
Anfangsphase ihres Erlernens auch in einer anderen Sprache zu
Übungszwecken verwenden. Dadurch ist der Lernende nicht der
doppelten Lernbelastung, sowohl durch die Fremdsprache Deutsch,
als auch durch die Sütterlin-Schreibung, ausgesetzt:

[Sunetele limbii germane]
[Die Laute der deutschen Sprache]

[Sunete   inteligente: Un   sistem cu   ordine   proprie]
[Intelligente Laute: Ein System, das seine Ordnung hat]

[eins,   zwei,   drei,   vier,   fünf,   sechs,   sieben,   acht]
[unu,   doi,   trei,   patru,   cinci,   şase,   şapte,   opt]

[Das deutsche Alphabet   besteht   aus   dreißig   Buchstaben.]
[Alfabetul german constă din treizeci de litere]

Intelligente Laute:
[Intelligente   Laute:]

Ein System, das seine Ordnung hat

[Ein	System,	das	seine	Ordnung	hat]
[Un	sistem	care	a sa	ordine	are]

Folosirea scrierii Sütterlin în alte limbi decât germana nu este uzitată. Totuşi aceasta poate fi folosită la începutul învăţării sale şi in alte limbi pentru exerciţii. Astfel studentul nu este expus dublei dificultăţi de învăţare, atât a germanei ca limbă străină, cât şi a scrierii Sütterlin:

Sunetele limbii germane
(sunetele   limbii   germane)
[Die Laute der deutschen Sprache]

Sunete inteligente: Un sistem cu ordine proprie
[Sunete   inteligente: Un   sistem   cu   ordine   proprie]
[Intelligente Laute: Ein System, das seine Ordnung hat]

---

eins, zwei, drei, vier, fünf, sechs, sieben, acht
[eins,   zwei,   drei,   vier,   fünf,   sechs,   sieben,   acht]

Das deutsche Alphabet besteht aus dreißig Buchstaben.
[Das deutsche Alphabet besteht aus   dreißig Buchstaben.]

4.3. Das gegenwärtige orthographische Alphabet des Deutschen

Wie bereits erwähnt, kam nach 1941 im Deutschen die europäische graphische Form der Antiqua-Standardschreibung lateinischen Ursprungs in Gebrauch. Für nachstehendes orthographisches Alphabet des Deutschen wird die Aussprache zunächst ebenfalls im orthographischen Alphabet angegeben:

A a	B b	C c	D d	E e	F f	G g	H h	I i
a	*bee*	*zee*	*dee*	*e*	*eff*	*gee*	*ha*	*i*
J j	**K k**	**L l**	**M m**	**N n**	**O o**	**P p**	**Q q**	**R r**
jott	*ka*	*ell*	*em*	*en*	*o*	*pee*	*ku*	*er*
S s	**T t**	**U u**	**V v**	**W w**	**X x**	**Y y**	**Z z**	
es	*tee*	*u*	*fau*	*wee*	*iks*	*üpsilon*	*zett*	

Abb. XX: Das orthographische Alphabet des Deutschen

Das orthographische Alphabet des Deutschen wurde aber nicht nach den Besonderheiten der Aussprache dieser Sprache erstellt, sondern in Anlehnung an das lateinische Alphabet, das um einige Buchstabenkombinationen und -variationen erweitert wurde.
Weil aber seine Buchstaben einfach aus dem Lateinischen übernommen wurden, kann sich dieses Alphabet nicht vollständig mit der Aussprache des Deutschen decken.
Von den zahlreichen Inkongruenzen zwischen der Schreibung und der Aussprache des Deutschen kommen folgende am häufigsten vor:

Dem gleichen Buchstaben / den gleichen Buchstaben können verschiedene Laute entsprechen
1. A. So kann die Buchstabenfolge <ch> wie folgt gesprochen werden:

als [ç] in der Vokabel „*ich*" [ɪç]

als [x] in der Vokabel „*acht*" [axt]

4.3. Alfabetul ortografic contemporan al limbii germane

După cum am menționat anterior, începând cu 1941 în germană a intrat în uz forma scrierii standard europene antiqua de origine latină. Pentru alfabetul ortografic al limbii germane de mai jos pronunția este transliterată, pentru început, de asemenea în alfabetul ortografic:

A a	B b	C c	D d	E e	F f	G g	H h	I i
a	*bee*	*zee*	*dee*	*e*	*eff*	*gee*	*ha*	*i*
J j	**K k**	**L l**	**M m**	**N n**	**O o**	**P p**	**Q q**	**R r**
jott	*ka*	*ell*	*em*	*en*	*o*	*pee*	*ku*	*er*
S s	**T t**	**U u**	**V v**	**W w**	**X x**	**Y y**	**Z z**	
es	*tee*	*u*	*fau*	*wee*	*iks*	*üpsilon*	*zett*	

Ilustrația XX: Alfabetul ortografic al limbii germane

Alfabetul ortografic german nu a fost însă creat în funcție de particularitățile pronunției limbii germane, ci în analogie cu alfabetul latin, la care s-au adăugat câteva combinații și variații de litere.

Însă pentru că literele sale au fost preluate din latină, acest alfabet nu poate concorda întrutotul cu pronunția limbii germane.

Dintre numeroasele incongruențe între scrierea și pronunția germanei următoarele apar cel mai frecvent:

Aceleași litere îi / acelorași litere le / pot corespunde sunete diferite
1. A. Astfel succesiunea de litere <ch> poate fi pronunțată:

ca [ç] în cuvântul „*ich*" (eu): [ıç]

ca [x] în cuvântul „*acht*" (opt): [axt].

1. B. Gleichfalls kann der Buchstabe <d>:

als [d] im Anlaut des Wortes „*du*" gesprochen werden: [duː], oder

als [t] im Auslaut des Wortes „*und*": [ʊnt].

In diesen zwei Fällen sind [ç] und [x] Allophone von /x/, beziehungsweise [d] und [t] Allophone von /d/.

Umgekehrt können dem gleichen Laut / den gleichen Lauten verschiedene Buchstaben entsprechen.

2. A. So kann der oben bereits besprochene Laut [ç] auf zwei Arten folgendermaßen wiedergegeben werden:
mit der Buchstabenfolge <ch>, wie in der Vokabel: „*ich*", aber auch mit dem Einzelbuchstaben <g>, wie in der Vokabel: „*wenig*".

2. B. Gleichfalls kann der Laut [eː] gleich auf drei verschiedene Arten geschrieben werden, wie folgt:
mit dem Buchstaben <e>, wie in der Vokabel „*her*" [heːɐ] / [heːɐ],

mit der Buchstabenfolge <ee>, wie in der Vokabel „*See*": [zeː],
und schließlich mit der Buchstabenfolge <eh>, wie in der Vokabel „*sehr*": [zeːɐ] / [zeːɐ].
Selbstverständlich verursachen diese Uneinheitlichkeiten zwischen Schreibung und Aussprache einige Verwirrung beim Lerner.

4.4. Das gegenwärtige orthoepische Alphabet des Deutschen

Das Deutsche besitzt, wie andere Sprachen auch, kein nationales, standardisiertes orthoepisches Alphabet.
Auch im Deutschen, wie in anderen Sprachen, verwendet man für die phonetische Umschreibung das Transkriptionssystem der **IPA** (International Phonetic Association), [Internationale Phonetische Vereinigung].

1. B. De asemenea litera <d> poate fi pronunţată:

ca **[d]** în Anlaut-ul cuvântului „*du*" (tu): **[duː]**, sau

ca **[t]** în Auslaut-ul cuvântului „*und*": **[ʊnt]**.

În aceste două cazuri **[ç]** şi **[x]** sunt alofone ale lui **/x/**, respectiv **[d]** şi **[t]** alofone ale lui **/d/**.

Invers, aceluiaşi sunet /aceloraşi sunete îi / le pot corespunde litere diferite.

2. A. Astfel sunetul **[ç]**, analizat mai sus, poate fi redat în următoarele două moduri:
prin succesiunea de litere <ch>, ca în cuvântul: „*ich*" (eu), dar şi
printr-o singură literă <g>, ca în cuvântul: „*wenig*" (puţin).

2. B. De asemenea sunetul **[eː]** poate fi scris în trei feluri diferite, după cum urmează:
printr-o singură literă, anume <e>, ca în cuvântul „*her*" (încoace): **[heːɐ̯]** / **[heːɐ]**,
prin succesiunea de litere <ee>, ca în cuvântul „*See*" (lac / mare): **[zeː]**, şi în final prin succesiunea de litere <eh>, ca în cuvântul „*sehr*" (foarte): **[zeːɐ̯]** / **[zeːɐ]**.
Bineînţeles că aceste neconcordanţe între scriere şi pronunţie produc confuzii la persoanele care învaţă limba.

4.4. Alfabetul ortoepic contemporan al limbii germane

Ca şi alte limbi, germana nu are un alfabet ortoepic standardizat naţional.
Şi în germană, ca în alte limbi, se foloseşte pentru transcrierea fonetică sistemul **IPA** (International Phonetic Association), [Asociaţia Fonetică Internaţională].

Dieses ist, zumindest theoretisch ausreichend, um die Laute der Sprache genauer als ihr orthographisches Alphabet darzustellen (RITTER: [5]2005, S. 56).
Die phonetische Umschreibung im orthoepischen Alphabet ist von der orthographischen Schreibung zu unterscheiden:

BUCHSTABE	ALPHABETISCHE AUSSPRACHE	BUCHSTABE	ALPHABETISCHE AUSSPRACHE
A a	[aː]	**O o**	[oː]
Ä ä	[ɛː]	**Ö ö**	[øː]
B b	[beː]	**P p**	[peː]
C c	[tseː]	**Q q**	[kuː];[kveː]
D d	[deː]	**R r**	[ɛr]
E e	[eː]	**S s**	[ɛs]
F f	[ɛf]	**ß**	[ɛs tsɛt]
G g	[geː]	**T t**	[teː]
H h	[haː]	**U u**	[uː]
I i	[iː]	**Ü ü**	[yː]
J j	[jɔt]	**V v**	[fao͡]
K k	[kaː]	**W w**	[veː]
L l	[ɛl]	**X x**	[ɪks]
M m	[ɛm]	**Y y**	[ypsɪlɔn]
N n	[ɛn]	**Z z**	[tsɛt]

Abb. XXI: Die IPA-Umschreibung des Deutschen Alphabets

Acesta este – cel puţin teoretic vorbind – destul de bogat, încât să redea sunetele unei limbi mai exact decât alfabetul ei ortografic (RITTER: [5]2005, p. 56).
Transcrierea fonetică în alfabetul ortoepic trebuie delimitată clar de scrierea ortografică:

LITERĂ	PRONUNŢIE ALFABETICĂ	LITERĂ	PRONUNŢIE ALFABETICĂ
A a	[aː]	O o	[oː]
Ä ä	[ɛː]	Ö ö	[øː]
B b	[beː]	P p	[peː]
C c	[tseː]	Q q	[kuː];[kveː]
D d	[deː]	R r	[ɛr]
E e	[eː]	S s	[ɛs]
F f	[ɛf]	ß	[ɛs tsɛt]
G g	[geː]	T t	[teː]
H h	[haː]	U u	[uː]
I i	[iː]	Ü ü	[yː]
J j	[jɔt]	V v	[faͦo]
K k	[kaː]	W w	[veː]
L l	[ɛl]	X x	[ɪks]
M m	[ɛm]	Y y	[ypsɪlɔn]
N n	[ɛn]	Z z	[tsɛt]

Ilustraţia XXI: Transcrierea IPA a pronunţiei alfabetului limbii germane

4.5. Konrad Dudens Orthographie: „Schreibe, wie du sprichst!"

Aus der Vielfalt der vorgestellten historischen Druck- und
Schreibformen des Deutschen wird deutlich, wie sehr die
geschichtlichen und kulturellen Gegebenheiten eine ausschlaggebende
Rolle in der Entwicklung der Orthographie spielen.

Einer der ersten bedeutenden, jedoch nicht konsequent strukturierten
Versuche einer Vereinheitlichung der deutschen Orthographie stammt
von Johann Christoph Adelung (Anklam, 8. August 1732 – Dresden,
10. September 1806).

Seine *Vollständige Anweisung zur deutschen Orthographie nebst
einem kleinen Wörterbuche für die Aussprache, Orthographie,
Biegung und Ableitung* (1788) enthält im zweiten, der Orthographie
gewidmeten Teil, allgemeine Grundsätze zur Schreibung.

Adelung plädiert bereits damals darin für die Akzeptanz der
europäischen graphischen Form der Antiqua-Standardschreibung
lateinischen Ursprungs sowie für die Schreibung des Gehörten nach
der besten, also korrektesten Aussprache.

Doch hat die historisch gewachsene föderalistische Struktur des
deutschen Staates, die immer wieder indirekt Auswirkungen auf seine
Kulturlandschaft ausübte, auch die Entstehung der einheitlichen Norm
der Orthographie bis 1871 verzögert, als unter Preußen die Bildung
des deutschen Nationalstaates in der Form der Deutschen
Reichsgründung stattfand (SCHEURINGER / STANG: 2004, S. 60ff).

Erst die Kulturpolitik dieses neuen einheitlichen deutschen
Nationalstaates hat zur Herauskristallisierung einer einheitlichen
deutschen Orthographie geführt.

So fand bereits fünf Jahre nach der deutschen Reichsgründung 1876
die *Erste Orthographische Konferenz* statt.

182

4.5. Ortografia lui Konrad Duden: „Scrie aşa cum vorbeşti!"

Mulţimea de corpuri de literă şi forme de scriere istorice din spaţiul de limbă germană relevă rolul definitoriu al condiţiilor istorice şi culturale asupra evoluţiei ortografiei.

Una din primele încercări importante, însă structurate inconsecvent, de unificare şi standardizare a ortografiei germane provine de la Johann Christoph Adelung (Anklam, 8 august 1732 – Dresda, 10 septembrie 1806).

Lucrarea sa *Vollständige Anweisung zur deutschen Orthographie nebst einem kleinen Wörterbuche für die Aussprache, Orthographie, Biegung und Ableitung* [Indicaţie completă despre ortografia germană pe lângă un mic dicţionar de pronunţie, ortografie, conjugare şi derivare] (1788) conţine în partea a doua, dedicată ortografiei, principii generale referitoare la scriere.

Adelung pledează deja la acea vreme pentru acceptarea formei de scriere europene standard Antiqua, de origine latină, precum şi pentru scrierea celor auzite în forma celei mai bune, adică a celei mai corecte pronunţii.

Dar structura federalistă sedimentată de-a lungul istoriei statului german, care a avut mereu efecte indirecte asupra spaţiului său cultural, a frânat adoptarea unei norme unitare a ortografiei germane până în 1871, când a avut loc, sub conducerea Prusiei, formarea statului unitar german în forma Imperiului German (SCHEURINGER / STANG: 2004, p. 60ff).

Doar politica culturală a acestui nou stat german naţional unitar a forţat cristalizarea unei ortografii germane unitare.

Astfel doar la cinci ani după fondarea Imperiului German a avut loc în 1876 *Prima Conferinţă Ortografică.*

Ihre Reformvorschläge scheiterten aber am Widerstand des damals allmächtigen deutschen Reichskanzlers Otto von Bismarck (Schönhausen, 1. April 1815 – 30. Juli 1898, Friedrichsruh / Hamburg).

Auch weitere Bestrebungen, die deutsche Orthographie zu vereinheitlichen, blieben zunächst erfolglos. Erst am 17. Juni 1901 tagte in Berlin die *Zweite Orthographische Konferenz*, auf der die Schreibnorm des *Vollständigen orthographischen Wörterbuchs der deutschen Sprache* des Gymnasialdirektos Konrad Duden (Lackhausen / Wesel, 3. Januar 1829 – Wiesbaden, 11. August 1911), das sich in den preußischen Schulen bereits durchgesetzt hatte, als verbindlich für den gesamten deutschen Sprachraum erklärt wurde.

Dieses Werk ist auch heute in erweiterter und bearbeiteter Form unter dem Namen *Duden* als normatives Nachschlagewerk der deutschen Rechtschreibung in Gebrauch.
Seine Erstausgabe vom 7. Juli 1880 enthielt lediglich 28.000 Wörter, während seine jüngste vierundzwanzigste Ausgabe aus dem Jahre 2006 ganze 130.000 Wörter enthält. Der *Duden* hat sich mittlerweile zu einer enzyklopädischen Reihe von 12 Bänden entwickelt.

Außer dem Basis-Duden der deutschen Rechtschreibung gibt es die Duden-Grammatik, das Duden-Fremdwörterbuch, das Duden-Stilwörterbuch, das Duden-Synonymwörterbuch, usw., bis hin zum *Duden*-Aussprachewörterbuch.
Einige Ausgaben des Rechtschreibe-Duden, die Nummer eins der Reihe, führen auch Eigennamen. So ist zum Beispiel seine Erstauflage aus dem Jahr 1880 unter dem Namen *Urduden* bekannt.

Weiters wird der erste Duden nach der deutschen Wiedervereinigung im Oktober 1990, der im Jahr 1991 erschienen ist, *Einheitsduden* genannt. Schließlich heißt der erste Duden nach der Reform der deutschen Rechtschreibung aus dem Jahr 1996, der im gleichen Jahr gedruckt wurde, *Reformduden*.

Propunerile ei de reformă au fost însă recuzate de Otto von Bismarck (Schönhausen, 1 aprilie 1815 – 30 iulie 1898, Friedrichsruh / Hamburg), cancelarul german atotputernic la vremea aceea.

Şi alte străduinţe de a unifica ortografia germană au rămas pentru început fără succes. Doar la 17 iunie 1901, cu ocazia celei de-a *Doua Conferinţe Ortografice* de la Berlin, norma de scriere din *Vollständiges orthographisches Wörterbuch der deutschen Sprache* [Dicţionar complet ortografic al limbii germane] a directorului de gimnaziu Konrad Duden (Lackhausen / Wesel, 3 ianuarie 1829 – Wiesbaden, 11 august 1911), care se impusese deja în şcolile prusace, a fost declarată obligatorie pentru tot spaţiul lingvistic german.

Această lucrare circulă şi în ziua de astăzi sub numele de *Duden*, în formă revizuită şi adăugită, ca dicţionar normativ de referinţă al ortografiei germane.

Prima sa ediţie, cea din 7 iulie 1880, conţinea doar 28.000 de cuvinte, în timp ce cea mai recentă, a douăzeci şi patra, din anul 2006 conţine 130.000 de cuvinte. *Duden*-ul s-a dezvoltat între timp într-o serie enciclopedică de 12 volume.

Astfel în afară de Duden-ul de bază ortografic, există un volum Duden de gramatică, unul de neologisme, unul de stilistică, unul de sinonime, ş.a.m.d. până la dicţionarul de pronunţie *Duden*.

Unele ediţii ale *Duden*-ului de bază ortografic, numărul întâi al seriei, au denumiri proprii. Astfel ediţia princeps din 1880 este cunoscută sub numele de *Urduden* [Primul Duden].

Primul Duden după reunificarea Germaniei din octombrie 1990, care a apărut în anul 1991, se cheamă *Einheitsduden* [Duden Unitar]. Finalmente primul Duden apărut după reforma ortografică din 1996, care a fost tipărit în acelaşi an, este numit *Reformduden* [Duden-ul Reformei].

Diese jüngste Reform der deutschen Rechtschreibung wurde von kulturpolitischen Staatsbeamten unter ungenügender Einbindung der Sprachwissenschaftler beschlossen, was zu heftigen Protesten und zu zwei weiteren Reformen der Reform in den Jahren 2004 und 2006 geführt hat. Es ist zu hoffen, dass mit diesen der gesamte Reformprozess abgeschlossen ist.

4.6. Theodor Siebs' Orthoepie: Die Fiktion der Bühnensprache

Die Standardaussprache der deutschen Gegenwartssprache ist als Ergebnis einer sprachplanerischen „*soll*-Norm" entstanden.
Einen ersten regionalen Standardisierungsversuch nahm der Anglist Wilhelm Viëtor (Nassau, 25. Dezember 1850 – Marburg, 22. September 1918) in seinem Werk *Die Aussprache der im Wörterverzeichnis für die deutsche Rechtschreibung zum Gebrauch in den preußischen Schulen enthaltenen Wörter* (1885) vor. Darin legt Viëtor die Aussprachenorm für eine Auswahl von rund 4.000 Vokabeln fest.
Einige der Kodifizierungen Viëtors haben bis zum heutigen Tag überlebt, wie zum Beispiel die Normierung der Aussprache von „*st*" und „*sp*" vor betonten Vokalen zu [ʃt], beziehungsweise zu [ʃp].

Diese konnten bis dahin frei entweder als [ʃt] im Süden oder [st] im Norden, beziehungsweise als [ʃp] im Süden oder [sp] im Norden gesprochen werden.
So kommt es, dass die heute verbindliche Sprechweise, wie sie in „*stehen*" [ˈʃteːˌən] / [ˈʃteːˌn̩] und „*sprechen*" [ˈʃprɛˌçən] / [ˈʃprɛˌçn̩] anzutreffen ist, von Viëtor stammt. Sie ist also kein Ergebnis einer sprachlichen Entwicklung, sondern der Durchsetzung einer Norm.
Bis zum Ende des 19. Jahrhunderts, als die einzigen vorhandenen Massenmedien die Zeitungen und Flugblätter waren, konnte die vorbildhafte Aussprache bestenfalls über das Theater, also über die Artikulationsgewohnheiten der Schauspieler auf der Bühne, definiert werden.

Această recentă reformă ortografică a germanei a fost însă hotărâtă de înalţi funcţionari de stat cu competenţe culturale, care nu s-au consultat îndeajuns cu lingviştii, ceea ce a dus la proteste vehemente şi la alte două reforme ale reformei în anii 2004 şi 2006. Rămâne de sperat că odată cu acestea întregul proces de reformare s-a încheiat.

4.6. Ortoepia lui Theodor Siebs: Ficţiunea limbii de scenă

Pronunţia standard a limbii germane contemporane a luat naştere ca rezultat al unei norme impuse [„*soll*-Norm"] prin planificare lingvistică.

O primă încercare der standardizare provine de la anglistul Wilhelm Viëtor (Nassau, 25 decembrie 1850 – Marburg, 22 septembrie 1918). În lucrarea sa *Die Aussprache der im Wörterverzeichnis für die deutsche Rechtschreibung zum Gebrauch in den preußischen Schulen enthaltenen Wörter* [Pronunţia cuvintelor conţinute în breviarul de cuvinte pentru ortografia germană, spre folosinţă în şcolile Prusiei] (1885) Viëtor defineşte normele de pronunţie pentru o selecţie de aproximativ 4.000 de cuvinte.

Unele din codificările lui Viëtor au supravieţuit până în ziua de azi, ca de exemplu normarea pronunţiei lui „*st*" şi „*sp*" înaintea vocalelor accentuate ca [ʃt], respectiv ca [ʃp].

Acestea puteau fi pronunţate până la acea dată liber, fie ca [ʃt], în sud, sau ca [st], în nord, respectiv ca [ʃp] în sud sau ca [sp] în nord.

Aşa se face că forma normată actuală de pronunţie, cum se găseşte ea în „*stehen*" (a sta) [ˈʃteːˌən] / [ˈʃteːn̩], şi „*sprechen*" (a vorbi) [ˈʃpreˌçən] / [ˈʃpreˌçn̩], provine de la Viëtor. Ea nu este deci rezultatul unei evoluţii lingvistice, ci a impunerii unei norme.

Până la sfârşitul secolului al XIX-lea, când singurele mijloace mass-media existente erau ziarele şi foile volante, pronunţia exemplară se putea defini, în cel mai bun caz, prin teatru, adică prin obişnuinţele articulatorii ale actorilor pe scenă.

Jedoch sprachen auch die Schauspieler mitunter dermaßen regional gefärbte Varietäten des Deutschen, dass ihre Aussprachegewohnheiten des öfteren Verständnisschwierigkeiten bei den Zuschauern hervorriefen.

Eine einheitliche Standardaussprache, wie sie heute mehr oder weniger selbstverständlich ist, konnte also damals weder über das Radio, noch über das Fernsehen verbreitet werden, da beides noch nicht existierte.

So gesehen ist es verständlich, wieso sich die erste verbindliche deutsche Aussprachenorm an der Bühnensprache orientierte.

Diese sprachplanerische „*soll*-Norm" wurde erst 1898 verbindlich, als Theodor Siebs (Bremen, 26. August 1862 – Breslau, 28. Mai 1941) eine Konferenz einberief, auf der Sprachwissenschaftler, Schauspieler, Theaterdirektoren und Vertreter der Sprachvereine und Sprachgesellschaften sich auf eine einheitliche Aussprachenorm ausgehend von Viëtors Regeln einigten.

Die neue einheitliche Aussprachenorm von Siebs lag der Fiktion einer idealen Bühnenaussprache der Schauspieler viel näher als dem Alltagsdeutschen, und ignorierte dieses konsequent.
Genauso wie die orthographische Norm und ihre Vorgängerin, die regional durchgesetzten Kodifizierungen Viëtors, ging diese verbindliche orthoepische Norm von den nord- und nordostdeutschen Ausspracheformen des deutschen Sprachraums aus.

Siebs kodifizierte diese ideale Aussprache in seinem Werk *Deutsche Bühnenaussprache* (1898) und bezeichnete sie als **reine Hochlautung**.
Ebenso wie der *Duden* hat dieses Werk mehrere Bearbeitungen und Erweiterungen erfahren und wird auch heute unter dem Namen *Siebs* verwendet. Oberstes Gebot der Siebsschen Norm war die „reine und vollständige Aussprache jedes einzelnen Wortes" (SIEBS: 1898, S. 83).

Însă şi actorii vorbeau uneori varietăţi ale germanei, colorate regional atât de puternic, încât obişnuinţele lor articulatorii provocau adesea dificultăţi de înţelegere în rândul spectatorilor.

O pronunţie unitară, standardizată, care este în ziua de azi un lucru mai mult sau mai puţin de la sine de înţeles, nu putea fi răspândită la acea vreme prin radio sau televiziune, deoarece acestea nu existau încă.
De aceea este uşor de înţeles de ce prima normă obligatorie de pronunţie a germanei s-a orientat după limba vorbită pe scenă.

Această normă impusă a devenit obligatorie doar în 1898, când Theodor Siebs (Bremen, 26 august 1862 – Breslau, 28 mai 1941) a convocat o conferinţă la care lingvişti, actori, directori de teatru şi reprezentanţi ai societăţilor şi asociaţiilor lingvistice s-au pus de acord asupra unei norme unitare de pronunţie pornind de la regulile lui Viëtor.

Noua normă unitară de pronunţie a lui Siebs era mult mai apropiată de ficţiunea unei pronunţii ideale de scenă a actorilor, decât de germana cotidiană, şi o ignora pe aceasta într-un mod consecvent.

La fel ca şi norma ortografică şi codificarea anterioară a lui Viëtor, care se impusese deja pe plan regional, această normă ortoepică obligatorie pornea de la formele de pronunţie ale germanei vorbite în nordul şi în nord-estul spaţiului de limbă germană.

Siebs a codificat această pronunţie ideală în lucrarea sa *Deutsche Bühnenaussprache* [Pronunţia germanei pentru scenă] (1898) şi a denumit-o **reine Hochlautung** [pronunţie înaltă pură].
La fel ca şi *Duden*-ul această lucrare a fost revăzută şi adăugită de mai multe ori şi este folosită şi astăzi sub numele de *Siebs*.

Maxima supremă a normei lui Siebs era „pronunţia curată şi completă a fiecărui cuvânt în parte" (SIEBS: 1898, p. 83).

Die vollständige Artikulation aller einzelnen Laute und das Ignorieren ihrer Umgebung im Wort ließ die reine Hochlautung zu einer idealen Fiktion werden, die nicht einmal von den besten deutschsprachigen Schauspielern artikulatorisch vollständig eingehalten werden konnte.

So zum Beispiel hat Siebs konsequent die ausnahmslose Behauchung von [p], [t], und [k], unabhängig von ihrer Position im Wort durchgesetzt, während Viëtor nur ihre Behauchung (Aspiration) in betonten Silben gefordert hatte.

Die im Sprachalltag immer wieder nur unvollkommen realisierte reine Hochlautung galt dennoch bis zur 19. Auflage des *Siebs* als einzige Norm der deutschen Orthoepie. Allerdings relativierte bereits ab der Zwischenkriegszeit das Aufkommen des Tonfilms diese Vormachtstellung des *Siebs*.

Als dann zu Beginn der 60er Jahre des 20. Jahrhunderts der allgemeine Durchbruch des Radios und des Fernsehens die Vorrangstellung des Theaters als Hüter der fiktiv-idealen Aussprachenorm weiter strittig machten, kam es schrittweise zur Relativierung der Siebs-Norm (HAKKARAINEN: 1995, S. 20f.).
Erstmals wurde an dem Ideal der reinen Hochlautung in der 1962er Ausgabe des *Duden*-Aussprachewörterbuchs ganz vorsichtig gerüttelt:

> Über die Norm der Lautung, die für dieses Werk gelten soll, haben wir ernsthaft nachgedacht. Dabei stand von Anfang an fest, daß es sich in diesem Buch nur um Hochlautung handeln kann.
> Alles Mundartliche und Umgangssprachliche war damit ausgeschaltet. Schwerer war die Frage zu beantworten, ob es innerhalb der Hochlautung auf Grund der neuzeitlichen Entwicklung, die Radio, Film und Fernsehen heraufgeführt haben, notwendig sei, die von Theodor Siebs im Jahre 1898 mit Vertretern der Bühne und der Germanistik aufgestellte Hochnorm preiszugeben und an ihrer Stelle eine gemäßigte hochsprachliche Norm oder gar eine hochsprachliche Durchschnittsnorm zu setzen.

Articularea completă a tuturor sunetelor individuale în cuvânt şi ignorarea contextului lor sonor a făcut din pronunţia înaltă pură o ficţiune ideală, care nu putea fi respectată complet în articulare nici măcar de cei mai buni actori de limbă germană.

Astfel, de exemplu, Siebs a impus consecvent şi fără excepţii aspiraţia sunetelor [p], [t], şi [k], indiferent de poziţia lor în cuvânt, în timp ce Viëtor ceruse aspiraţia acestor sunete doar în silabele accentuate.

Deşi pronunţia înaltă pură nu era niciodată realizată perfect în vorbirea curentă, ea a rămas până la ediţia a nouăsprezecea a lui *Siebs* norma ideală a ortoepiei germane. Însă începând cu perioada interbelică apariţia filmului cu coloană sonoră a relativat această supremaţie a dicţionarului *Siebs*.

Când la începutul anilor 60 ai secolului al XX-lea emergenţa generală a radioului şi a televiziunii a relativat şi mai mult rolul dominant al scenei ca păstrătoare a normei de pronunţie ideal-fictive, s-a ajuns, pas cu pas, la relativarea normei lui Siebs (HAKKARAINEN: 1995, p. 20f.).

Pentru prima dată s-a pus, la modul foarte circumspect, în discuţie idealul pronunţiei înalte pure în ediţia din 1962 a *Duden*-ului de pronunţie:

> La norma pronunţiei pentru care va fi valabilă această lucrare, ne-am gândit în mod serios. Este clar de la început că în această carte nu poate fi vorba decât de pronunţie înaltă [Hochlautung]. Orice formă dialectală sau colocvială a fost deci eliminată.
>
> Mai greu a fost să răspundem la întrebarea dacă este nevoie să renunţăm în cadrul pronunţiei standard la norma de pronunţie înaltă pură pe care a stabilit-o Theodor Siebs în anul 1898 împreună cu reprezentanţii scenei şi ai germanisticii şi să aşezăm în locul ei o normă a pronunţiei înalte moderate sau chiar o normă standard medie – toate acestea având în vedere evoluţiile recente din radio şi televiziune.

In der Fachwelt wird darüber lebhaft diskutiert.

> Wir haben uns entschlossen, zwar in der Einführung zu diesem
> Werk neben der Bühnenhochlautung auch die wichtigsten
> Grundzüge einer **gemäßigten Hochlautung** [Unterstreichung: S.G.]
> zu beschreiben, im Wörterverzeichnis aber an der
> Bühnenhochlautung als einziger Norm festzuhalten, weil es uns für
> ein Buch dieser Art nach wie vor besser erschien, von einer
> Hochnorm auszugehen als ein Mittelmaß zu verlangen, das sich
> ohnedies beim Sprechen allzu leicht von selbst einstellt.
> (MANGOLD: 1962, S. 3)

Dem von Max Mangold im *Duden*-Aussprachewörterbuch
eingeführten Begriff der **gemäßigten Hochlautung** schließen sich
sieben Jahre später auch die Herausgeber der 19. Auflage des *Siebs*
an.
Sie begründen ihre Entscheidung wie folgt:

> Die gemäßigte Hochlautung erscheint sozusagen als verwirklichte
> Ideallautung.
> Der reinen Hochlautung kommt die wichtige pädagogische Aufgabe
> zu, dazu beizutragen, daß die gemäßigte Hochlautung nicht weiter
> absinkt in Formen, die landschaftlichen oder alltagssprachlichen
> Charakter tragen, oder in solch bequemer Art, die der privaten
> Sphäre, dem Umkreis der Intimität angemessen sein können[,] ...
> aber nicht der gepflegten Rede.
> Beide zusammen, die gemäßigte und die reine Form bilden „die
> Hochlautung". (de BOOR / MOSER / WINKLER: 1969, S. 7)

Nach dieser zustimmenden Reaktion von Helmut de Boor (1891-
1976) und Hugo Moser (1909-1989), die zu den bedeutendsten
Germanisten der Nachkriegszeit gehören und deren Meinung in den
Fachkreisen sehr viel galt, entschließt sich auch Max Mangold – wohl
auch unter dem Druck der mittlerweile massiv und immer mehr von
dem Ideal der reinen Hochlautung abweichenden Alltagssprache – die
Definition der gemäßigten Hochlautung expliziter auszuformulieren.

În cercurile de specialitate se discută intens despre această chestiune.

> Noi ne-am hotărât să descriem în introducerea la această lucrare pe lângă pronunţia înaltă pură şi cele mai importante caracteristici ale unei **pronunţii înalte moderate** [subliniere: S.G.]. Însă în lista propriu-zisă a cuvintelor am hotărât să menţinem pronunţia înaltă pură a scenei ca singură normă, pentru că încă ni se pare mai potrivit pentru o carte ca aceasta să pornească de la o normă înaltă pură decât de la una diminuată, adică să ceară un lucru de mijloc, care apare oricum foarte uşor şi de la sine în vorbirea curentă. (MANGOLD: 1962, p. 3)

Termenul de **pronunţie înaltă moderată**, pe care îl introduce Max Mangold în Duden-ul de pronunţie a fost sancţionat şapte ani mai târziu chiar de către editorii celei de-a nouăsprezecea ediţii a lui *Siebs*. Ei îşi motivează decizia după cum urmează:

> Pronunţia înaltă moderată ne apare ca o realizare concretă a pronunţiei înalte ideale.
>
> Pronunţiei înalte ideale îi revine o importantă sarcină pedagogică. Ea trebuie să contribuie la a opri pronunţia înaltă moderată să decadă mai departe în forme cu caracter regional sau colocvial, sau în moduri comode, ce pot fi conforme sferei private sau cercului intim[,] … însă nu vorbirii cultivate.
> Ambele luate împreună, forma înaltă ideală şi forma înaltă moderată, formează „pronunţia înaltă" [„die Hochlautung"]. (de BOOR / MOSER / WINKLER: 1969, p. 7)

După această reacţie aprobatoare a lui Helmut de Boor (1891-1976) şi Hugo Moser (1909-1989), care se numără printre cei mai importanţi germanişti ai perioadei postbelice şi a căror opinie conta foarte mult în cercurile de specialitate, Max Mangold se decide şi el – foarte probabil sub presiunea limbii vorbite, care devia între timp masiv şi tot mai mult de la idealul pronunţiei înalte pure – să formuleze mai explicit definiţia pronunţiei înalte moderate şi să o canonizeze ca normă.

So kommt es, dass er fünf Jahre darauf im Vorwort zur zweiten Auflage seines überarbeiteten *Duden* den Verzicht auf das Ideal der reinen Hochlautung explizit postuliert.

Um die Abgrenzung von der reinen Hochlautung noch deutlicher zu halten, verzichtet Mangold sogar auf seinen ursprünglichen Terminus der gemäßigten Hochlautung zugunsten eines neuen Begriffes, nämlich der **Standardaussprache**.

Nach einem Abgesang auf die reine Hochlautung stellt Mangold für die Standardaussprache fünf definitorische Merkmale auf und kanonisiert über diese die neue, praktische Norm:

> Die aus dem 19. Jahrhundert stammenden Normen der Bühnenhochlautung sind aufgegeben worden.
> Die heute als übersteigert empfundene Bühnenaussprache ist durch eine allgemeinere Gebrauchsnorm ersetzt worden, die wir hier Standardaussprache nennen. Die wesentlichen Züge dieser Standardaussprache sind folgende:
>
> > 1. Sie ist überregional, d.h. sie enthält keine typisch landschaftlichen Ausspracheformen.
> >
> > 2. Sie ist einheitlich. Varianten werden ausgeschaltet oder auf ein Mindestmaß beschränkt.
> >
> > 3. Sie ist schriftnah, d.h. sie wird weitgehend durch das Schriftbild bestimmt.
> >
> > 4. Sie ist deutlich, d.h. sie unterscheidet die Laute stärker als die Umgangslautung.
> >
> > 5. Sie ist eine Gebrauchsnorm, die der Sprechwirklichkeit nahe kommt.
> > Selbstverständlich kann sie nicht die vielfältigen Schattierungen der gesprochenen Sprache vollständig widerspiegeln. (MANGOLD: [2]1974, S. 4f.)

Astfel, cinci ani mai târziu, în prefaţa la ediţia a doua a *Duden*-ului
său revizuit, el postulează explicit renunţarea la idealul pronunţiei
înalte pure.

Pentru a se delimita şi mai evident de idealul pronunţiei înalte pure,
Mangold renunţă chiar la termenul său iniţial de pronunţie înaltă
moderată în favoarea unui concept nou, şi anume **pronunţia
standard**.

După o delimitare retrospectivă de pronunţia înaltă pură, Mangold
stabileşte pentru pronunţia standard cinci caracteristici definitorii şi
canonizează prin acestea noua normă practică:

> Normele pronunţiei de scenă care provin din secolul al XIX-lea au
> fost abandonate.
>
> Pronunţia de scenă, percepută astăzi ca fiind afectată, a fost înlocuită
> cu o normă uzuală mai generală, pe care o numim aici pronunţie
> standard. Caracteristicile esenţiale ale acestei pronunţii standard
> sunt:
>
> > 1. Ea este supraregională, adică nu conţine forme de
> > pronunţie tipic areale.
> >
> > 2. Ea este unitară.
> > Variantele se elimină sau se reduc la un minim.
> >
> > 3. Ea este apropiată de scriere, adică este determinată în
> > mare parte de forma sa grafică.
> >
> > 4. Ea este explicită, adică diferenţiază sunetele mai puternic
> > decât vorbirea colocvială.
> >
> > 5. Ea este o normă de uz, care este apropiată de realitatea
> > vorbirii.
> > Bineînţeles că ea nu poate reflecta în totalitate multitudinea
> > de nuanţe ale limbii vorbite. (MANGOLD: [2]1974, p. 4f)

Bei allem Risiko einer exzessiven Zitierung:

Eine weitere definitorische Aussage Mangolds belegt, wie sehr die Reform der reinen Hochlautung notwendig war und wie sehr die Standardaussprache eine Anerkennung der längst davon abweichenden artikulatorischen Wirklichkeit ist:

> Mit der Standardaussprache will das Aussprachewörterbuch eine allgemein gültige Aussprache vermitteln.
> Es wendet sich nicht mehr an einen kleinen Kreis von Schauspielern, geschulten Sprechern und Rednern, sondern an alle, die sich um eine korrekte Aussprache der Hoch- oder Standardsprache bemühen.
>
> Die Standardaussprache gilt für alle Sprechsituationen, in denen man sich nicht der Mundart oder der Umgangssprache bedient; sie gewährleistet eine einwandfreie Verständigung in allen Teilen des deutschen Sprachgebiets und mit Menschen aller Schichten und Berufe. Auch die Deutsch lernenden Ausländer werden diese wirklichkeitsnahe Aussprache begrüßen. (MANGOLD: [2]1974, S. 4)

So hat Mangolds *Duden* durch seine damals revolutionäre Standardlautung das *Siebs*-Wörterbuch endgültig als Referenzwerk zur deutschen Aussprache verdrängt.

Jedoch spricht der Duden heute eine andere Sprache.

Nachdem er Mangolds Begriff der Standardaussprache aus dem Jahr 1967 endgültig etabliert hat, versucht er nun, von Auflage zu Auflage mit der Ausspracheentwicklung in der Alltagssprache Schritt zu halten.
Deswegen definiert die *Duden*-Redaktion die vorgeschlagenen IPA-Transkriptionen im Wörterbuch als **Überlautung** (DUDEN: [6]2005, S. 67).
Daduch verbrieft die höchste Instanz des deutschen Sprachraumes den Übergang von der Fiktion der idealen Aussprache zur Akzeptanz der alltagssprachlichen Artikulation als Richtwert für die Normierung.

Cu tot riscul unei citări excesive:

Un alt enunţ definitoriu al lui Mangold demonstrează cât de necesară a fost reforma pronunţiei înalte pure şi în ce măsură pronunţia standard este o recunoaştere a realităţii articulatorii care deviază de mult de la idealul celei dintâi:

> Cu pronunţia standard, dicţionarul de pronunţie intenţionează să facă cunoscută o pronunţie general valabilă.
> El nu se mai adresează unui cerc restrâns de actori, vorbitori educaţi şi crainici de radio şi televiziune, ci tuturor celor care se străduiesc să atingă o pronunţie corectă a limbii înalte sau standard.
>
> Pronunţia standard este valabilă în toate situaţiile de vorbire, în care nu se foloseşte dialectul sau vorbirea colocvială; ea asigură o comunicare perfectă în toate ariile spaţiului de limbă germană, între oamenii din toate categoriile sociale şi de toate profesiile. De asemenea şi străinii care învaţă limba germană vor saluta această pronunţie apropiată de realitate. (MANGOLD: [2]1974, p. 4)

Astfel *Duden*-ul lui Mangold a eliminat definitiv dicţionarul *Siebs* ca lucrare de referinţă pentru pronunţia limbii germane.

Însă *Duden*-ul vorbeşte astăzi pe altă limbă.

După ce el a impus definitiv termenul de pronunţie standard al lui Mangold din anul 1967, el încearcă în prezent să se menţină de la ediţie la ediţie la curent cu evoluţia pronunţiei în limba de zi cu zi.

De accea redacţia *Duden*-ului defineşte transcrierile IPA propuse în dicţionar ca **Überlautung** [supraarticulare] (DUDEN: [6]2005, p. 67).

Prin aceasta cea mai înaltă instanţă a spaţiului de limbă germană documentează trecerea de la ficţiunea pronunţiei ideale la acceptarea articulaţiei cotidiene ca reper de orientare în normare.

4.7. Eselsbrücken zur Aussprache: Die Buchstabiertafeln

Wie ersichtlich, weist die deutsche Aussprache eine nunmehr relativ ausgeprägte Normung und Standardisierung auf. Trotz dessen und trotz mitunter perfektionistischer Qualitätssteigerungen der Fernübertragung von mündlicher Kommunikation, kommt es noch immer in eingeschränkten Kommunikationssituationen wie Telefonaten, Diktaten oder fremdsprachlichen Mitteilungen zu Verständnisschwierigkeiten zwischen den Sprechern und Hörern.

Wenn zusätzlich einer der daran Beteiligten kein Muttersprachler des Deutschen ist, oder einem Deutschsprachigen ein unbekanntes Wort, das aus einer ihm unbekannten Fremdsprache stammt, mitgeteilt wird, bricht der Kommunikationsfluss leicht ab, oder er wird bestenfalls durch häufige Rückfragen unterbrochen.

In solchen anscheinend aussichtslosen Situationen greift man zu den standardisierten **Buchstabiertafeln**.

Diese sind noch unter den Bezeichnungen Buchstabieralphabet, Telefonalphabet, Funkalphabet oder Fliegeralphabet bekannt.

Bei der Verwendung dieser Buchstabiertafeln spricht der Sprecher für den Hörer jeden einzelnen Buchstaben des betreffenden Wortes aus. Dabei verwendet er eine standardisierte Reihe von Referenzvokabeln, die mit den betreffenden Buchstaben beginnen und die in diesen Buchstabiertafeln festgelegt wurden.
Demnach wird bei der Verwendung der Buchstabiertafel jeder Buchstabe einzeln, aber als ein ganzes Wort mit dem entsprechenden Anfangsbuchstaben gesprochen. Das zu vermittelnde Wort entsteht dann aus dem Zusammenlegen dieser Anfangsbuchstaben.
Der Vorläufer der heutigen deutschsprachigen Buchstabiertafeln ist das Berliner Telefonalphabet aus dem Jahre 1890, das allerdings Zahlen anstelle von Buchstaben verwendete (SCHWENDER: 1997a, S. 70ff).

4.7. Puntea măgarului: Tabelele de pronunţie mnemonice

Devine evident că pronunţia limbii germane beneficiază de o normare
şi standardizare de acum relativ accentuate.
În pofida acesteia şi a formelor uneori perfecţioniste pe care le-a atins
transmisia la distanţă a comunicării verbale, mai apar încă dificultăţi
de înţelegere între vorbitor şi ascultător în situaţii de comunicare
restricţionată, ca în convorbiri telefonice, în timpul dictărilor sau în
timpul comunicării în limbi străine.

Dacă pe deasupra unul dintre cei doi participanţi nu este vorbitor nativ
de germană, sau dacă un vorbitor nativ de germană trebuie să noteze
un cuvânt necunoscut lui, care provine dintr-o limbă străină, fluxul de
comunicare se întrerupe foarte uşor, sau în cel mai bun caz el este
îngreunat prin întrebări explicative frecvente.

În astfel de situaţii – aparent fără ieşire – se folosesc **tabelele de
pronunţie mnemonice** [Buchstabiertafeln] standardizate.

Acestea mai sunt cunoscute şi sub denumirile de alfabet de pronunţie
pe litere, alfabet telefonic, alfabet radio sau alfabet aviatic.

La folosirea acestor tabele de pronunţie vorbitorul rosteşte pentru
ascultător separat fiecare literă a cuvântului respectiv. Pentru aceasta
el foloseşte o serie standardizată de cuvinte de referinţă, ce încep cu
literele respective şi care sunt stabilite în aceste tabele de pronunţie.

Deci la folosirea tabelei de pronunţie fiecare literă se pronunţă în
parte, însă ca şi un cuvânt întreg ce începe cu respectiva literă iniţială.
Cuvântul de transmis se constituie apoi din alăturarea acestor litere
iniţiale.

Precursorul tabelelor de pronunţie contemporane este alfabetul
telefonic berlinez din 1890, care folosea însă cifre în locul literelor
(SCHWENDER: 1997a, p. 70ff).

Um die häufigen Missverständnisse zu beseitigen, die während der damals mangelhaften Qualität der telefonischen Übertragungen auftraten, ordnete das Berliner Telefonamt den einzelnen Buchstaben des Alphabets Zahlen in steigender Reihenfolge zu: 1 = A, 2 = B, 3 = C, usw.

Das Wort „*Phonetik*" würde man also nach dem Berliner Telefonalphabet wie folgt buchstabieren:

Sechzehn – Acht – Fünfzehn – Vierzehn – Fünf – Zwanzig – Neun – Elf

Im Jahre 1903 ging man zu der heutigen Form der Buchstabiertafeln über. Anstelle der Zahlenzuordnung verwenden diese Referenzwörter, die mit dem Buchstaben beginnen, der auszusprechen ist.

Bei der Auswahl dieser Referenzwörter wurde darauf geachtet, dass sie mehrsilbig sind, um ihre Verwechslungsanfälligkeit zu reduzieren. Zudem wurden Wörter, mit unterschiedlicher Betonung und unterschiedlichem Tonklang selektiert.

Buchstabiertafeln verwendet man auch außerhalb des geschlossenen deutschen Sprachraumes, um sensible Informationen sicher und unverstümmelt zu versenden. Die weltweit bedeutendste ist die internationale Buchstabiertafel, die englische Referenzvokabeln verwendet, und seit 1956 in der Luftfahrt laufend in Gebrauch ist.

Ausgehend von diesem englischen internationalen Flugalphabet hat sich im militärischen Bereich eine sehr ähnliche englischsprachige NATO-Buchstabiertafel entwickelt.

Für die Selektion der Referenzwörter in diesen internationalen Buchstabiertafeln galten zunächst die gleichen Kriterien wie für die deutschen Tafeln. Zusätzlich durften diese nur Wörter enthalten, die von Sprechern jeder Muttersprache ohne zusätzliches Training im Englischen artikuliert werden können.

Jedoch sind die Referenzvokabeln der Buchstabiertafeln im deutschen Sprachraum nicht einheitlich, sondern national standardisiert.

In der nachstehenden Abbildung sind die deutsche, die österreichische und die schweizerische Buchstabiertafel, sowie die internationale Buchstabiertafel mit englischen Referenzvokabeln aufgelistet:

Pentru a înlătura neînțelegerile frecvente care apăreau la acea vreme datorită calității precare a legăturilor telefonice, oficiul telefonic de la Berlin a repartizat fiecărei litere a alfabetului câte o cifră în ordine crescătoare: 1 = A, 2 = B, 3 = C, ș.a.m.d.

Cuvântul „*Phonetik*" [fonetică] s-ar pronunța deci pe litere conform alfabetului telefonic berlinez după cum urmează:

Sechzehn – Acht – Fünfzehn – Vierzehn – Fünf – Zwanzig – Neun – Elf
[șaisprezece – opt – cincisprezece – patrusprezece – cinci – douăzeci – nouă – unsprezece]

În anul 1903 s-a trecut apoi la forma actuală a tabelelor de pronunție. Acestea folosesc în locul cifrelor cuvinte de referință care încep cu litera ce trebuie pronunțată.

La selecția acestor cuvinte de referință s-a avut în vedere ca ele să fie plurisilabice, deoarece cuvintele diferite sunt mai greu de confundat unele cu altele. De asemenea s-au selectat cuvinte cu accente și tonalități diferite.

Tabele de pronunție se folosesc și în afara spațiului de limbă germană pentru a asigura transmiterea sigură și netorsionată a informațiilor sensibile. Cea mai importantă dintre ele este tabela de pronunție internațională, care folosește cuvinte de referință din limba engleză și care este în uz în aviație din 1956.

Pornind de la acest alfabet aviatic internațional s-a dezvoltat în domeniul militar și de asemenea în limba engleză o tabelă de pronunție NATO extrem de similară.

Pentru selecția cuvintelor de referință în aceste tabele de pronunție internaționale s-au folosit de la bun început aceleași criterii ca pentru cele germane. Suplimentar acestea nu au voie să conțină decât cuvinte ce pot fi articulate de către vorbitorii oricărei limbi fără training suplimentar în limba engleză.

Însă cuvintele de referință ale tabelelor de pronunție în limba germană nu sunt unitare, ci standardizate național.

În ilustrația următoare sunt listate tabelele de pronunție naționale pentru Germania, Austria și Elveția precum și tabela de pronunție internațională cu cuvinte de referință în engleză:

BUCHSTABE	DEUTSCHLAND	ÖSTERREICH	SCHWEIZ	ENGLISCH / INTERNATIONAL
A	Anton	Anton	Anna	Alfa
Ä	Ärger	Ärger	Ä(Ae)sch	-
B	Berta	Berta	Berta	Bravo
C	Cäsar	Cäsar	Cäsar	Charlie
Ch	Charlotte	Christine	-	-
D	Dora	Dora	Daniel	Delta
E	Emil	Emil	Emil	Echo
F	Friedrich	Friedrich	Friedrich	Foxtrot
G	Gustav	Gustav	Gustav	Golf
H	Heinrich	Heinrich	Heinrich	Hotel
I	Ida	Ida	Ida	India
J	Julius	Julius	Jakob	Juliett
K	Kaufmann	Konrad	Kaiser	Kilo
L	Ludwig	Ludwig	Leopold	Lima
M	Martha	Martha	Marie	Mike
N	Nordpol	Nordpol	Niklaus	November
O	Otto	Otto	Otto	Oscar
Ö	Ökonom	Österreich	Ö(Oe)rlikon	-
P	Paula	Paula	Peter	Papa
Qu	Quelle	Quelle	Quasi	Quebec
R	Richard	Richard	Rosa	Romeo
S	Siegfried	Siegfried	Sophie	Sierra
Sch	Schule	Schule	-	-
ß	**Eszett**	**Scharfes S**	-	-
T	Theodor	Theodor	Theodor	Tango
U	Ulrich	Ulrich	Ulrich	Uniform
Ü	Übel	Übel	Übermut	-
V	Viktor	Viktor	Viktor	Victor
W	Wilhelm	Wilhelm	Wilhelm	Whiskey
X	Xanthippe	Xaver	Xaver	X-ray
Y	Ypsilon	Ypsilon	Yverdon	Yankee
Z	Zeppelin	Zürich	Zürich	Zulu

Abb. XXII: Buchstabiertafeln im Vergleich

LITERĂ	GERMANIA	AUSTRIA	ELVEȚIA	ENGLEZĂ/ INTERNAȚIONAL
A	Anton	Anton	Anna	Alfa
Ä	Ärger	Ärger	Ä(Ae)sch	-
B	Berta	Berta	Berta	Bravo
C	Cäsar	Cäsar	Cäsar	Charlie
Ch	Charlotte	Christine	-	-
D	Dora	Dora	Daniel	Delta
E	Emil	Emil	Emil	Echo
F	Friedrich	Friedrich	Friedrich	Foxtrot
G	Gustav	Gustav	Gustav	Golf
H	Heinrich	Heinrich	Heinrich	Hotel
I	Ida	Ida	Ida	India
J	Julius	Julius	Jakob	Juliett
K	Kaufmann	Konrad	Kaiser	Kilo
L	Ludwig	Ludwig	Leopold	Lima
M	Martha	Martha	Marie	Mike
N	Nordpol	Nordpol	Niklaus	November
O	Otto	Otto	Otto	Oscar
Ö	Ökonom	Österreich	Ö(Oe)rlikon	-
P	Paula	Paula	Peter	Papa
Qu	Quelle	Quelle	Quasi	Quebec
R	Richard	Richard	Rosa	Romeo
S	Siegfried	Siegfried	Sophie	Sierra
Sch	Schule	Schule	-	-
ß	Eszett	Scharfes S	-	-
T	Theodor	Theodor	Theodor	Tango
U	Ulrich	Ulrich	Ulrich	Uniform
Ü	Übel	Übel	Übermut	-
V	Viktor	Viktor	Viktor	Victor
W	Wilhelm	Wilhelm	Wilhelm	Whiskey
X	Xanthippe	Xaver	Xaver	X-ray
Y	Ypsilon	Ypsilon	Yverdon	Yankee
Z	Zeppelin	Zürich	Zürich	Zulu

Ilustrația XXII: Tabele de pronunție în comparație

Wie aus dem Vergleich der nationalen deutschsprachigen Buchstabiertafeln ersichtlich wird, weisen diese nur geringe Unterschiede auf.
Deswegen ist bei allen Sprechern des deutschen Sprachraumes davon auszugehen, dass sie mit allen drei nationalen Buchstabiertafeln leicht umgehen können.

Nimmt man also die Buchstabierung des Wortes „*Phonetik*" im Deutschen nach der deutschen, nach der österreichischen oder nach der schweizerischen Buchstabiertafel vor, kann man erwarten, dass alle Muttersprachler des geschlossenen deutschen Sprachraums die drei Buchstabierungsvarietäten problemlos verstehen werden:

- für DEUTSCHLAND: **P**aula – **H**einrich – **O**tto – **N**ordpol – **E**mil – **T**heodor – **I**da – **K**aufmann
- für ÖSTERREICH: **P**aula – **H**einrich – **O**tto – **N**ordpol – **E**mil – **T**heodor – **I**da – **K**onrad
- für die SCHWEIZ: **P**eter – **H**einrich – **O**tto – **N**iklaus – **E**mil – **T**heodor – **I**da – **K**aiser.

Für andere Wörter fallen die Unterschiede zwischen den drei nationalen Buchstabiertafeln ausgeprägter aus, wie zum Beispiel im Wort „*kurz*", das wie folgt buchstabiert wird:

- in DEUTSCHLAND: **K**aufmann – **U**lrich – **R**ichard – **Z**eppelin
- in ÖSTERREICH: **K**onrad – **U**lrich – **R**ichard – **Z**ürich
- in der SCHWEIZ: **K**aiser – **U**lrich – **R**osa – **Z**ürich

Buchstabiert man das deutsche Wort „*Phonetik*" für einen Nicht-Deutschsprachigen, so verwendet man englische Referenzvokabeln der internationalen Buchstabiertafel, die selbstverstätndlich erhebliche Unterschiede zu den drei deutschsprachigen Varietäten aufweisen:

Papa – **H**otel – **O**scar – **N**ovember – **E**cho – **T**ango – **I**ndia – **K**ilo.

După cum reisese din comparaţia celor trei tabele naţionale de pronunţie de limbă germană, acestea nu prezintă decât diferenţe mici.

De aceea se consideră că toţi vorbitorii din spaţiul lingvistic german pot opera uşor cu cele trei tabele naţionale de pronunţie.

Dacă se pronunţă deci pe litere cuvântul „*Phonetik*" [fonetică] în germană conform tabelelor naţionale de pronunţie germane, austriece sau elveţiene, este deci de aşteptat ca toţi vorbitorii nativi din spaţiul lingvistic german să înţeleagă cele trei varietăţi fără probleme:

- pentru GERMANIA: **P**aula – **H**einrich – **O**tto – **N**ordpol – **E**mil – **T**heodor – **I**da – **K**aufmann
- pentru AUSTRIA: **P**aula – **H**einrich – **O**tto – **N**ordpol – **E**mil – **T**heodor – **I**da – **K**onrad
- pentru ELVEŢIA: **P**eter – **H**einrich – **O**tto – **N**iklaus – **E**mil – **T**heodor – **I**da – **K**aiser.

În alte cuvinte diferenţele dintre cele trei tabele naţionale sunt mai evidente, ca în cazul cuvântului „*kurz*", care se pronunţă pe litere după cum urmează:

- în GERMANIA: **K**aufmann – **U**lrich – **R**ichard – **Z**eppelin
- în AUSTRIA: **K**onrad – **U**lrich – **R**ichard – **Z**ürich
- în ELVEŢIA: **K**aiser – **U**lrich – **R**osa – **Z**ürich

Dacă se pronunţă pe litere cuvântul german „*Phonetik*" pentru cineva care nu vorbeşte această limbă, se folosesc cuvintele de referinţă în limba engleză ale tabelei de pronunţie internaţională, care, bineînţeles, prezintă diferenţe majore faţă de cele trei varietăţi germane:

Papa – **H**otel – **O**scar – **N**ovember – **E**cho – **T**ango – **I**ndia – **K**ilo.

In manchen Fällen weicht die Schreibung der Referenzvokabeln in den englischen Buchstabiertafeln von der üblichen Normschreibung ab, wie zum Beispiel in *„Juliett"*, das mit *„tt"* geschrieben wird, da Französischsprachige bei der Schreibung mit einem *„t"*, *„Juliet"* leicht auf den Gedanken kommen würden, das [t] im Auslaut nicht mehr auszusprechen.

Ohne diese Abweichungen würde also die einheitliche Aussprache dieser Referenzwörter, welche ja die Verständigung über die nationalen Alphabetsysteme hinaus erleichtern soll, erneut erschwert werden.

Gleiches gilt für die Schreibung des Schlüsselwortes *„Alfa"*, das nicht der englischen Schreibnorm gemäß als „Alpha" geschrieben wird, da nicht in allen Sprachen die Aussprache von *„ph"* als [f] selbstverständlich ist.

Nicht nur für die Lerner des Deutschen, sondern auch für die Muttersprachler dieser Sprache ist die Kenntnis der Buchstabiertafeln von ausschlaggebender Bedeutung für das problemlose und kompetente Kommunizieren.

Die Buchstabiertafeln werden alltäglich bei der telefonischen Durchgabe von Namen, bei postalischen Straßenanfragen sowie für die Schreibung unbekannter Eigennamen verwendet.

Die sichere Beherrschung zumindest einer nationalen Buchstabiertafel des deutschen Sprachraumes gehört mittlerweile zum minimalen kommunikativen Kompetenzstandard im Deutschen, so etwa wie die kompetente Beherrschung elementarer Ausspracheregeln.

Diese stringente Notwendigkeit der Beherrschung der deutschen Buchstabiertafeln kann einem Nicht-Deutschsprachigen sehr wohl ungewohnt vorkommen. Jedoch internalisieren die Muttersprachler des Deutschen die Buchstabiertafeln in der Grundschule, gleichzeitig mit dem Erlernen des Alphabets. Dementsprechend bauen sie die Erwartungshaltung auf, dass ein jeder, der Deutsch lesen und schreiben kann, auch eine Buchstabiertafel beherrscht.

În unele cazuri grafia cuvintelor de referință din tabelele de pronunție engleze diferă de norma uzuală, ca de exemplu în „*Juliett*", care este grafiat „*tt*", pentru că vorbitorii francofoni ar fi poate tentați în cazul scrierii cu un singur „*t*" să nu mai pronunțe [t] -ul final din „*Juliet*".

Fără aceste devieri pronunția unitară a acestor cuvinte de referință, care este menită să asigure comunicarea dincolo de sistemele alfabetice naționale, ar fi deci din nou îngreunată.

Același lucru este valabil și pentru scrierea cuvântului de referință „*Alfa*", care nu se grafiază conform normei de scriere engleze „Alpha", pentru că nu în toate limbile este de la sine înțeleles că pronunția grupului de litere „*ph*" este [f].

Nu doar pentru cei ce învață limba germană, ci și pentru vorbitorii nativi ai acestei limbi cunoașterea tabelelor de pronunție este de importanță vitală pentru comunicarea competentă și lipsită de probleme.

Tabelele de pronunție se folosesc în mod curent la transmiterea telefonică a numelor, la poștă în comunicarea numelor de străzi precum și în scrierea numelor proprii necunoscute.
Între timp stăpânirea sigură a cel puțin uneia dintre tabelele naționale de pronunție a spațiului de limbă germană ține de un standard minim de competență comunicativă în limba germană, la fel ca de exemplu stăpânirea competentă a regulilor elementare de pronunție.

Această necesitate stringentă a cunoașterii tabelelor de pronunție ale limbii germane ar putea lesne să-i pară neobișnuită cuiva care nu vorbește germana ca limbă nativă. Însă vorbitorii nativi ai limbii germane internalizează tabelele de pronunție în școala primară, odată cu învățarea alfabetului. În mod corespunzător în orizontul lor de așteptare fiecare persoană care știe să vorbească sau să scrie în limba germană trebuie să stăpânească și o tabelă de pronunție.

V. PHONETIK UND PHONOLOGIE: EINE (UN)GLÜCKLICHE WOHNGEMEINSCHAFT

5.1. Definitionen in Opposition

Peter Ladefoged wurde einmal befragt, wie er denn zur Trennung zwischen Phonetik und Phonologie stehe. Darauf antwortete er schmunzelnd, nach einer kurzen Denkpause: *„Linguistic Phonetics"* (Linguistische Phonetik).
Ob diese Begriffsprägung de Groots auf dem Haager Linguistenkongress 1928, gleichsam der Titel des 1971 veröffentlichten Bandes von Ladefoged, die letzte Antwort und endgültige Lösung dieses Dilemmas ist, mag dahingestellt sein. Allenfalls wusste Ladefoged sehr wohl, dass die ideelle Synthese der zwei Disziplinen weder in der Taxonomie, noch im Kanon jener linguistischen Teildisziplinen, in denen die Phonetik und die Phonologie etabliert sind, zu finden sei.
Ob er in seiner Antwort an die praktische Linguistik seines Vorvorgängers Henry Sweet gedacht hat, ist nicht mehr überliefert. Doch deckt de Groots terminologische Prägung, die Ladefoged übernimmt, gerade jenen virtuellen Oberbegriff der praktischen Phonetik, beziehungsweise Linguistik ab, dessen Fehlen bereits im Henry Sweet gewidmeten Kapitel dieses Bandes ausführlich besprochen wurde. Zur terminologischen Lücke kommt der unterschiedliche Gebrauch der jeweiligen Bezeichnungen im deutschen und im englischen Sprachraum.
Allerdings vewendet man im Englischen gelegentlich *phonology* als Oberbegriff für *phonetics* (deutsch: Phonetik, rumänisch: fonetică) und *phonemics* (deutsch: Phonologie, seltener: Phonemik; rumänisch: fonologie, seltener: fonemică), so dass die Gültigkeit der Ladefogedschen Aussage eher für andere Sprachen denn für das Englische zutrifft.
Dennoch: auch im Englischen hat sich die Trias *phonology (*„Phonologie") = phonetics („Phonetik") + phonemics („Phonemik")* nicht endgültig durchgesetzt.

V. FONETICĂ ŞI FONOLOGIE:
UN CONCUBINAJ (NE)FERICIT

5.1. Definiţii în opoziţie

Peter Ladefoged a fost întrebat odată despre opinia sa în legătură cu partajul dintre fonetică şi fonologie. După o scurtă pauză de gândire, el a răspuns, zâmbind discret: *„Linguistic Phonetics"* (Fonetică lingvistică).

Termenul propus de către de Groot la Congresul lingviştilor de la Haga în 1928, care este de altfel şi titlul volumului publicat de Ladefoged în 1971, nu reprezintă probabil nici răspunsul definitiv şi nici soluţia ultimă a acestei dileme. În orice caz Ladefoged ştia foarte bine că sinteza ideală a celor două discipline nu era consacrată nici în taxonomie, nici în canonul ştiinţific al subdisciplinelor în care sunt ancorate fonetica şi fonologia.

Dacă Ladefoged s-a gîndit în răspunsul său la lingvistica practică a antepredecesorului său, Henry Sweet, nu se mai cunoaşte. Însă termenul lui de Groot preluat de Ladefoged acoperă tocmai aria acelui supra-termen virtual al foneticii practice, respectiv al lingvisticii practice, a cărui lipsă a fost discutată pe larg în acest volum în capitolul dedicat lui Henry Sweet.
La acest gol terminologic se adaugă şi folosirea diferită a termenilor în spaţiul de limbă germană, faţă de cel de limbă engleză.

În engleză se foloseşte uneori *phonology* ca supra-termen pentru *phonetics* (în germană: Phonetik, în română: fonetică) şi *phonemics* (în germană: Phonologie, mai rar: Phonemik; în română: fonologie, mai rar: fonemică), aşa că afirmaţia lui Ladefoged e mai degrabă valabilă pentru alte limbi decât pentru engleză.

Şi totuşi: nici în engleză triada *fonologie („fonologie")* = *phonetics („fonetică") + phonemics („fonemică")* nu s-a impus definitiv.

Ein berühmtes und sehr hilfreiches Zitat zur Abgrenzung der Phonetik
von der Phonologie formuliert deren Verhältnis zueinander wie folgt:

> Die Phonetik sammelt Rohmaterial, die Phonemik kocht es auf
> [Phonetics gathers raw material, phonemics cooks it.]. (PIKE: [6]1964, S. 57)

Anders gesagt: ein Phonologe ist ein Phonetiker, der seine
Beobachtungen in einen funktionalen Rahmen stellt.

Noch weniger ist die Verwendung dieser Begriffe im Deutschen und
im Rumänischen üblich, denn auch diesen beiden Sprachen fehlt, wie
dem Englischen, ein gemeinsamer und allgemein akzeptierter
Oberbegriff für die Phonetik und die Phonologie.

So kommt es sowohl im Deutschen als auch im Rumänischen oft
dazu, dass jemand bloß „Phonetik" sagt oder schreibt, aber die
Phonologie impliziert, was die saubere terminologische Abgrenzung
dieser zwei Wissenschaftszweige erschwert. Unterstreichen also die
Phonetiker das Verbindende zwischen Phonetik und Phonologie, so
wollen die Phonologen meistens die Unterschiede zwischen den zwei
Disziplinen sehen (RAMERS: [2]2001, S. 9).

Diese Unterschiede in der Sichtweise der Phonologen und der
Phonetiker kommen in folgendem kontrastiven Definitionenpaar von
Peter Ernst deutlich zum Ausdruck:

> Die *Phonetik* (Unterstreichung: P.E.) ist genau genommen eine
> Naturwissenschaft. Sie untersucht die Erzeugung von Sprechlauten,
> ihre physikalischen Eigenschaften sowie ihre Wahrnehmung. Da die
> physiologischen Voraussetzungen aller (gesunden) Menschen gleich
> sind, sind die grundsätzlichen Erkenntnisse der Phonetik unabhängig
> von Einzelsprachen.

Nach der Einstufung der Phonetik in den Bereich der
Naturwissenschaften spricht sich diese Definition, in der besten
Tradition Saussures und Trubetzkoys, für die saubere Trennung
zwischen der Phonetik und der Phonologie aus:

Un renumit citat, extrem de folositor pentru delimitarea foneticii de fonologie, formuleaza relaţia acestora după cum urmează:

Fonetica strânge materialul brut, iar fonologia îl fierbe
[Phonetics gathers raw material, phonemics cooks it.]. (PIKE: [6]1964, p. 57)

Altfel spus: un fonolog este un fonetician, care îşi poziţionează observaţiile într-un cadru funcţional.

Şi mai puţin este uzitată folosirea acestor termeni în germană şi română, căci şi acestor două limbi le lipseşte, precum limbii engleze, un supra-termen general acceptat pentru fonetică şi fonologie.

Astfel se ajunge atât în germană cât şi în română foarte des în situaţia în care cineva doar spune sau scrie „fonetică", însă se referă implicit şi la fonologie, ceea ce îngreunează delimitarea terminologică corectă în cazul celor două discipline ştiinţifice.

Deci, în vreme ce foneticienii subliniază elementele comune dintre fonetică şi fonologie, fonologii scot de obicei în evidenţă diferenţele între cele două discipline (RAMERS: [2]2001, p. 9).

Aceste deosebiri între punctele de vedere ale fonologilor şi ale foneticienilor sunt surprinse în mod evident în următoarea pereche de definiţii contrastive ale lui Peter Ernst:

Fonetica (subliniere: P.E.) este, privită mai atent, o ştiinţă a naturii. Ea analizează producerea sunetelor vorbite, a caracteristicilor lor fizice precum şi a percepţiei lor. Deoarece predispoziţiile fiziologice ale tuturor oamenilor (sănătoşi) sunt identice, rezultatele fundamentale ale foneticii sunt independente de limbile particulare.

După încadrarea foneticii în domeniul ştiinţelor naturii, această definiţie se pronunţă, în cea mai bună tradiţie a lui Saussure şi a lui Trubeţkoi, pentru o diferenţiere clară între fonetică şi fonologie:

Die *Phonologie* (auch *Phonemik* oder *Funktionslautlehre*) (Unterstreichung: P.E.) ist dagegen eine Komponente der Grammatik von Einzelsprachen. Sie untersucht den Lautbestand von Einzelsprachen, die Funktion, welche die einzelnen Laute im System der jeweiligen Sprache erfüllen (z.B. die bedeutungsunterscheidende Funktion), die Distribution der Laute in der jeweiligen Sprache (mögliche Stellungen und Kombinatorik der Laute) sowie die Veränderungen, die Laute etwa unter dem Einfluss ihrer Nachbarlaute erfahren können. (ERNST: 1999, S. 7-1)

In einer anderen Definition, die als Gegenbeispiel zur Saussure-Trubetzkoy Tradition steht, plädiert ein renommierter Berliner Phonetiker der Gegenwart für eine integrative Sicht der zwei Disziplinen und ist um die Aufhebung dieser an sich logischen und funktional durchaus berechtigten strikten Trennung zwischen der **Sprechaktlautlehre** (Phonetik) und **Sprachgebildelautlehre** (Phonologie) bemüht:

> D[...]er ... signalphonetischen[...] Analyse steht der wissenschaftstheoretisch klar hiervon zu trennende Bereich der symbolphonetischen Deskription sowie der der sprachwissenschaftlichen Analyse der Lautstruktur im Rahmen der Phonologie gegenüber. Gerade die Entwicklungen der letzten Jahre – sowohl im Bereich der Phonetik, wie in dem der linguistischen Phonologie – haben aber gezeigt, dass die strikte Trennung zwischen den Disziplinen Phonetik und Phonologie aufzuheben ist: Wir haben es mit zwei Seiten einer Medaille zu tun. (POMPINO-MARSCHALL: ²2003, S. 9)

Allerdings ist die kanonisch etablierte Trennung zwischen den „zwei Seiten der Medaille" auch in der deutschen phonetischen Tradition vor Saussure-Trubetzkoy anzutreffen. So sieht Eduard Sievers, der Gründervater der deutschen Phonetik, in dieser eine Hilfswissenschaft, der bloß die Rolle eines Zuträgers der Sprachwissenschaft zukommt. Sievers' Definition der Phonetik steht programmatisch als erster Paragraph der Einleitung seines Standardwerkes:

În schimb *fonologia* (numită şi *fonemică* sau *ştiinţa funcţională a sunetelor*) (subliniere: P.E.) este o componentă a gramaticii unor limbi particulare. Ea cercetează inventarul sonor al limbilor particulare, funcţia pe care fiecare sunet o îndeplineşte în sistemul fiecărei limbi (de exemplu funcţia de diferenţiere a sensului), distribuţia sunetelor în fiecare limbă (poziţii posibile ale sunetelor şi combinatorica lor) precum şi modificările pe care le pot suferi sunetele sub influenţa vecinilor lor. (ERNST: 1999, p. 7-1)

Într-o altă definiţie, ce stă în opoziţie exemplară cu tradiţia Saussure-Trubeţkoi, un renumit fonetician berlinez contemporan pledează pentru o viziune integrativă a celor două discipline şi pentru anularea despărţirii, în sine logică şi fără doar şi poate motivată funcţional, între **ştiinţa actelor sunetelor vorbirii** (fonetică) şi **ştiinţa formei sunetelor vorbirii** (fonologie).

Analizei ... fonetice a semnalelor i se opune domeniul descrierii fonetice simbolice, ce trebuie despărţit în mod clar de aceasta precum şi domeniul analizei lingvistice a structurii sunetelor în cadrul fonologiei. Însă tocmai evoluţiile ultimilor ani – atât în domeniul foneticii, cât şi în cel al fonologiei lingvistice – au arătat că despărţirea strictă între discipinele foneticii şi fonologiei trebuie revocată: Avem de-a face cu două faţete ale aceleiaşi medalii. (POMPINO-MARSCHALL: [2]2003, p. 9)

Însă disjuncţia stabilită canonic între cele „două faţete ale aceleiaşi medalii" se întâlneşte de asemenea şi în tradiţia fonetică dinainte de Saussure-Trubeţkoi.
Astfel Eduard Sievers, fondatorul foneticii germane, vede în aceasta o ştiinţă auxiliară, căreia îi revine doar rolul unei surse de material pentru lingvistică.
Definiţia foneticii la Sievers este explicitată programatic ca prim paragraf în capitolul introductiv al lucrării sale de referinţă:

Unter Phonetik verstehen wir die Lehre von der Sprachbildung, d.[ass] h.[eißt] von der Erzeugung, dem Wesen und der Verwendung der Sprachlaute zur Bildung von Silben, Wörtern und Sätzen, endlich auch von den allgemeinen Bedingungen ihres Wandels und Verfalls. Somit bildet die Phonetik ein Grenzgebiet zwischen der P h y s i k, insofern sie sich mit der akustischen Analyse der einzelnen Lautmassen beschäftigt, der P h y s i o l o g i e, insofern sie die Functionen der zu Erzeugung und Wahrnehmung der Sprache thätigen Organe erforscht, und endlich, der S p r a c h w i s s e n s c h a f t [alle Sperrungen: E.S.], soweit sie über die Natur eines wichtigen Objectes derselben Aufschluss ertheilt. (SIEVERS: [5]1901, S. 1)

Dieser „Makel" einer *ancilla grammaticae*, welcher der Phonetik kontinuierlich bereits lange vor Sievers' Zeiten anhaftet, verfolgt sie bis in die neueste Gegenwart. So gesehen ist das Bestreben der Phonetiker, ihre Wissenschaft im Gegensatz zur Phonologie zu legitimieren, bis zu einem Punkt nachvollziehbar:

Die Phonologie weiß, dass sie ohne die Phonetik keinen Lebensboden hat; denn mit ihrem „Phonemgehalt", ihren „Oppositionen" und „Korrelationen" bewegt sie sich fortwährend auf dem Boden der Phonetik, sie operiert unausgesetzt mit phonetischen Begriffen und Bezeichnungen. Aber auch die Phonetik hat erkannt, dass ihr von der Phonologie her wichtigste Begriffserklärungen gegeben worden sind und bedeutende Aufgaben gestellt werden. (von ESSEN: [3]1962, S. 7)

Allerdings sind auch die Aussagen Sievers und von Essens heutzutage in ihrem zeitgenössischen Kontext zu lesen. So ist die Position der Phonetik als reine Hilfswissenschaft mit der gleichen Vorsicht zu genießen, wie die organische Vision von Sievers ob des Verfalls der Sprache im Sinne August Schleichers.
Dagegen hatte sich bereits 1928 A. W. de Groot in seiner „Proposition 2" auf dem Haager Kongress positioniert, als er den Begriff der *Linguistic Phonetics* prägte, eben um – entgegen der *ancilla* Position – die linguistische Integration dieser Wissenschaft voranzutreiben:

Fonetica înseamnă studiul formării vorbirii, adică a producerii, caracteristicilor şi folosirii sunetelor în formarea silabelor, cuvintelor şi propoziţiilor, şi în final a condiţiilor generale a modificării şi decăderii lor.
Deci fonetica este o disciplină la graniţa cu f i z i c a, în măsura în care ea se ocupă de analiza acustică a cantităţilor individuale ale sunetelor, la graniţa cu f i z i o l o g i a, în măsura în care ea investighează funcţia organelor care sunt folosite în producerea şi percepţia vorbirii, şi în final la graniţa cu l i n g v i s t i c a [toate marcările grafice: E.S.], în măsura în care ea dă informaţii despre una dintre scopurile importante ale acesteia. (SIEVERS: [5]1901, p. 1)

Acest „neajuns" de a fi o *ancilla grammaticae*, care este permanent asociat foneticii încă cu mult înainte de epoca lui Sievers, o urmăreşte pe aceasta până în epoca contemporană. Privită din această perspectivă, năzuinţa foneticienilor de a-şi legitima ştiinţa în opoziţie cu fonologia, este de înţeles până la un punct:

Fonologia ştie că fără fonetică ea nu are o bază de existenţă, căci cu ale ei „conţinuturi fonetice", cu „opoziţiile" şi „corelaţiile" sale, ea se mişcă permanent pe tărâmul foneticii şi operează neîncetat cu termeni şi denumiri fonetice. Dar şi fonetica a realizat că i-au fost date de fonologie unele dintre cele mai importante definiţii terminologice şi probleme importante de rezolvat. (von ESSEN: [3]1962, p. 7)

Însă şi aserţiunile lui Sievers şi von Essen trebuie citite astăzi în contextul epocii contemporane lor. Astfel poziţia foneticii ca o pură ştiinţă auxiliară a lingvisticii trebuie privită cu aceeaşi rezervă ca şi viziunea organică a lui Sievers cu privire la decăderea limbii în spiritul lui August Schleicher.

Împotriva acesteia se poziţionase deja A. W. de Groot în 1928 cu ocazia Congresului de La Haga, postulând termenul de *Linguistic Phonetics* tocmai pentru a promova integrarea lingvistică a acestei ştiinţe şi a contracara poziţionarea ei ca *ancilla*.

Die Methoden der phonetischen Linguistik sind, selbstverständlich, linguistischer Natur ... . Von Seiten der Linguisten werden ... die Ansprüche der Linguistik an die phonetische Forschung nicht deutlich genug ausformuliert, so dass der Phonetiker in der Lage wäre von klar definierten linguistischen Fragestellungen [in seinen Forschungen, Anm.: S.G.] auszugehen. (*** 1929: Actes ..., S. 7)

Dieser unverblümte Vorwurf belegt die kritische Distanz, mit der die zwischenkriegszeitliche Linguistik die quantitativ-empirischen Untersuchungen, die naturwissenschaftlichen Methoden und die technischen Hilfsmittel der damaligen Phonetik beäugte.
Auch heutzutage führen gerade diese dazu, dass die Phonetik eher als eine naturwissenschaftliche denn eine linguistische Disziplin mit naturwissenschaftlichem Touch betrachtet wird.

Dafür werden in der Phonologie weiterhin vorwiegend theoretische Methoden und Modelle angewendet, deren Ergebnisse qualitativ ausfallen, und naturwissenschaftlich nur mittelbar nachprüfbar sind. Dabei bedient sich die Phonologie sehr wohl auch der Erkenntnisse aus der Phonetik, um ihre Theorien aufzustellen.

Da nun die Phonetik und die Phonologie mit unterschiedlichen Forschungsmethoden in verschiedenen Forschungsfeldern arbeiten, wäre ein virtueller, noch nicht existierender Oberbegriff, der beide umfaßt, an der Grenze zwischen Naturwissenschaften und Geisteswissenschaften anzusetzen.

5.2. Der Untersuchungsgegenstand der Phonetik und Phonologie

Ausgehend von diesen Definitionen der Phonetik und der Phonologie können ihre jeweiligen Arbeitsbereiche wie folgt abgegrenzt werden:
Die Phonetik untersucht die gesprochenen Laute der Sprache. Diese sind die kleinsten Einheiten der Sprache und werden durch die gleichzeitige kombinierte Betätigung mehrerer Organe des Sprechapparats realisiert.

Metodele lingvisticii fonetice sunt, bineînţeles, de natură lingvistică
... . Însă lingviştii nu formulează ... cerinţele lingvisticii faţă de
cercetarea fonetică destul de explicit, pentru ca foneticianul să poată
porni de la ipoteze lingvistice clar definite [în cercetarea sa, notă:
S.G.]. (*** 1929: Actes ..., p. 7)

Acest reproş direct documentează distanţa critică cu care privea
lingvistica interbelică cercetările cantitativ-empirice, metodele
ştiinţelor naturii şi mijloacele tehnice ale foneticii acelor timpuri.

Şi în prezent tocmai acestea fac ca fonetica să fie privită de unii
lingvişti mai degrabă ca o ştiinţă a naturii decât o disciplină lingvistică
cu tentă de ştiinţe ale naturii.

În schimb, în fonologie se folosesc în continuare cu precădere metode
şi modele teoretice, a căror rezultate au o natură calitativă şi nu pot fi
verificate decât mijlocit prin ştiinţele naturii.
În acest demers fonologia foloseşte rezultatele din fonetică pentru a-şi
constitui teoriile.

Deoarece fonetica şi fonologia operează cu metode de cercetare
diferite în domenii de cercetare diferite, supra-termenul virtual, încă
inexistent, care să le cuprindă pe amândouă, ar fi de localizat la
graniţa dintre ştiinţele naturale şi cele umaniste.

5.2. Obiectul de studiu al foneticii şi fonologiei

Pornind de la definiţiile de mai sus ale foneticii şi fonologiei
domeniile lor de lucru corespunzătoare pot fi delimitate după cum
urmează:

Fonetica studiază sunetele vorbite ale limbii. Acestea sunt cele mai
mici unităţi ale limbii şi se realizeaza prin acţiunea simultană şi
combinată a mai multor organe ale aparatului vocal.

Als Ergebnis einer physiologischen Tätigkeit gehören die gesprochenen Laute zum Untersuchungsgegenstand der Physiologie.

Das Ergebnis dieser physiologischen Tätigkeit sind die Sprechlaute, das sind akustische Erscheinungen, die zum Gegenstandsbereich der Physik gehören. So positioniert sich die Phonetik als eine Naturwissenschaft an der Grenze zwischen Physik und Physiologie.

Andererseits bilden die Laute der Sprache Wörter, die Gedanken und Gefühle ausdrücken.

Deswegen können die Sprechlaute – in einem erweiterten Sinne – auch zum Untersuchungsgegenstand der Psychologie werden.

Zugleich dienen diese Sprachlaute als Sprachlaute auch der zwischenmenschlichen Kommunikation und erfüllen somit eine soziale Funktion. Deswegen ist die Phonetik auch an der Grenze zur Soziologie positioniert.

Die graphische Darstellung der Verhältnisse der Phonetik zu den Nachbarwissenschaften lässt sich demnach wie folgt aufstellen:

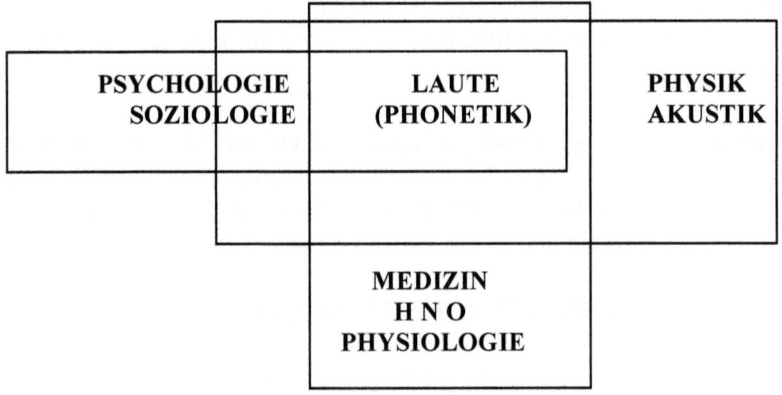

Abb. XXIII: Das Verhältnis der Phonetik zu den Nachbarwissenschaften

So gesehen konstituiert sich die Phonetik als eine linguistische Teilwissenschaft an der Grenze zwischen den Naturwissenschaften (Physiologie, Physik, Biologie und Medizin) und den Sozialwissenschaften (Psychologie, Soziologie).

Fiind rezultatul unei activitaţi fiziologice, sunetele vorbite cad în domeniul de studiu al fiziologiei. Rezultatul acestei activităţi fiziologice sunt sunetele vorbirii, fenomene acustice care intră în sfera de preocupare a fizicii. Astfel, fonetica se constituie ca o ştiinţă exactă la graniţa dintre fizică şi fiziologie.

Pe de altă parte, sunetele vorbirii se constituie în cuvinte, exprimând gânduri şi sentimente.

Din această cauză sunetele limbii pot fi considerate – într-un sens mai larg – şi obiecte de studiu ale psihologiei.

De asemenea, aceste sunete ale vorbirii in servesc in calitatea lor de sunete ale limbii oamenilor pentru a comunica între ei, îndeplinind astfel un rol social. De aceea implicaţiile sociale ale foneticii o poziţionează la limita sociologiei.

O reperezetare grafică a relaţiilor foneticii cu ştiinţele adiacente rezultă în următoarea schemă:

PSIHOLOGIE **SOCIOLOGIE**	**SUNETE** **(FONETICĂ)**	**FIZICĂ** **ACUSTICĂ**
	MEDICINĂ **O R L** **FIZIOLOGIE**	

Ilustraţia XXIII: Relaţiile foneticii cu ştiinţele adiacente

Astfel fonetica se constituie ca o disciplină lingvistică la graniţa ştiinţelor naturii (fiziologie, fizică, biologie şi medicină) cu ştiinţele sociale (psihologie şi sociologie).

Dementsprechend spiegelt sich diese Positionierung in der linguistischen Arbeitsteilung der zwei Wissenschaften von den Sprechlauten:

> Die Zweiheit *Laut : Phonem* wird in der Literatur meist gekoppelt an den Gegensatz *Phonetik : Phonologie*.
> Die Prager Schule führte dieses Gegensatzpaar weiter zurück auf die saussuresche Unterscheidung *parole : langue* und schließlich zwischen Naturwissenschaften und Geisteswissenschaften. Eine naturwissenschaftlich arbeitende Sprechaktlautlehre (Phonetik) soll danach säuberlich gegen eine geisteswissenschaftlich orientierte SprachgebildeLautlehre (Phonologie) abgegrenzt sein. (PILCH: 1964, S. XIIf.)

Bezeichnenderweise und im Gegensatz dazu stellt ein bedeutender Linguist der Nachkriegszeit die Verhältnisse der Phonetik zu den Nachbarwissenschaften dar, indem er die Soziologie aus der Abbildung XXIII einfach durch die Linguistik ersetzt. Dies ist relevant für die phonologische Sichtweise auf die Phonetik (MAAS: 1999, S. 18):

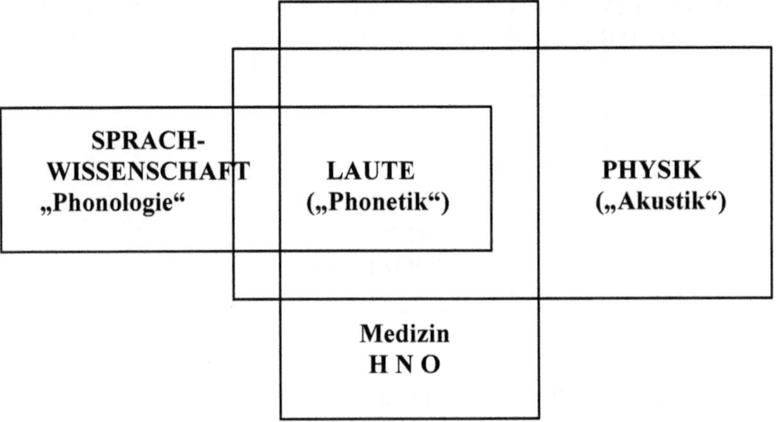

Abb. XXIV: Die phonologische Perspektive des Verhältnisses der Phonetik zu den Nachbarwissenschaften

În mod corespunzător această poziţionare se reflectă în diviziunea muncii a celor două ştiinţe ale sunetelor vorbirii în lingvistică:

> Dualitatea *sunet : fonem* apare de obicei în literatura de specialitate cuplată cu opoziţia *fonetică : fonologie*.
> Şcoala de la Praga reduce mai departe această pereche de opoziţii la distincţia saussuriană între *parole : langue* şi în final la cea dintre ştiinţele naturii şi ştiinţele umaniste. Conform cu aceasta o ştiinţă a actului sunetelor vorbirii (fonetică) care operează după principiile ştiinţelor naturii ar trebui delimitată strict de o ştiinţă a formei sunetelor vorbirii (fonologie) care operează conform ştiinţelor umaniste. (PILCH: 1964, p. XIIf.)

Relevant şi în opoziţie cu aceasta, un reputat lingvist al perioadei postbelice redă relaţiile foneticii cu disciplinele adiacente, înlocuind pur şi simplu sociologia din ilustraţia XXIII cu lingvistica. Această viziune este caracteristică pentru perspectiva fonologică asupra foneticii: (MAAS: 1999, p. 18):

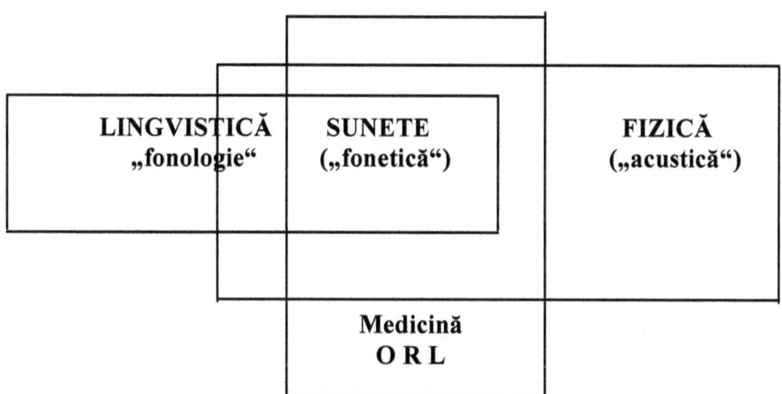

Ilustraţia XXIV: Perspectiva fonologică asupra foneticii în relaţie
cu ştiinţele adiacente

5.3. Eine hierarchisch-taxonomische Neubestimmung in dynamisch-funktionalen Kategorien

Die Phonetik und die Phonologie besetzen im dynamisch-funktionalen Verhältnis der linguistischen Disziplinen folgende Positionen in der kanonischen Taxonomie (angepasst nach MAAS: 1999, S. 20):

Abb. XXV: Die Artikulationsebenen des sprachlichen Zeichens: Hierarchische Verhältnisse in der Linguistik

5.3. O redelimitare ierarhic-taxonomică în categorii dinamic-funcţionale

În taxonomia canonică fonetica şi fonologia ocupă următoarele poziţii în relaţiile dinamic-funcţionale între disciplinele lingvisticii (adaptat după MAAS: 1999, p. 20):

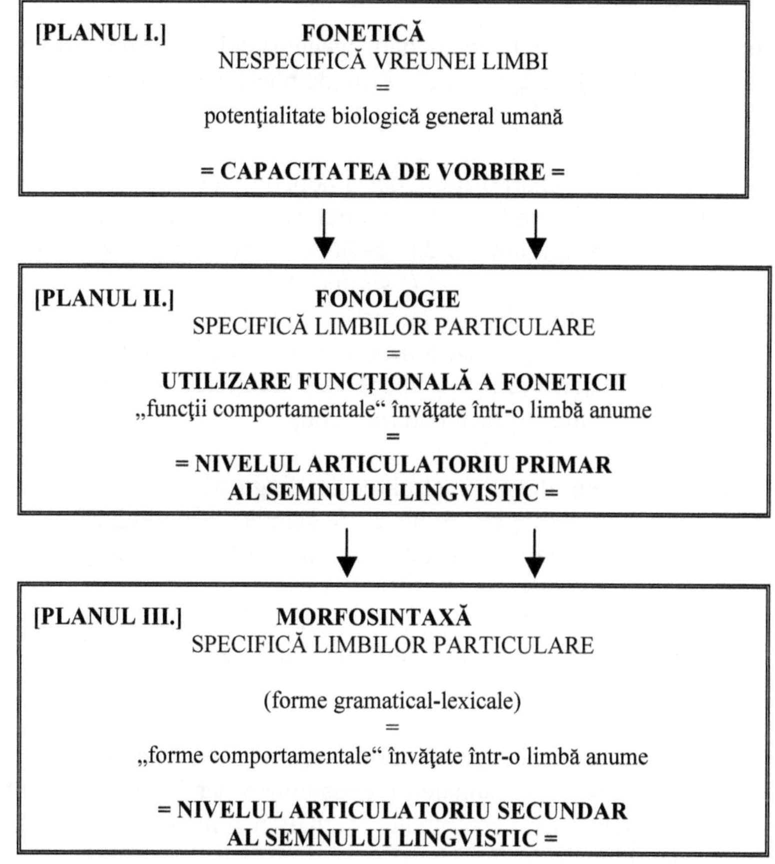

Ilustraţia XXV: Nivele articulatorii ale semnului lingvistic:
relaţii ierarhice în lingvistică

Die Linguistik geht in der Aufstellung der hierarchischen Verhältnisse zwischen ihren Disziplinen vom saussureschen Begriff des **sprachlichen Zeichens** aus, das die Phonetik und Phonologie zunächst nur sekundär interessiert, denn ihre Basiseinheit bleibt der **Laut**, beziehungsweise das **Phonem**.

Der phonetische Laut ist, linguistisch gesehen, abhängig von den Einzelsprachen.
Demnach ist auch der Untersuchungsgegenstand der Phonetik ein einzelsprachlicher. Dagegen ist die Grundeinheit der Phonologie, das Phonem, von den Einzelsprachen losgelöst.

Diese empirische Primärposition der Phonetik, die sich in diesem klassischen Modell auf der hierarchischen Stufe Null der linguistischen Abstraktionsstufen befindet, hat lange Zeit ihre Einstufung als *ancilla grammaticae* verursacht.
Jedoch kann diese erste Ebene – phonetisch gesehen – nicht alleine als die Ebene Null der linguistischen Abstraktionsstufen funktionieren, sondern eben als jene primäre Ebene des Lautes, von der aus die Linguistik ihr gesamtes Sprachmaterial schöpft.

Mit anderen Worten: die Suprastruktur der linguistischen Disziplinen (Lexikologie, Morphologie, Syntax, Semantik, Textlinguistik) ist eigentlich auf die primäre Artikulationsebene der Phonetik aufgebaut.

Die Phonologie befindet sich auf der nächstliegenden Abstraktionsstufe des Lautes, auf der die ersten funktionalen Abgrenzungen greifen.

Die funktionale Verwendung der Phonetik, also ihrer phonologischen Ebene, wird von den funktionalen Oppositionen der Laute bestimmt, die sich ihrerseits als sprachliche Verhaltensfunktionen, also als Normen, äußern.

Diese Normen werden phonologische Restriktionen genannt.

Lingvistica porneşte în structurarea relaţiilor ierarhice între discipline sale de la conceptul saussurian de **semn lingvistic**, care însă interesează fonetica şi fonologia pentru început doar la modul secundar, deoarece unitatea de bază a acestora rămâne **sunetul**, respectiv **fonemul**.

Sunetul fonetic este deci, din punct de vedere lingvistic, dependent de limbile particulare.

Prin urmare şi obiectul de studiu al foneticii rămâne dependent de limbile particulare. În schimb unitatea de bază a fonologiei, fonemul, este independent de limbile particulare.

Această poziţie empirică primară a foneticii, aflată în modelul clasic pe poziţia ierarhică zero a gradelor de abstracţie lingvistice, a cauzat multă vreme încadrarea ei ca o *ancilla grammaticae*.

Însă din punct de vedere fonetic acest plan nu funcţionează doar ca poziţia ierarhică zero al gradului de abstracţie lingvistică, ci tocmai ca nivelul articulatoriu primar al sunetului, de unde lingvistica îşi adună întregul său material de lucru.

Cu alte cuvinte: suprastructura disciplinelor lingvistice (lexicologie, morfologie, sintaxă, semantică, lingvistica textului) este de fapt construită pe nivelul articulatoriu primar al foneticii.

Fonologia se află pe următoarea treaptă de abstracţie a sunetului, pe care încep să acţioneze primele delimitări funcţionale.

Folosirea funcţională a foneticii, adică a nivelului fonologic al acesteia, este determinată de opoziţiile funcţionale ale sunetelor, care sunt exprimate şi ele, la rândul lor, în funcţii comportamentale lingvistice, adică în norme.

Aceste norme sunt numite restricţii fonologice.

Trotzdem sie bereits auf der „zweiten" phonetischen Ebene stehen, nämlich der phonologischen, definiert sie die kanonische Linguistik als „erste Artikulation[sebene] des sprachlichen Zeichens" (MAAS: 1999, S. 20).
Schließlich bilden die grammatisch-lexikalischen Formen der Morphosyntax eine tertiäre Artikulationsebene der Laute.
Diese tertiäre Artikulationsebene der Laute wird im gängigen linguistischen Duktus als „zweite Artikulationsebene des sprachlichen Zeichens" bezeichnet.
Darin wird die Phonologie zusammen mit der Phonetik zu einem Formenreservoir, beziehungsweise zu einem Reservoir an relevanten, bedeutungstragenden funktionalen Oppositionen für die Morphosyntax.

Die „Artikulationsebenen [mitunter auch: Artikulationen] des sprachlichen Zeichens" (MAAS: 1999, S. 20), so wie sie die tradierte linguistische Literatur bezeichnet, wären dann phonetisch und phonologisch bloß marginal relevant.
Sie verschleiern lediglich die grundlegende Position der Phonetik und Phonologie als erste Materialquelle für die Linguistik, indem sie im Saussureschen Sinne das sprachliche Zeichen in den Mittelpunkt der Sprachbetrachtung setzen.

Untersucht man nun die in Abbildung XXV dargestellten und allgemein akzeptierten hierarchischen Verhältnisse zwischen den Disziplinen in der heutigen Linguistik, kann man leicht feststellen, dass sie aus phonetischer, aber auch aus phonologischer Sicht einer dynamisch-funktionalen Umstrukturierung bedürfen.
Ausgehend von dem Saussureschen Primat der gesprochenen Sprache über die geschriebene Sprache, kann man das sprachliche Zeichen auch mit dem Laut, bzw. dem Phonem, ersetzen und so die kanonische hierarchische Aufeinanderfolge der Disziplinen aufbrechen.

Aus der Abbildung XXVI wird deutlich, dass die Artikulationsebenen auch als funktionale Organisationsstufen der linguistischen Disziplinen gelesen werden können.

Deşi ele se află deja pe un al „doilea" plan fonetic, şi anume cel fonologic, lingvistic-canonic ele sunt definite ca „prim[...] [plan de] articulare a semnului lingvistic" (MAAS: 1999, p. 20).

În sfârşit, formele gramatical-lexicale ale morfosintaxei formează un nivel articulatoric terţiar al sunetelor.

Acest nivel articulatoriu terţiar este denumit în terminologia curentă a lingvisticii „al doilea plan de articulaţie a semnului lingvistic".

Pe acest plan fonologia devine împreună cu fonetica un rezervor de forme, respectiv de opoziţii funcţionale cu încărcătură de sens, relevante pentru morfosintaxă.

„Planurile de articulaţie [uneori şi: articulările] semnului lingvistic" (MAAS: 1999, p. 20), aşa cum le formulează lingvistica tradiţională, ar avea atunci o relevanţă fonetică şi fonologică pur marginală.

Ele maschează doar poziţia fundamentală a foneticii şi fonologiei ca primă bază materială a lingvisticii aşezând semnul lingvistic în sesnul său saussurian în centrul analizei lingvistice.

Cercetând deci relaţiile ierarhice general acceptate între disciplinele lingvisticii contemporane descrise în ilustraţia XXV, se poate uşor constata că acestea ar necesita din punct de vedere fonetic, dar şi fonologic, o restructurare dinamic-funcţională.

Pornind de la primatul saussurian al limbii vorbite asupra limbii scrise, se poate înlocui semnul lingvistic cu sunetul, respectiv cu fonemul, dislocând astfel succesiunea ierarhic-canonică a disciplinelor lingvistice.

Din ilustraţia XXVI devine evident că planurile de articulaţie pot fi citite şi ca trepte organizatorice funcţionale ale disciplinelor lingvistice.

In diesen Disziplinen erfüllen die Laute und die Phoneme jeweils verschiedene Rollen.

Die Laute eines Wortes, eines Satzes oder eines Textes bleiben alle gleich, sie erscheinen nur auf einer anderen Organisationsstufe, auf einer anderen Abstraktionsstufe in der Hierarchie der linguistischen Teildisziplinen.

Denkt man diese dynamisch-funktionale Umstrukturierung konsequent durch und setzt sie um, führt sie zum Schluss, dass alle Disziplinen der Linguistik als Ausläufer der Phonetik und Phonologie gelesen werden können, wie das bereits in der *Aṣṭādhyāyī*-Grammatik von Pānini praktiziert wurde.

Doch sind diese Überlegungen nicht so neu, wie sie scheinen.

Schon im Jahre 1929 wies Trubetzkoy in seiner wegweisenden Studie *Sur la <<morphonologie>>* [Zur <<Morphophonologie>>] auf die hier angesprochene Verflechtung der I. phonetischen und der II. phonologischen Ebene mit der III. morphosyntaktischen Ebene nach Maas hin.

Die gleichen Überlegungen beschäftigen ihn auch einige Jahre später, er bleibt jedoch bei einer praktischen Auslegung dieser Verflechtung:

> Unter Morphophonologie oder Morphonologie verstehen wir ... die Erforschung der morphologischen Ausnützung der phonologischen Mittel einer Sprache. (TRUBETZKOY: 1931, S. 160)

Auch Elmar Ternes (Trier, 24. November 1941 -), ein bedeutender Vertreter der Hamburger Schule, rüttelt zunächst nicht an der Hierarchie der linguistischen Disziplinen und stellt lediglich fest, dass „die Morphophonologie ... ein Bindeglied zwischen Phonologie und Morphologie" darstellt (TERNES: [2]1999, S. 210).

Akzeptiert man die Überlegung, dass die grammatisch-lexikalischen Formen der Morphosyntax eine tertiäre Artikulationsebene der Laute bilden, liegt es nahe, die Gedanken von Trubetzkoy und Ternes jenseits der kanonisierten linguistischen Hierarchie weiterzuführen.

228

În aceste discipline sunetele şi fonemele îndeplinesc roluri diferite.

Sunetele unui cuvânt, a unei propoziţii sau a unui text rămân aceleaşi, ele doar apar pe alt plan de organizare, la alt nivel de abstracţie în ierarhia disciplinelor lingvistice.

Dacă gândim această restructurare dinamic-funcţională până la capăt şi dacă o aplicăm consecvent, ajungem la concluzia că toate disciplinele lingvistice sunt dezvoltări ale foneticii şi fonologiei – aşa cum susţinea gramatica *Aṣṭādhyāyī* a lui Pānini.

Însă aceste consideraţii nu sunt atât de noi precum par.

Deja în anul 1929 Trubeţkoi semnala în studiul său deschizător de drumuri *Sur la <<morphonologie>>* [Despre <<morfofonologie>>] interacţiunile discutate aici între planul I. fonetic, planul II. fonologic şi planul III. morfosintactic după Maas.

Aceleaşi consideraţii îl preocupau şi câţiva ani mai târziu, însă el a rămas la o interpretare practică a acestor interdependenţe:

> Prin morfofonologie sau morfonologie înţelegem … cercetarea exploatării din punct de vedere morfologic a mijloacelor fonologice ale unei limbi. (TRUBEŢKOI: 1931, S. 160)

Nici Elmar Ternes (Trier, 24 noiembrie 1941 -), un reprezentant important al Şcolii de la Hamburg, nu contestă pe moment ierarhia disciplinelor lingvistice şi se rezumă să constate că „morfofonologia … [reprezintă] … un element de legătură între fonologie şi morfologie" (TERNES: [2]1999, S. 210).

Dacă se acceptă ideea că formele gramatic-lexicale ale morfosintaxei formează un plan terţiar al articulării sunetelor, se impune continuarea direcţiei de gândire a lui Trubeţkoi şi Ternes dincolo de ierarhia lingvistică canonică.

Ausgehend davon empfiehlt sich die Abwandlung des kanonischen linguistischen Modells zu einem phonetisch zentrierten, wie folgt:

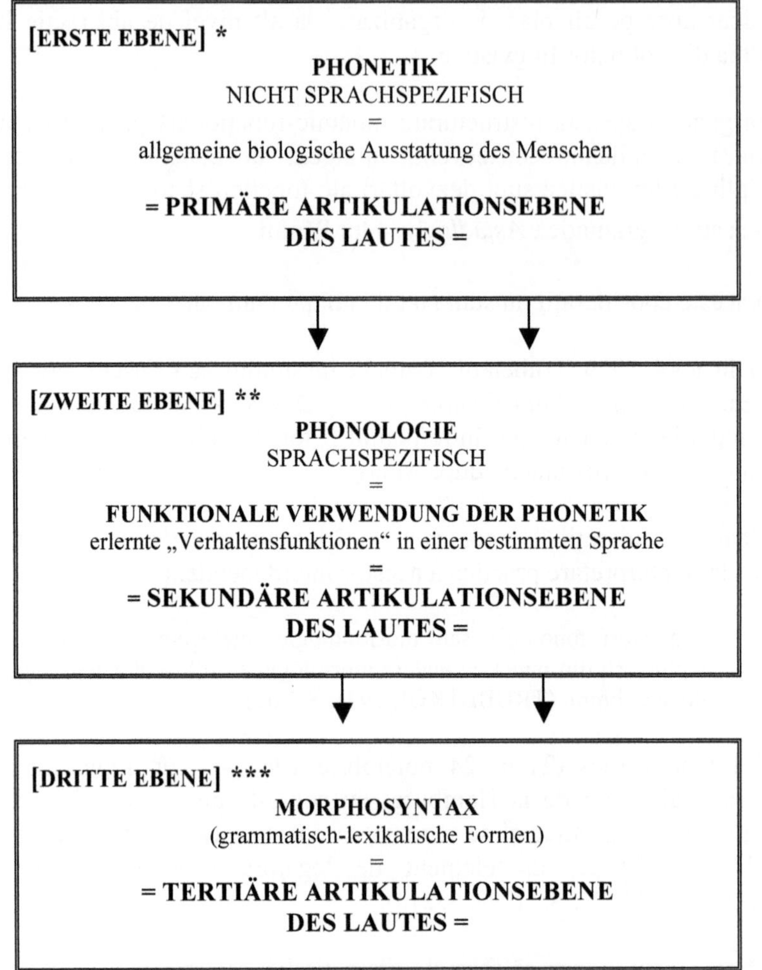

Abb. XXVI: Die Artikulationsebenen des Lautes:
Eine phonetisch zentrierte Linguistik

Pornind de la aceasta, se impune modificarea modelului lingvistic canonic într-unul centrat fonetic, după cum urmează:

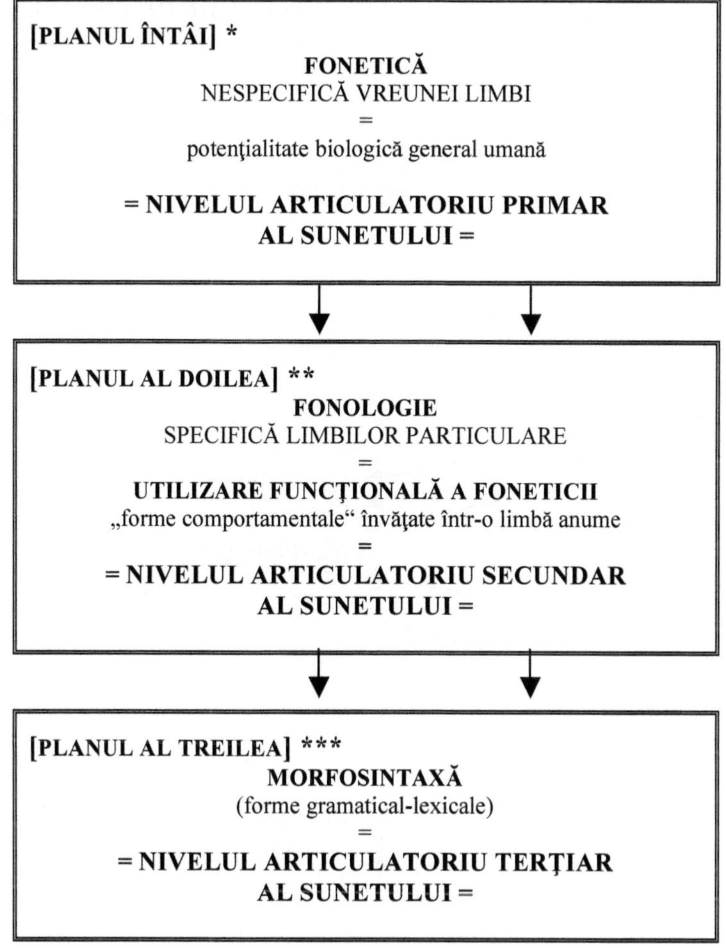

Ilustraţia XXVI: Nivele articulatorii ale sunetului:
O lingvistică centrată fonetic

Hingegen bleibt die kanonische Gliederung der traditionellen Grammatik (RAMERS: [2]2001, S. 10) wie folgt strukturiert:

LINGUISTISCHE EINHEITEN   **LINGUISTISCHE DISZIPLINEN**

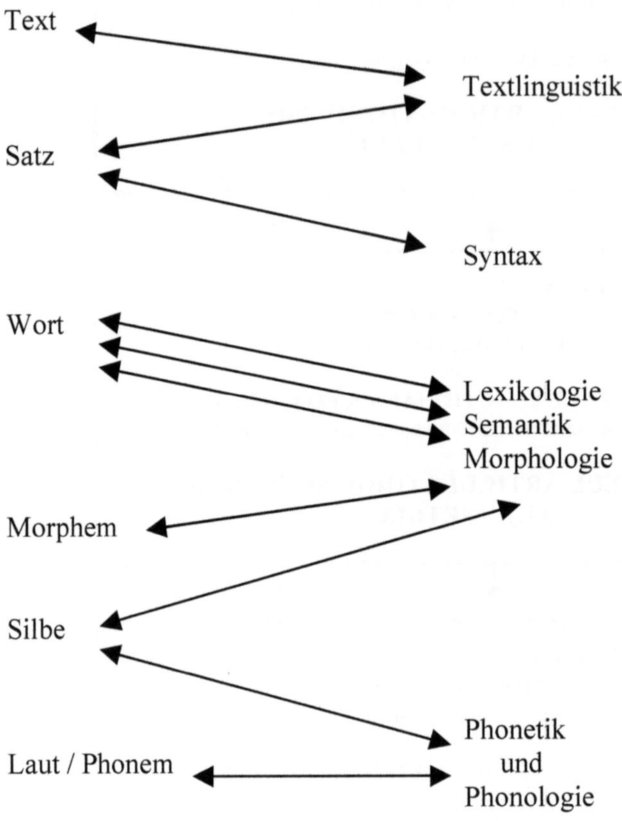

Abb. XXVII: Die kanonische Gliederung der traditionellen Grammatik

232

În schimb structura canonică a gramaticii tradiţionale (RAMERS: [2]2001, p. 10) rămâne repartizată după cum urmează:

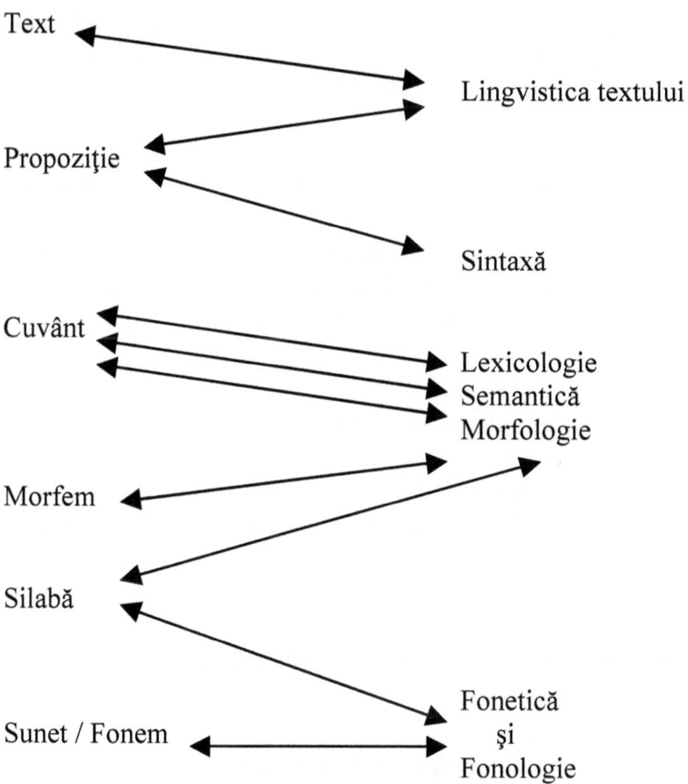

Ilustraţia XXVII: Structurarea canonică a gramaticii tradiţionale

5.4. Kanonische Doppeldefinitionen zur Phonetik und Phonologie

Es gibt kaum eine anschaulichere Art, die Vielfalt der möglichen Definitionen der Phonetik und Phonologie zusammenzufassen, als die leicht verzweifelte Feststellung eines der bekanntesten Phonologen der Gegenwart:

> Das Standarddeutsch der Gegenwart ist eine der am besten untersuchten Sprachen der Welt, und dennoch wird sein phonologisches System kaum verstanden. Fast alles darin ist Gegenstand von Debatten (VENEMANN; 1992, S. 399).

Dieser paradoxe Zustand hat unter anderem seine Ursache in der bislang beschriebenen beeindruckenden terminologischen Vielfalt der Phonetik.

Deswegen bietet erst die Gegenüberstellung der einzelnen kursierenden kanonischen Definitionen ein Gesamtbild der Auffassungen zur wissenschaftlichen Abgrenzung der Phonetik und der Phonologie.

5.4.1. Phonetik und Phonologie bei Saussure

Die terminologischen Unterschiede im Englischen, im Französischen und im Deutschen sowie in anderen Sprachen entstammen den verschiedenen Traditionslinien der phonetischen Entwicklung in diesen Sprachen.

So ist Saussures Definition der Phonetik und der Phonologie vom französischen Gebrauch dieser Vokabeln geprägt. Dieser Gebrauch unterscheidet sich von der bereits oben erläuterten deutschen und englischen Terminologie.

Jedoch ist bei Saussure die Abgrenzung zwischen der Phonetik und der Phonologie noch nicht sauber vollzogen. Seine „Phonologie" deckt sowohl den Gegenstandsbereich dessen ab, was wir heutzutage als Phonetik bezeichnen, als auch jenen der gegenwärtigen Phonologie.

5.4. Definiţii canonice duble ale foneticii şi fonologiei

Poate că nu există o cale mai bună de a ilustra multitudinea de posibile definiţii ale foneticii şi fonologiei decât constatarea uşor exasperată a unuia dintre cei mai importanţi fonologi contemporani:

> Germana standard contemporană este una dintre cele mai bine studiate limbi de pe lume, şi totuşi sistemul său fonologic nu este înţeles aproape deloc. Aproape totul în acesta este subiect de dezbatere. (VENEMANN; 1992, p. 399).

Această stare paradoxală îşi are originea – printre altele – şi în impresionanta varietate terminologică a foneticii descrisă anterior.

De aceea doar o juxtapunere a definiţiilor canonice particulare curente ale foneticii oferă o imagine de ansamblu a concepţiilor despre delimitarea ştiinţifică dintre fonetică şi fonologie.

5.4.1. Fonetică şi fonologie la Saussure

Diferenţele terminologice în engleză, franceză şi germană precum şi în alte limbi provin din diferitele linii de tradiţie ale dezvoltării foneticii în aceste limbi.

Astfel definiţia pe care o dă Saussure foneticii şi fonologiei este marcată de uzanţa franceză a acestor cuvinte.
Această uzanţă diferă la rândul ei faţă de termionologia germană şi cea engleză, discutate prealabil.

Însă la Saussure delimitarea dintre fonetică şi fonologie nu este încă clară. „Fonologia" sa acoperă atât domeniul a ceea ce numim astăzi fonetică, cât şi pe cel al fonologiei contemporane.

Als „Phonetik" ist laut Saussure lediglich die historische, also die diachrone Phonetik zu bezeichnen, jene Teildisziplin, die sich mit dem historischen Lautwandel beschäftigt:

> Die Lautphysiologie (Sprachphysiologie) wird oft Phonetik genannt. Diesen Terminus halte ich für unzweckmäßig; ich ersetze ihn daher durch Phonologie, denn Phonetik hat (im Französischen) zunächst die Erforschung der Entwicklung der Laute in der Sprachgeschichte bezeichnet und muss diese Geltung behalten; man darf aber nicht mit ein und demselben Namen zwei Disziplinen zusammenfassen.

> Die Lautlehre („phonétique") ist eine historische Wissenschaft; sie analysiert Veränderungen und bewegt sich in der Zeit. Die Lautphysiologie („phonologie") steht außerhalb der Zeit, weil der Mechanismus der Lautgebung immer sich selbst gleich bleibt. (SAUSSURE: [3]2001, S. 38)

Diese terminologische Neuerung Saussures hat sich im deutschen Sprachraum nicht durchgesetzt, sehr wohl aber im Englischen (HEIKE: [2]1982, S. 14; ERNST: 1999, S. 7-1).

5.4.2. Trubetzkoys klassische phonologische Definition

Der Basistext der kanonischen phonologischen Definition stammt aber von N.S. Trubetzkoy. Er beinhaltet zugleich eine Abgrenzung zwischen der Phonetik und der Phonologie:

> Entsprechend ihrem verschiedenen Gegenstand müssen die beiden Lautlehren ganz verschiedene Arbeitsmethoden anwenden: die Sprechaktlautlehre, die mit konkreten physikalischen Erscheinungen zu tun hat, muss naturwissenschaftliche, die Sprachgebildelautlehre dagegen rein sprach- (bzw. geistes- oder sozial-) wissenschaftliche Methoden gebrauchen.

> Wir bezeichnen die Sprechaktlautlehre mit dem Namen *Phonetik* und die Sprachgebildelautlehre mit dem Namen *Phonologie*. (TRUBETZKOY: [7]1989, S. 7)

„Fonetica" este după Saussure doar fonetica istorică, adică cea diacronă, acea subdisciplină care se ocupă de mutaţiile fonetice istorice:

> Fiziologia sunetelor (fiziologia lingvistică) este numită în mod frecvent fonetică. Consider acest termen ca fiind necorespunzător: de aceea îl înlocuiesc prin fonologie, căci fonetica a denumit (în franceză) pentru început cercetarea dezvoltării sunetelor în istoria limbii şi de aceea ea trebuie să-şi păstreze acest sens primar; nu avem însă voie să contragem două discipline sub unul şi acelaşi nume.
>
> Ştiinţa sunetelor („phonétique") este o disciplină istorică; ea analizează modificări şi operează de-a lungul timpului. Fiziologia sunetelor („phonologie") stă în afara timpului pentru că mecanismul datului sunetelor rămâne mereu acelaşi. (SAUSSURE: [3]2001, p. 38)

Această inovaţie terminologică a lui Saussure nu s-a impus în spaţiul de limbă germană, ci în cel de limbă engleză (HEIKE: [2]1982, p. 14; ERNST: 1999, S. 7-1).

5.4.2. Definiţia fonologică clasică a lui Trubeţkoi

Textul canonic al definiţiei fonologiei provine însă de la N.S. Trubeţkoi. El conţine de asemenea o delimitare între fonetică şi fonologie:

> Corespunzător cu obiectul lor de studiu diferit cele două ştiinţe ale sunetelor trebuie să folosească metode diferite de lucru: ştiinţa actelor sunetelor vorbirii, ce se ocupă cu fenomenele fizice concrete, trebuie să folosească metode ale ştiinţelor naturii, iar ştiinţa formei sunetelor vorbirii metode pur lingvistice (respectiv umaniste sau sociale).
>
> Denumim ştiinţa actelor sunetelor vorbirii cu termenul de *fonetică*, iar pentru ştiinţa formei sunetelor vorbirii folosim numele de *fonologie*. (TRUBEŢKOI: [7]1989, p. 7)

Diese klassische Definition der Phonetik und der Phonologie kommt in abgewandelter Form sowie in verschiedenen Abstufungen der Abgrenzung zwischen den zwei Teildisziplinen bei verschiedenen Autoren von phonetischen und phonologischen Werken vor.

5.4.3. Jakobsons erweiterte funktional-strukturalistische Definition

So kann zum Beispiel die Arbeitsteilung zwischen der Phonetik und der Phonologie ebenfalls eine Definition dieser generieren.
Analog zur klassischen Definition von Trubetzkoy auf die unterschiedlichen Arbeitsmethoden konzentriert, welche die zwei Disziplinen verwenden, betont die funktional-strukturalistische Definition den linguistischen Forschungsprozess und segmentiert diesen gemäß Arbeitsbereichen der Phonetik und der Phonologie:

> Während die Phonetik versucht, möglichst alle Einzelheiten über die physiologischen und physikalischen Eigenheiten des Lautmaterials zusammenzutragen, ist es ein Anliegen der Phonematik und der Phonologie im Allgemeinen, streng linguistische Kriterien für die Bewertung und Klassifizierung des von der Phonetik gesammelten Materials aufzustellen. (JAKOBSON / HALLE: 1956, S. 7)

Die Phonetik muss also alle Eigenschaften der Lautung möglichst exakt erfassen; dagegen fragt die Phonologie nur nach den gleichbleibenden Lautmerkmalen, die eine bestimmte sprachliche Funktion erfüllen.
Sie untersucht, welche Eigenschaften für die Distinktivität und Identifizierung relevant (die distinktiven Merkmale) und wesentlich sind und ignoriert jene sogenannten irrelevanten und nicht wesentlichen Lauteigenschaften (die nicht-distinktiven Merkmale), welche die Phonetik analysiert (siehe hierzu Abschnitt 2.2.5).
Die Relevanz der kleinsten Lauteinheiten festzustellen ist die erste Aufgabe, der sich alle phonologischen Schulen stellen, auch wenn sie in manchen Methoden und in manchen Ansichten divergieren.

Această definiţie clasică a foneticii şi fonologiei apare în forme uşor modificate şi cu diferite variaţii a delimitării dintre cele două discipline la diferiţi autori de lucrări fonetice şi fonologice.

5.4.3. Definiţia funcţional-structruralistă extinsă a lui Jakobson

Aşa de exemplu diviziunea muncii între fonetică şi fonologie poate de asemenea genera o definiţie a acestora.

Analog cu definiţia clasică a lui Trubeţkoi, care se concentrează asupra metodelor de lucru diferite folosite de cele două discipline, definiţia funcţional-structuralistă pune accentul pe procesul de cercetare lingvistică segmentându-l pe acesta în două etape, corespunzătoare obiectului de studiu al foneticii şi fonologiei:

> În timp ce fonetica încearcă să adune cât mai multe detalii despre particularităţile fiziologice şi fizice ale materialului sonor, scopul fonematicii şi a fonologiei în general este să construiască criterii strict lingvistice pentru aprecierea şi clasificarea materialului adunat de către fonetică. (JAKOBSON / HALLE: 1956, p. 7)

Fonetica trebuie deci să cuprindă cât mai exact toate calităţile articulaţiei. În schimb fonologia nu se interesează decât de acele caracteristici ale sunetelor care rămân constante, care îndeplinesc o anumită funcţie lingvistică.
Ea cercetează ce caracteristici sunt relevante şi esenţiale pentru distinctivitate şi identificarea sunetelor (caracteristicile distinctive) şi ignoră acele caracteristici aşa-zis irelevante şi neesenţiale (caracteristicile nedistinctive), pe care le analizează fonetica (vezi secţiunea 2.2.5).

Obiectivul tuturor şcolilor fonologice este de a stabili relevanţa unităţilor sonore minime, chiar dacă ele diferă în metodele lor sau în unele opinii teoretice.

5.4.4. Eine integrative Definition

Synthetisiert man die beiden oben besprochenen Definitionen, ergibt sich eine knappe, aber umso anschaulichere Definition der Phonetik und Phonologie, die das Verhältnis der zwei Teildisziplinen fast schlagwortartig zusammenfasst:

Die Phonologie ist die funktionelle Phonetik.
In einer ausführlicheren Variante kann diese integrierende Definition wie folgt formuliert werden:

> Die Phonetik ist die Wissenschaft, welche die Frage danach stellt, [und diese empirisch beantwortet, S.G.] wie die sprachliche oder linguistisch-kommunikative Funktion in der Sprache durch die Lautsubstanz erfüllt wird. (PÉTURSSON / NEPPERT: [3]2002, S. 15)

Ähnlich wie die schlagwortartige Zusammenfassung der Phonologie-Definition als funktionelle Phonetik lautet ein weiterer integrativer Ansatz, in dem es heißt:

Die Phonetik ist die experimentelle Phonologie.
Diese Sichtweise hat sich kaum durchgesetzt, sie ist aber ebenfalls sehr hilfreich, um das facettenreiche Verhältnis zwischen der Phonetik und der Phonologie zu illustrieren.

5.5. Kanonische Einzeldefinitionen zur Phonetik

Jenseits dieser dualen und integrativen Definitionen, die gleichermaßen die Phonetik und die Phonologie umfassen, gibt es eine ganze Reihe von ausschließlich phonetischen Definitionen, die mitunter rein phonetisch und nicht phonologisch vereinnehmend ausformuliert sein können. Aus ihrer Vielzahl können hier nur die gängigsten und aufschlussreichsten besprochen werden. Gemeinsam ist ihnen allen die explizite oder implizite Ausformulierung des Primats der gesprochenen Sprache.

5.4.4. O definiţie integrativă

Din sinteza celor două definiţii discutate mai sus reiese o definiţie scurtă, însă cu atât mai plastică a foneticii şi fonologiei, care subsumează placativ relaţia celor două subdiscipline:

Fonologia este fonetica funcţională.

Într-o variantă mai detaliată, această definiţie integrativă poate fi formulată după cum urmează:

> Fonetica este ştiinţa care pune întrebarea [şi răspunde la ea empiric, S.G.] cum poate fi umplută funcţia lingvistică sau lingvistic-comunicativă în limbă prin substanţă sonoră. (PÉTURSSON / NEPPERT: [3]2002, p. 15)

Similară cu această contragere de tip slogan a definiţiei fonologiei ca fonetică funcţională este o altă încercare de definiţie integrativă, care este formulată în felul următor:

Fonetica este fonologia experimentală.

Acest punct de vedere nu s-a impus, el este însă de asemenea foarte folositor pentru a ilustra relaţia complexă dintre fonetică şi fonologie.

5.5. Definiţii canonice particulare ale foneticii

În afara acestor definiţii duale şi integrative, care cuprind în egală măsură fonetica şi fonologia, mai există o serie întreagă de definiţii exclusiv fonetice, care pot fi formulate uneori pur fonetic şi nu integrativ fonologic.

Din multitudinea lor, aici nu pot fi discutate decât cele mai uzuale şi relevante. Punctul comun al acestora este formularea implicită sau explicită a primatului limbii vorbite.

5.5.1. Eine mediale Definition

Was ist nun die Phonetik?
Am besten versteht man was die Phonetik ist, wenn man sich den
Unterschied zwischen Sprache und Medium vor Augen hält, zum
Beispiel in folgendem Satz:

Abb. XXVIII: Eine mediale Definition der Phonetik

Das wäre also ein und dieselbe Nachricht, in ein und derselben
Sprache, allerdings auf jeweils zwei verschiedene Arten ausgedrückt,
das heißt über zwei verschiedene Medien verbreitet. Demnach würden
die Phonetik und die Phonologie das gesprochene Medium, das heißt
das primäre Medium untersuchen.

5.5.2. Die akustische Definition der Kieler Schule

Die Phonetik kann aber auch rein akustisch definiert werden:

> Der Gegenstand der Phonetik ist das Schallereignis der sprachlichen
> Kommunikation in allen seinen Aspekten, d.[as] h.[eißt] die
> Produktion, die Transmission und die Rezeption von Sprachschall
> einschließlich der psychologischen und soziologischen
> Voraussetzungen in der Kommunikationssituation zwischen
> Sprecher und Hörer, wobei sowohl symbol- als auch
> messphonetische Betrachtungsweisen dieses Objekt prägen.
> (KOHLER: ²1995, S. 22)

5.5.1. O definiţie medială

Ce este deci fonetica?
Cel mai bine înţelegem ce este fonetica dacă conştientizăm diferenţa
între limbă şi mediu, ca de exemplu în următoarea propoziţie:

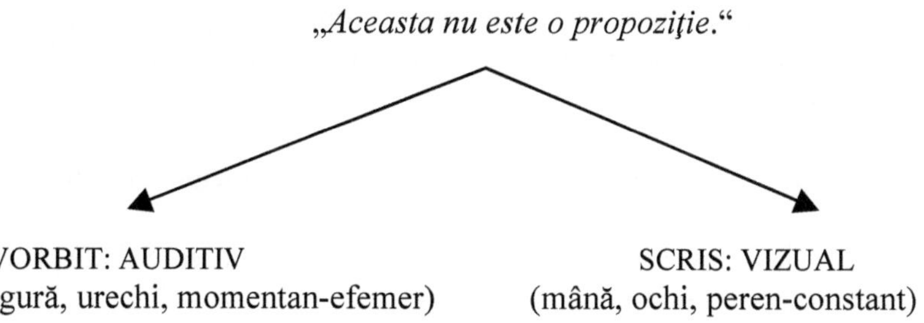

Ilustraţia XXVIII: O definiţie medială a foneticii

Avem deci aici de-a face cu unul şi acelaşi mesaj, în una şi aceeaşi
limbă, însă exprimat în două moduri diferite, adică propagat prin două
medii diferite.
Fonetica şi fonologia s-ar ocupa conform acestei definiţii cu studiul
mediului vorbit, adică studiul mediului primar.

5.5.2. Definiţia acustică a Şcolii de la Kiel

Fonetica poate fi definită însă şi ca fenomen pur acustic:

> Obiectul de studiu al foneticii este evenimentul acustic al
> comunicării lingvistice sub toate aspectele sale, adică producerea,
> transmisia şi recepţia valului sonor acustic, inclusiv condiţiile date
> ale situaţiei comunicative între vorbitor şi ascultător, în timp ce acest
> obiect de studiu este determinat atât de modalităţi de abordare prin
> prisma măsurătorilor fonetice, cât şi prin cea a simbolurilor fonetice.
> (KOHLER: ²1995, p. 22)

Diese Definition stammt von Klaus Kohler, einem anerkannten deutschen Gegenwartsphonetiker, dem Gründer des Instituts für Phonetik und digitale Sprachverarbeitung an der Universität Kiel und des PHONDAT Korpus, einer der bedeutendsten Datensammlungen zur gesprochenen Gegenwartssprache.

Freilich spiegelt sich Kohlers Tätigkeit in seiner phonetischen Auffassung wider. So fokussiert er seine phonetische Definition auf den Aspekt der Lautproduktion. Kohlers Formulierung kann auch als die **akustische Definition der Kieler phonetischen Schule** bezeichnet werden.

5.5.3. Die prozessorientierte Definition der Hamburger Schule

Ähnlich gehen zwei neuere Vertreter der Hamburger Schule vor, Magnús Pétursson und Joachim Neppert:

> [Die] *Phonetik* ist eine sprachwissenschaftliche Disziplin. Sie untersucht die lautlichen Erscheinungen der menschlichen Sprache unter verschiedenen Gesichtspunkten und daher auf sehr verschiedene Art und Weise. Das zentrale Anliegen der Phonetik ist die Frage nach der Rolle der *lautlichen Substanz* im sprachlichen Kommunikationsprozess, wobei unter lautlicher Substanz materiell-energetische Vorgänge dieses Kommunikationsprozesses verstanden werden [Unterstreichungen: M.P. und J.M.H.N.]. (PÉTURSSON / NEPPERT: [3]2002, S. 14f.)

Pétursson und Nepperts Ansatz ist also die Erforschung der **lautlichen Substanz**. Sie verstehen darunter eine Erscheinung, die zwischen materiellen, rein akustischen und energetischen, also physiologischen und phonatorischen, aber auch neuronalen Prozessen angesiedelt ist.

Um ihre prozessorientierte Vorstellung vom Studium der Phonetik zu veranschaulichen, übernehmen sie ein in den 70er Jahren aufgestelltes Modell, das den dynamischen Charakter der phonetischen Prozesse unterstreicht und ihre Anfangs- und Endstation im ZNS (zentralen Nervensystem) des Menschen ansiedelt:

Această definiţie provine de la Klaus Kohler, un recunoscut fonetician german contemporan, care a fondat Institutul de fonetică şi procesare digitală a limbii de la universitatea din Kiel şi corpul PHONDAT, una dintre cele mai importante colecţii de date privitoare la germana contemporană vorbită.

Bineînţeles că aceste preocupări ale lui Kohler se reflectă în concepţia sa despre fonetică şi concentrează centrul de greutate al definiţiei sale asupra aspectului producerii sunetelor. Formularea lui Kohler poate fi definită şi ca **definiţia acustică a Şcolii fonetice de la Kiel**.

5.5.3. Definiţia procesuală a Şcolii de la Hamburg

În mod similar procedează şi alţi doi reprezentanţi contemporani ai şcolii de la Hamburg, Magnús Pétursson şi Joachim Neppert:

> *Fonetica* este o disciplină a ştiinţei limbii. Ea analizează fenomenele sonore ale vorbirii umane din puncte de vedere diferite şi astfel în moduri foarte diferite. Focusul central al foneticii este chestiunea rolului *substanţei sonore* în procesul de comunicare lingvistică, înţelegând prin substanţă sonoră în procesul de comunicare lingvistică acţiunile material-energetice ale acestui proces de comunicare [sublinieri: M.P. şi J.M.H.N.]. (PÉTURSSON / NEPPERT: [3]2002, p. 14)

Modul de abordare al lui Neppert şi Pétursson este deci cercetarea **substanţei fonetice**. Ei înţeleg prin aceasta un fenomen care se află amplasat între procesele materiale pur acustice şi energetice, adică fiziologice şi fonatorice, dar şi neuronale.

Pentru a ilustra concepţia lor procesuală despre studiul foneticii, ei preiau un model conceput în anii 70, care subliniază caracterul dinamic al proceselor fonetice şi care-şi află începutul şi sfârşitul în SNC (sistemul nervos central) al omului.

Derartige Vorgänge sind entlang des gesamten „signalphonetischen Bandes" (TILLMANN: 1970, S. 61 und TILLMANN / MANSELL: 1980, S. 193ff.) zu beobachten und zu registrieren. Die Art der Signale ändert sich von Abschnitt zu Abschnitt des signalphonetischen Bandes, das von der Hirnrinde des Sprechers über seinen Sprechapparat, weiter über das Schallwellenübertragungsmedium Luft bis zum Hörorgan und schließlich bis zur Hirnrinde des Hörers reicht. (PÉTURSSON / NEPPERT: [3]2002, S. 14)

Das signalphonetische Band von Hans G. Tillmann und Phil Mansell (POMPINO-MARSCHALL; [2]2003, S. 14) verdeutlicht graphisch die oben zitierte Definition von Pétursson und Neppert:

Z N S	NEURONALE PROZESSE	NEURO-MUSKULÄRE PROZESSE	ARTIKULATION	AKUSTIK	GEHÖR	NEURONALE PROZESSE	REIZTRANS-FORMATION IM OHR	Z N S

Abb. XXIX: Das signalphonetische Band nach Tillmann und Mansell

Die zwei Enden des signalphonetischen Bandes können als eine differenzierte Neuauflage der bereits in Abb. II beschriebenen **Black-Box** gelesen werden, welche die saussureschen, für den Linguisten unzugänglichen Sprachprozesse definiert.
Allerdings ist die Ausführung dieser Überlegung bei Tillmann und Mansell, beziehungsweise bei Pétursson, Neppert und Pompino-Marschall differenzierter und detaillierter als bei Saussure.
Die Bemühungen der modernen Phonetik, die genaue Rolle und die präzise Funktionsweise des ZNS des Menschen im Verlauf der Prozesse des signalphonetischen Bandes zu entziffern, werden von der Teildisziplin der Psychophonetik betrieben.
Diese Formulierung von Pétursson und Neppert kann auch noch als **die prozessgebundene Definition der Hamburger Schule** bezeichnet werden. Die Definitionen der Kieler und der Hamburger Schule sind die zur Zeit gängigen Arbeitsdefinitionen der klassischen Phonetik im deutschen Sprachraum.

246

Astfel de procese se pot observa şi înregistra de-a lungul întregii „benzi fonetice“ (TILLMANN: 1970, p. 61 şi TILLMANN / MANSELL: 1980, p. 193ff.). Felul semnalelor se modifică de la secţiune la secţiune a benzii fonetice, de la scoarţa cerebrală a vorbitorului de-a lungul aparatului său de vorbire, mai departe de-a lungul mediului de propagare a sunetului, aerul, până la organul auzului şi în final până la scoarţa cerebrală a ascultătorului. (PÉTURSSON / NEPPERT: [3]2002, p. 14f.)

Banda fonetică a semnalelor a lui Hans G. Tillmann şi Phil Mansell (POMPINO-MARSCHALL; [2]2003, p. 14) ilustrează grafic definiţia lui Pétursson şi Neppert citată mai sus:

S N C	PROCESE NEURONALE	PROCESE NEURO–MUSCULARE	ARTICULAŢIE	ACUSTICĂ	AUZ	PROCESE NEURONALE	TRANSFORMĂRI DE STIMULI ÎN URECHE	S N C

Ilustraţia XXIX: Banda fonetică a semnalelor după Tillmann şi Mansell

Cele două capete ale benzii fonetice a semnalelor pot fi citite ca o reeditare diferenţiată a **black-box**, care a fost deja descrisă în ilustraţia II şi care descrie procesele saussuriene incognoscibile pentru lingvist. Însă descrierea acestor poziţii se găseşte mai diferenţiată şi mai detaliată la Tillmann şi Mansell, respectiv la Pétursson, Neppert şi Pompino-Marschall, decât la Saussure.

Încercările foneticii moderne de a descifra rolul exact şi funcţionarea precisă a SNC al omului pe parcursul proceselor ce au loc pe banda fonetică a semnalelor au loc în cadrul subdisciplinei numită psihofonetică.
Formularea lui Pétursson şi Neppert mai poate fi denumită şi **definiţia procesuală a Şcolii de la Hamburg**.
Definiţiile şcolilor de la Kiel şi de la Hamburg sunt în momentul de faţă definiţiile de lucru curente ale foneticii clasice în spaţiul de limbă germană.

5.5.4. Henry Sweets praktische Definition

Natürlich war das signalphonetische Band zu Henry Sweets empirischen Zeiten, als sich die Phonetik mitten in ihrer Etablierungsphase befand, kein Thema. Dementsprechend fällt auch Sweets Definition der Phonetik artikulatorisch geprägt aus und unterstreicht ihre Bedeutung für das praktische Studium der Sprachen:

> Die Phonetik ist die Wissenschaft von den Lauten der Sprache, oder von einem praktischen Standpunkt, die Kunst der Aussprache.
> Ohne die Phonetik können wir weder die einfachsten Spracherscheinungen beobachten, noch aufnehmen. Sie ist gleichermaßen notwendig für das theoretische und für das praktische Studium der Sprachen. (SWEET: 1899, S. 4)

5.5.5. Die Saussuresche post-orthographische Definition

Saussure hat, wie viele andere, die Phonetik zunächst als Hilfswissenschaft der Sprachwissenschaft aufgefasst. Im Unterschied zu anderen Autoren hat er aber ihre Bedeutung für die Linguistik erfasst, indem er – wie bereits Humboldt in der ersten Hälfte des 19. Jahrhunderts – auf die Befreiung des Linguisten vom geschriebenen Wort mittels der Phonetik hinweist:

> … für uns ist dagegen die Befreiung vom Buchstaben ein erster Schritt zur Wahrheit; denn das Studium der Laute liefert uns das Hilfsmittel, das wir suchen. Die Sprachforscher der heutigen Zeit haben das endlich begriffen.
> Indem sie Untersuchungen aufgenommen haben, die von anderen (Physiologen, Gesang[s]lehrern, usw.) begonnen waren, haben sie der Sprachwissenschaft eine Hilfswissenschaft gegeben, die sie vom geschriebenen Wort befreit. (SAUSSURE: [3]2001, S. 38)

Im Unterschied zu den heute gängigen Arbeitsdefinitionen sehen diese letzten zwei Gegenstandsbestimmungen aus der Etablierungsphase der Phonetik die Wissenschaft von den Lauten der Sprache noch als eine Hilfsdisziplin der Linguistik.

5.5.4. Definiţia practică a lui Henry Sweet

Este evident că în epoca empirică a lui Henry Sweet, când fonetica se afla în mijlocul fazei sale de emergenţă, banda fonetică a semnalelor nu era la ordinea zilei. În mod corespunzător definiţia foneticii la Sweet rămâne centrată pe articularea sunetelor şi subliniază importanţa acesteia pentru studiul practic al limbilor:

> Fonetica este ştiinţa despre sunetele limbii, sau dintr-un punct practic de vedere, arta pronunţiei.
>
> Fără fonetică nu putem nici analiza, nici înregistra măcar cele mai simple fenomene de limbă. Ea este necesară, în egală măsură, pentru studiul teoretic şi cel practic al limbilor. (SWEET: 1899, p. 4)

5.5.5. Definiţia post-ortografică a lui Saussure

Ca mulţi alţii, Saussure a privit fonetica la început ca pe o ştiinţă auxiliară a lingvisticii. Spre deosebire de alţi autori, el a întrevăzut însă importanţa ei pentru lingvistică, vorbind – precum Humboldt în prima jumătate a secolului al XIX-lea – despre eliberarea faţă de cuvântul scris pe care o aduce lingvistului fonetica:

> ... pentru noi însă, eliberarea de litere este un prim pas spre adevăr, căci studiul sunetelor ne livrează mijlocul auxiliar pe care îl căutăm. Cercetătorii lingvişti contemporani au înţeles în sfârşit acest lucru. Preluând cercetări începute de alţii (fiziologi, profesori de canto, ş.a.m.d.) ei au dat lingvisticii o ştiinţă auxiliară, care o eliberază de cuvântul scris (SAUSSURE: [3]2001, p. 38)

Spre deosebire de definiţiile de lucru uzuale în ziua de azi, aceste două ultime circumscrieri din perioada de emergenţă a foneticii mai privesc încă ştiinţa sunetelor limbii ca pe o disciplină auxiliară a lingvisticii.

5.5.6. Die diachronische Definition von Elmar Ternes

Jedoch findet sich erst beim Phonetiker Elmar Ternes (Trier, 24. November 1941 -), ein bedeutender Vertreter der Hamburger Schule, eine Lösung des Rätsels um das Verhältnis zwischen der Phonetik und der Phonologie, wobei er von einem diachronischen Überblick ihrer Entwicklung ausgeht.
Ternes löst die terminologische Unschärfe des Begriffes Phonetik auf, indem er dieser drei Bedeutungen zuspricht. Er definiert die Phonetik wie folgt:

1. „jede Art von ‚Lautlehre' der vorphonologischen Zeit",

2. „nach dem Aufkommen der Phonologie eine in dichotomischem Gegensatz zur Phonologie stehende Betrachtungsweise",

3. und schließlich drittens: „ein Oberbegriff für die phonetische (nach 2.) *und* [sic!] phonologische Betrachtungsweise, also wieder eine Art von Lautlehre im weitesten Sinn (ähnlich wie unter 1.), diesmal jedoch unter bewusstem Einschluss des neu entstandenen dichotomischen Gegensatzes." (TERNES: [2]1999, S. 4)
Ebenda fasst Ternes diese phonetische Trias wie folgt schematisch zusammen:

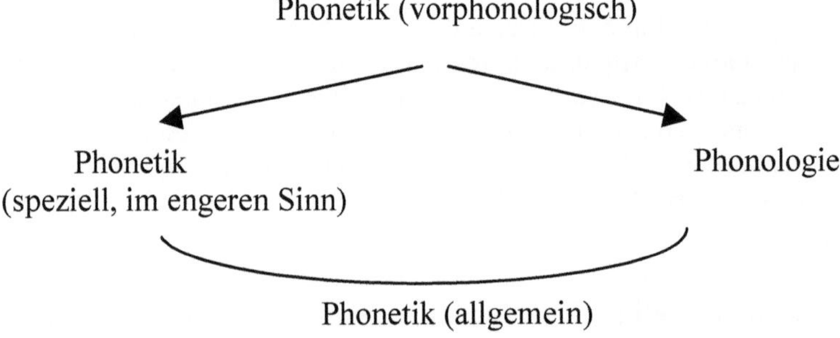

Abb. XXX: Die Phonetiken und die Phonologie nach Elmar Ternes

5.5.6. Definiţia diacronică a lui Elmar Ternes

Foneticianul Elmar Ternes (Trier, 24 noiembrie 1941 -), un reprezentant de seamă al Şcolii de la Hamburg, oferă însă o soluţie satisfăcătoare a relaţiei dintre fonetică şi fonologie, pornind de la o perspectivă diacronică a evoluţiei acestora.
Ternes rezolvă ambiguitatea terminologică a conceptului de fonetică, pornind de la trei sensuri ale acestuia. El defineşte fonetica după cum urmează:

1. „orice fel de ştiinţă a sunetelor limbii a perioadei pre-fonologice",

2. „o perspectivă dihotomică în opoziţie cu fonologia după apariţia acesteia",

3. şi finalmente „un supra-termen pentru abordarea fonetică *şi* [sic!] fonologică (conformă cu 2.), adică din nou un fel de ştiinţă a sunetelor limbii în sensul cel mai larg (similar cu 1.), de această dată însă incluzând conştient şi intenţionat opoziţia dihotomică nou creată." (TERNES: [2]1999, p. 4)

Tot aici Ternes sintetizează această triadă fonetică după cum urmează:

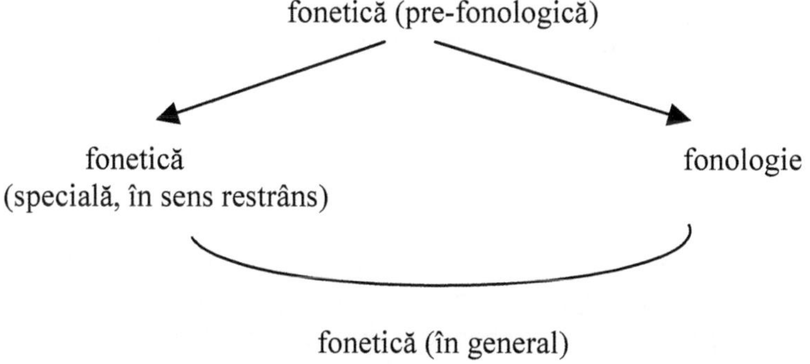

Ilustraţia XXX: Foneticile şi fonologia după Elmar Ternes

Die Unterscheidung zwischen einer speziellen Phonetik, die als Phonetik im eigentlichen Sinn aufgefasst wird, und einer allgemeinen Phonetik wird also hier inhaltlich schon festgelegt.

Zwei Gründe hindern die Wissenschaftler daran, diese Unterscheidung konsequent durchzuführen und zu kanonisieren.

Zum einen ist es die wissenschaftsgeschichtliche Tradition des Faches, zum anderen der Mangel an eindeutigen Termini für die zwei Arten der Phonetik.

Auch ist der Ansatz von Ternes zwar das erste übersichtliche Erklärungsmodell für die Vielfalt der Bezeichnungsverwendungen, doch bleibt es phonetisch integrativ zentriert und wird deswegen von den Phonologen weniger zur Kenntnis genommen.

Hingegen enthält eine Fußnote dieser diachronisch strukturierten Definitionstrias einen wertvollen Hinweis. Ternes behauptet darin:

> Es scheint nie ein Versuch gemacht worden zu sein, einen eigenen Terminus für *Phonetik* [sic!] (im speziellen Sinn) zu schaffen, um diese Mehrdeutigkeit zu beseitigen. (TERNES: [2]1999, S. 6)

Vergleicht man diese Textstelle mit den ins Abseits der Kuriosa der Wissenschaftsgeschichte geratenen Ansätzen von Henry Sweet zu einer „praktischen Phonetik", so wird schnell deutlich, dass Ternes explizit das äußert, was Sweet gelegentlich unter der „praktischen Phonetik" ausformuliert, ohne seinen Gedankengang konsequent weiterzuführen.

Als letzte Konsequenz aus den Überlegungen von Ternes eröffnet sich demnach die Notwendigkeit einer – zumindest terminologischen – Neustrukturierung jener Bereiche, die unter den unscharfen Bezeichnungen „Phonetik" und „Phonologie" zusammengefasst werden.

Diferenţierea între o fonetică specială, ce este gândită ca o fonetică propriu-zisă, şi o fonetică generală se găseşte deci aici deja stabilită din punct de vedere al conţinutului acestora.

Două sunt motivele care îi împiedică pe oamenii de ştiinţă să dezvolte consecvent această diferenţiere şi să o canonizeze.

Pe de o parte îi opreşte tradiţia ştiinţifică a disciplinei, iar pe de altă parte îi reţine lipsa unor termeni univoci pentru cele două tipuri de fonetică.

De asemenea accepţiunea lui Ternes este primul model explicativ clar structurat pentru multitudinea de denominări folosite.
Fiind însă un model centrat fonetic integrativ, el este luat la cunoştinţă cu rezervă de către fonologi.

În schimb o notă de subsol ale acestei triade de definiţii structurate diacronic conţine o indicaţie foarte importantă. În aceasta Ternes susţine următoarele:

> Se pare că n-a existat niciodată o încercare de a crea un termen pentru *fonetică* [sic!] (în sensul său special), pentru a elimina această ambiguitate. (TERNES: [2]1999, p. 6)

Comparând acest pasaj cu ideile lui Henry Sweet, aflate de acum în zona curiozităţilor din istoria ştiinţei cu privire la „fonetica practică“, devine repede evident că Ternes formulează aici ceea ce Sweet exprimase ocazional prin „fonetica practică“, fără a dezvolta consecvent această linie.

Ca ultimă consecinţă a expunerii lui Ternes devine evidentă necesitatea unei restructurări – cel puţin terminologice – a acelor domenii ce sunt cuprinse sub denumirile delimitate neclar ca „fonetică“ şi „fonologie“.

VI. PHONETIK UND METAPHONETIK:
EIN PLÄDOYER FÜR DIE PHONETOLOGIE

Die Vielfalt der hier vorgestellten Definitionen spiegelt die unterschiedlichen Ansätze der phonetischen Forschung seit der Jahrhundertwende wider. Sie belegt aber auch die mangelnde terminologische Einheitlichkeit in der Phonetik und Phonologie.
So bleibt dem Leser, nach der eigenen Meinungsbildung, einstweilen die Möglichkeit überlassen, seine eigene Definition aufzustellen.

Freilich könnte man sich problemlos einer der oben besprochenen Definitionen anschließen.
Bei aller Gefahr, den terminologischen Wirrwarr der verschiedenen nationalen Traditionen und Terminologien um eine weitere Dimension zu bereichern, wäre aber der Versuch, eine eigene Definition (allerdings auch eine Teildefinition) aufzustellen, viel spannender.

So könnte man in der besten Tradition von Henry Sweet (SWEET: 1899, S. 4) und Kenneth Pike (PIKE: [6]1964, S. 57) eine programmatisch-taxonomische Definition formulieren, die der aufmerksame Leser bereits als nebensatzartige Randbemerkung im Saussure-Teil dieses Bandes (siehe Abschnitt 2.2.4) angetroffen hat:

Die Wissenschaftstradition spaltet die Untersuchung der Sprechlaute in eine Phonetik und eine Metaphonetik. Und die Phonologie ist eine Metaphonetik.

Auch dieser Definitionsversuch hat, wie alle anderen, seine Grenzen. Sein integrativer Schwerpunkt liegt lediglich in der Überbrückung der Dichotomie zwischen der Phonetik und der Phonologie.

Offen bleibt darin die nie vollzogene Synthese zwischen der Phonetik und der Phonologie, die am fehlenden synthetischen Überbegriff für die Arbeitsbereiche der zwei Disziplinen scheitert.

254

VI. FONETICĂ ŞI METAFONETICĂ:
O PLEDOARIE PENTRU FONETOLOGIE

Multitudinea de definiţii prezentate aici reflectă diferitele moduri de abordare ale cercetării fonetice începând cu trecerea de la secolul al XIX-lea la secolul al XX-lea. Ea relevă însă şi lipsa de unitate terminologică în fonetică şi fonologie.

Astfel, construirea unei noi definiţii rămâne pe moment la latitudinea cititorului, după ce acesta şi-a format o părere proprie asupra celor existente.

Bineînţeles că s-ar putea opta şi pentru vreuna din definiţiile discutate anterior.

Cu riscul de a extinde încrengătura terminologică a diferitelor tradiţii şi terminologii naţionale: o nouă încercare a unei noi definiţii (ce-i drept, şi ea doar una parţială) apare mult mai captivantă.

De exemplu s-ar putea formula în cea mai bună tradiţie a lui Henry Sweet (SWEET: 1899, p. 4) şi Kenneth Pike (PIKE: [6]1964, p. 57) o definiţie programatic-taxonomică, pe care cititorul atent a găsit-o deja strecurată într-o remarcă perifrastică (vezi secţiunea 2.2.4) în capitolul dedicat lui Saussure a acestui volum:

Tradiţia ştiinţifică secţionează cercetarea sunetelor vorbirii în fonetică şi în fonologie. Iar fonologia este o metafonetică.

Şi această încercare de definiţie are, ca toate celelalte, limitele sale. Focusul său integrativ se află în depăşirea dihotomiei dintre fonetică şi fonologie.

Şi în această încercare de definiţie rămâne deschisă sinteza nerealizată între fonetică şi fonologie, care eşuează datorită lipsei unui termen sintetic care să acopere ariile de lucru ale ambelor discipline.

Auch dieser wäre an sich leicht zu finden.

So schlagen Charles-James N. Bailey und Karl Maroldt den Terminuns „**Phonetologie**" (BAILEY / MAROLDT: [2]1988, 10) für den gesuchten integrativen Oberbegriff vor, welcher sowohl den Gegenstandsbereich der Phonetik, als auch jenen der Phonologie abdeckt. Die Begriffsbestimmung dieses Terminus könnte wie folgt lauten:

Die Phonetologie ist die Wissenschaft von der Untersuchung der Laute in der Phonetik und Phonologie.
Sie ist der virtuelle fehlende Oberbegriff, der gleichzeitig die Phonetik und Phonologie umfasst.

Ob die „**Phonetologie**" sich als Terminus durchsetzen kann, bleibt zunächst offen, denn bereits aus der Fülle der bisher angeführten Definitionsdebatten zur Phonetik und Phonologie wird deutlich, wie schwer es ist, am taxonomischen Kanon der Linguistik zu rütteln.

Tatsache ist, dass dieser Oberbegriff in der taxonomischen Architektur der Wissenschaft von den Lauten eindeutig fehlt und dass er eine bislang nicht benannte Begrifflichkeit abdeckt. Auch ist seine bisherige Abwesenheit einer der Gründe für die Teilmarginalisierung der Wissenschaft, für die er steht, im Rahmen der Linguistik.

Analog zur terminologischen Lücke, welche Henry Sweets unvollendete Begriffsbestimmung der praktischen Phonetik hinterlassen hat, steht die terminologische Lücke, welche der Begriff „Phonetologie" aufzufüllen hat.

Im Unterschied zur komplementären Benennung der Phonologie als Metaphonetik, die eher auf eine didaktische Reduktion zurückgeführt werden kann, weist die Begriffsprägung der Phonetologie eine eindeutige logische Stringenz auf, da sie keinen vorhandenen Begriff durch einen anderen ersetzt, sondern eine vorhandene Begriffslücke schließt.

Allerdings hängt der Erfolg dieser Begriffsbestimmung nicht von ihrer logischen Stringenz ab, sondern vielmehr von ihrer Akzeptanz im Kanon der Linguistik.

Şi acesta s-ar putea găsi cu uşurinţă.

Astfel Charles-James N. Bailey şi Karl Maroldt propun **„fonetologia"**
(BAILEY / MAROLDT: [2]1988, 10) pentru supra-termenul integrativ
căutat, care ar putea acoperi atât obiectul de studiu al foneticii, cât şi
pe cel al fonologiei. Definirea acestui concept ar putea fi formulată
după cum urmează:

**Fonetologia este ştiinţa cercetării sunetelor în fonetică şi fonologie.
Ea este supra-termenul virtual lipsă ce cuprinde atât fonetica, cât
şi fonologia.**

Rămâne de văzut, dacă **„fonetologia"** se va putea impune ca termen,
căci deja din mulţimea dezbaterilor definitorice menţionate până aici
devine evident cât de greu este să se pună în discuţie canonul
terminologic al lingvisticii.

Fapt este că acest supra-termen lipseşte în mod evident din arhitectura
taxonomică a ştiinţei sunetelor şi că el acoperă o arie conceptuală
nedenumită până în prezent. Absenţa sa până în prezent este unul
dintre motivele marginalizării parţiale a ştiinţei pe care o reprezintă în
cadrul lingvisticii.

Analog cu golul terminologic pe care l-a lăsat în urmă denominaţia
incompletă a domeniului de aplicaţie a foneticii practice la Henry
Sweet se află şi golul terminologic pe care termenul „fonetologie" îşi
propune să îl umple.

Spre deosebire de denumirea complementară a fonologiei ca
metafonetică, care poate fi redusă la raţiuni didactice, introducerea
termenului de fonetologie are o stringenţă logică, deoarece acesta nu
înlocuieşte un termen preexistent cu altul, ci acoperă un gol
terminologic.

Însă succesul introducerii acestui termen nu depinde de stringenţa sa
logică, ci doar de acceptanţa sa în canonul lingvisticii.

VII. DIE ARBEITSTEILUNG IN DER KANONISCHEN PHONETIK:
Eine Klassifikation

Bereits im vorhergehenden Abschnitt wurde im Zusammenhang mit dem signalphonetischen Band von Tillmann und Mansell aus der Abbildung XXVII eine erste Teildisziplin der Phonetik, die Psychophonetik, genannt.

Wenn sich die Abzeichnung der Phonetik in Relation zur Phonologie mitunter schwer gestaltet, so ist die Abgrenzug der einzelnen Teildisziplinen der Phonetik noch schwieriger, da die Kriterien dafür nicht einheitlich angelegt sind und oft mit den verschiedenen Sichtweisen der einzelnen Autoren, die in der einen oder der anderen Teildisziplin forschen, einhergehen.

7.1. Die Klassifikation nach dem Untersuchungsgegenstand

7.1.1. *Die allgemeine Phonetik* untersucht die Sprechlaute unabhängig von der Sprache, in der diese verwendet werden.

Ihre Merkmale sind: sprachübergreifend, integrativ und verallgemeinernd. Gewissermaßen grenzt die allgemeine Phonetik immer wieder an den anderen Teildisziplinen der Phonetik an.

7.1.2. *Die deskriptive (beschreibende) Phonetik* betreibt die Analyse und Klassifikation der Laute einer Sprache zu einem bestimmten Zeitpunkt in ihrer Entwicklung.

Ihr Schwerpunkt liegt, wie es ihr Name bereits besagt, in der Beschreibung, aber auch in der Untersuchung der Lautkombinatorik in den Wörtern einer Sprache.

Ihre Merkmale sind: synchron und deskriptiv. Untersucht sie auch die Frequenz der Laute in einer Sprache, wird sie *statistische Phonetik* genannt.

7.1.3. *Die historische (diachronische) Phonetik* untersucht die Entwicklung der Laute einer Sprache im Laufe der Zeit und erarbeitet die Regeln, nach denen der Lautwandel stattfindet.

VII. DIVIZIUNEA MUNCII ÎN FONETICA CANONICĂ:
O clasificare

În pasajul anterior a fost deja menţionată în legătură cu banda fonetică a semnalelor după Tillmann şi Mansell din ilustraţia XXVII o primă subdisciplină a foneticii, anume psihofonetica.

Dacă uneori până şi conturarea foneticii în relaţie cu fonologia e o problemă complexă, cu atât mai dificilă este delimitarea subdisciplinelor foneticii, deoarece criteriile după care această delimitare are loc nu sunt unitare şi merg adesea mână în mână cu punctele de vedere diferite ale cercetătorilor particulari, care lucrează într-una sau alta dintre ele.

7.1. Clasificarea după obiectul de studiu

7.1.1. *Fonetica generală* studiază sunetele vorbirii indiferent de limba în care acestea sunt folosite.
Caracteristicile ei sunt: multilingvă, integrativă şi generalizatoare. Până la un punct, fonetica generală se intersectează mereu cu celelalte subdiscipline ale foneticii.

7.1.2. *Fonetica descriptivă* analizează şi clasifică sunetele unei limbi la un anumit moment dat în evoluţia acesteia.

Centrul ei de cercetare se află, după cum o spune şi numele său, în descrierea, dar şi în cercetarea combinatoricii sunetelor în cuvintele unei limbi. Caracteristicile ei sunt: sincronă şi descriptivă.

În cazul în care fonetica descriptivă analizează şi frecvenţa sunetelor într-o limbă, ea se numeşte *fonetică statistică*.

7.1.3. *Fonetica istorică (diacronică)* studiază evoluţia în timp a sunetelor unei limbi, elaborând legile după care se schimbă aceste sunete.

Ihre Merkmale sind: diachron, systematisch, deskriptiv, vergleichend und verallgemeinernd, da ihr ursprüngliches Ziel war, die heutige Klanggestalt der Wörter über vergangene Lautformen zu erklären. Deswegen heißt die historische Phonetik auch noch diachrone Phonetik.

Die historische Phonetik hat sich als erste Teildisziplin der Phonetik insbesondere im 19. Jahrhundert entwickelt.
Da sie damals die erste und einzige voll ausgearbeitete Phonetik des Deutschen war, hat man bis zur Wende vom 19. zum 20. Jahrhundert, also bis zum Junggrammatiker Eduard Sievers, unter dem Terminus Phonetik lediglich die historische Phonetik verstanden.

7.1.4. *Die Experimentalphonetik* untersucht die Sprechlaute mit technischen Analysemitteln.
Dabei werden diese mit elektroakustischen Aufnahme- und Speichergeräten (Oszillographen und Spektrographen) aufgenommen und anschließend gespeichert.
Da aber die Experimentalphonetik bis im 20. Jahrhundert naturwissenschaftslastig blieb, galt sie bei den Phonetikern bald als überholt.
An der Grenze zwischen der Experimentalphonetik und der Akustik entstand in der Zwischenkriegszeit die *Phonometrie*, die ausschließlich linguistische Ansätze in der Forschung verfolgen sollte.
Der Unterschied zwischen den beiden ist – jenseits ihrer Benennungen – ein eher methodischer.
Während man in der Experimentalphonetik empirisch Daten sammelt und diese verarbeitet, definiert man in der Phonometrie zunächst die Laute, die beschrieben werden sollen, und erst im nächsten Schritt finden die Messungen statt, die dann – ebenso wie in der Experimentalphonetik – statistisch ausgewertet werden.

7.1.5. *Die suprasegmentale Phonetik* heißt auch *Prosodie*. Sie untersucht die Abhängigkeit der Aussprache eines Wortes in Relation zu den benachbarten Wörtern oder zu ganzen Sätzen.

Caracteristicile ei sunt: diacronă, sistematică, descriptivă, comparativă şi generalizatoare, pentru că scopul ei iniţial a fost să explice structura sonoră a cuvintelor contemporane prin formele lor din trecut.
De aceea fonetica istorică se mai numeşte şi fonetică diacronică.

Fonetica istorică s-a dezvoltat ca primă subdisciplină a foneticii cu precădere în secolul al XIX-lea.
Fiind la acel moment prima şi singura fonetică elaborată a limbii germane, până la trecerea de la secolul al XIX-lea la secolul al XX-lea, adică până la junimistul gramatician Eduard Sievers, termenul de fonetică a acoperit doar fonetica istorică.

7.1.4. *Fonetica experimentală* studiază sunetele vorbirii cu mijloace tehnice de analiză.
Acestea sunt înregistrate şi apoi stocate cu instrumente electroacustice (oscilografe şi spectrografe).
Însă pentru că fonetica experimentală a rămas puternic ancorată în ştiinţele naturii până în secolul al XX-lea, ea a fost repede considerată de către foneticieni ca fiind depăşită.

La limita dintre fonetica experimentală şi acustică s-a constituit începând cu perioada interbelică *fonometria,* care urma să urmărească în cercetare scopuri şi metode exclusiv lingvistice.

Diferenţa dintre cele două – dincolo de denumiri – este una mai degrabă metodică.
În timp ce în fonetica experimentală se adună şi se prelucrează date în mod empiric, în fonometrie mai întâi se stabilesc sunetele care urmează să fie analizate, apoi au loc măsurătorile şi deabia într-a treia fază se analizează statistic datele adunate, la fel ca în fonetica experimentală.

7.1.5. *Fonetica suprasegmentală* se mai numeşte şi *prozodie.* Ea studiază dependenţa pronunţiei unui cuvânt de cuvintele sau propoziţiile învecinate.

Vereinzelt taucht sie auch unter der Bezeichnung syntaktische Phonetik auf. Für das korrekte, akzentfreie Erlernen einer Sprache ist die suprasegmentale Phonetik ausschlaggebend.

7.1.6. *Die synthetische Phonetik* beschäftigt sich mit der künstlichen Erzeugung von Lauten durch Simulation in Sprechsyntheseapparaten. Sie hat sich nach der Einführung des PCs stark entwickelt.

7.1.7. *Die funktionale Phonetik* ist – wie bereits ausführlich nachgewiesen – die integrative Sicht der Phonetik auf die Phonologie.

Sie untersucht die Laute einer Sprache ausgehend von der Funktion, die diese Laute in der Bestimmung der Bedeutung und / oder der grammatischen Kategorie der Wörter haben.

7.1.8. *Die kontrastive Phonetik* ist eine Teildisziplin der Phonetik, die sich mit dem vergleichenden Studium der gesprochenen Laute zweier oder mehrerer Sprachen beschäftigt.
Für Rumänischsprachige, die das Deutsche erlernen wollen, ist das Studium der rumänisch-deutschen kontrastiven Phonetik von größter Bedeutung.

7.2. Die Klassifikation nach dem signalphonetischen Band

Die Klassifikation der phonetischen Teildisziplinen findet aber nicht nur nach dem Kriterium ihrer Aufgabenbereiche statt, sondern auch nach dem Kriterium der einzelnen Abschnitte des Kommunikationsprozesses, so wie er im signalphonetischen Band von Tillmann und Mansell aus der Abbildung XXIX dargestellt wird.

Nach den verschiedenen Abschnitten in der Kette der physischen und psychischen Erscheinungen von der Artikulation der Laute bis zu ihrer Perzeption, also nach dem Ablauf der phonetischen Prozesse gemäß dem signalphonetischen Band, weist die Phonetik eine Dreiteilung auf.

Izolat ea mai apare şi sub numele de fonetică sintactică. Pentru învăţarea corectă, fără accent a unei limbi străine fonetica suprasegmentală este de o importanţă covârşitoare.

7.1.6. *Fonetica sintetică* se ocupă cu generarea artificială a sunetelor prin simulare în sintetizatoare de vorbire. Ea s-a dezvoltat foarte puternic după introducerea pe scară largă a computerului.

7.1.7. *Fonetica funcţională* este – după cum s-a arătat cu prisosinţă până aici – viziunea integrativă a foneticii asupra fonologiei.

Ea studiază sunetele unei limbi din punctul de vedere al funcţiei pe care acestea le au în determinarea sensului şi / sau a categoriei gramaticale a cuvintelor.

7.1.8. *Fonetica contrastivă* este o sub-disciplină a foneticii, care se ocupă cu studiul comparativ al sunetelor vorbite a două sau mai multe limbi.

Pentru vorbitorii de limba română care învaţă limba germană, studiul foneticii contrastive româno-germane este de cea mai mare importanţă.

7.2. Clasificarea după banda fonetică a semnalelor

Clasificarea subdisciplinelor foneticii nu are însă loc doar după criteriul domeniilor sale de studiu, ci şi după criteriul diferitelor segmente din procesul de comunicaţie, aşa cum sunt ele descrise în banda fonetică a semnalelor după Tillmann şi Mansell din ilustraţia XXIX.

Corespunzător diferitelor segmente în lanţul fenomenlor fizice şi psihice ce au loc de la articularea sunetelor până la percepţia lor, deci conform cu desfăşurarea benzii fonetice a semnalelor, fonetica prezintă o tripartiţie.

Die artikulatorische Phonetik beschäftigt sich mit dem **genetischen Aspekt** der Lautung, die akustische Phonetik mit dem **gennematischen Aspekt** der Lautung und den **energemischen Aspekt** behandelt schließlich die auditive Phonetik.

Diesen drei Phonetiktypen entsprechen verschiedene Subdisziplinen der Phonetik nach der Einteilung gemäß dem Gegenstandsbereich.

7.2.1. *Die artikulatorische Phonetik* untersucht die Art und Weise, wie die Laute vom Sprechapparat produziert werden.

Sie beschreibt die Stellung und die Bewegungen der Lippen sowie der Zunge, der Zähne, des Kiefers und des Ansatzrohres, auch den Verlauf des Luftstroms während der Lautung. Diese finden alle während der Artikulation der Laute statt.

Da sie die Entstehung der Laute analysiert, wird die artikulatorische Phonetik auch noch *genetische Phonetik* genannt.

7.2.2. *Die akustische Phonetik* untersucht die Verbreitung der Laute als Schallwellen bis zu ihrer Aufnahme durch das Innenohr des Menschen und wird deswegen auch *gennematische Phonetik* genannt.

Sie untersucht die physikalischen Eigenschaften von Sprachsignalen mit naturwissenschaftlichen Methoden und ist deswegen an der Grenze mit der experimentellen Phonetik zu platzieren.

7.2.3. *Die auditive Phonetik* untersucht die Eindrücke und Wahrnehmungen des Schalls durch den Hörer sowie die neuronalen Prozesse durch welche die Laute verstanden und interpretiert werden. Deswegen wird sie auch noch *energemische Phonetik* genannt.

7.3. Anwendungsbereiche der Phonetik

Die Bereiche, in denen die Phonetik konkrete Anwendungen mit ausgeprägt praktischem Charakter findet, können schematisch wie folgt dargestellt werden (FIEDLER: 2000, S. 52):

Fonetica articulatorie se ocupă de **aspectul genetic** al procesului sonor, fonetica acustică de **aspectul gennematic** al procesului sonor şi finalmente, **aspectul energemic** este tratat de fonetica auditivă.

Acestor trei tipuri de fonetică le corespund diferite subdiscipline ale foneticii din clasificarea după domeniile de studiu.

7.2.1. *Fonetica articulatorie* se ocupă cu modul de producere a sunetelor de către organul vorbirii.

Ea analizează şi descrie ştiinţific poziţia şi mişcările buzelor, a dinţilor, precum şi a limbii, a maxilarului şi a căii vocale, care au toate loc pe parcursul articulării sunetelor.
Deoarece ea analizează geneza tranşei sonore, fonetica articulatorie mai poartă şi numele de *fonetică genetică.*

7.2.2. *Fonetica acustică* se ocupă de propagarea sunetelor ca unde sonore până la receptarea lor de către urechea internă a omului. De aceea ea se mai numeşte şi *fonetică gennematică.*

Ea analizează proprietăţile fizice ale sunetelor cu metodele ştiinţelor exacte şi se plasează de aceea la limita cu fonetica experimentală.

7.2.3. *Fonetica auditivă* studiază senzaţiile şi percepţiile valului sonor asupra ascultătorului, precum şi procesele neuronale prin care acestea sunt înţelese şi interpretate.
De aceea ea se mai numeşte şi *fonetică energemică.*

7.3. Domenii de aplicaţie ale foneticii

Domeniile în care fonetica găseşte aplicaţii cu caracter pronunţat practic pot fi prezentate schematic după cum urmează (FIEDLER: 2000, S. 52):

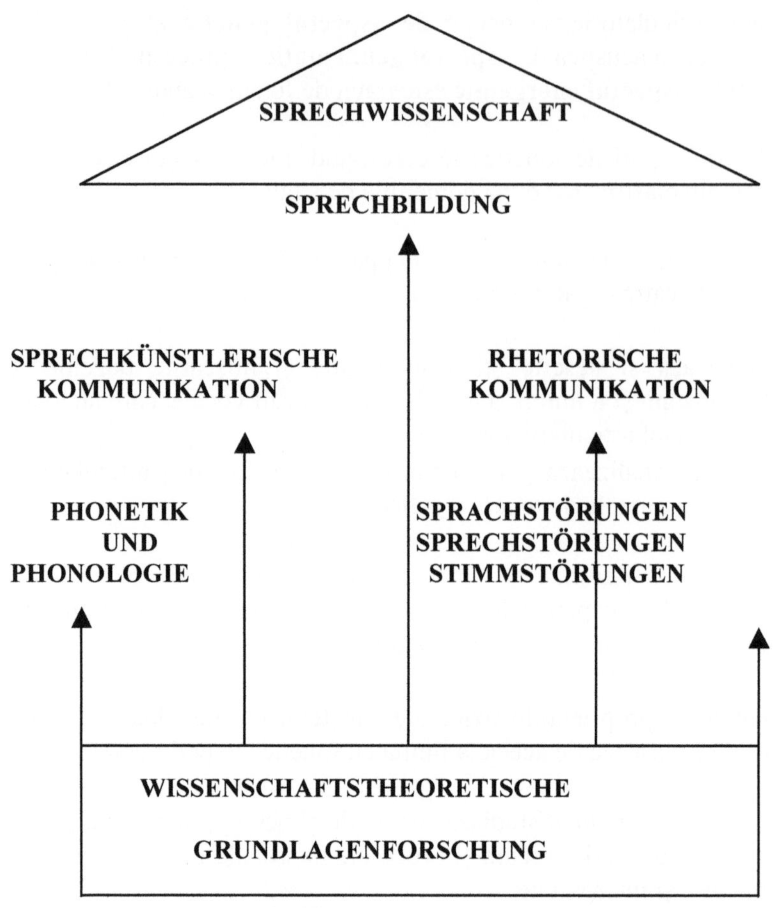

Abb. XXXI: Die Anwendungsbereiche der Phonetik nach Björn Fiedler

In diesen praktischen Bereichen ist eine weitere Teildisziplin der Phonetik angesiedelt, die *sprechwissenschaftliche Phonetik* (HIRSCHFELD: 2006, S. 38). Im deutschen Sprachraum wird diese schwerpunktmäßig von der bereits erwähnten Halleschen Schule betrieben.

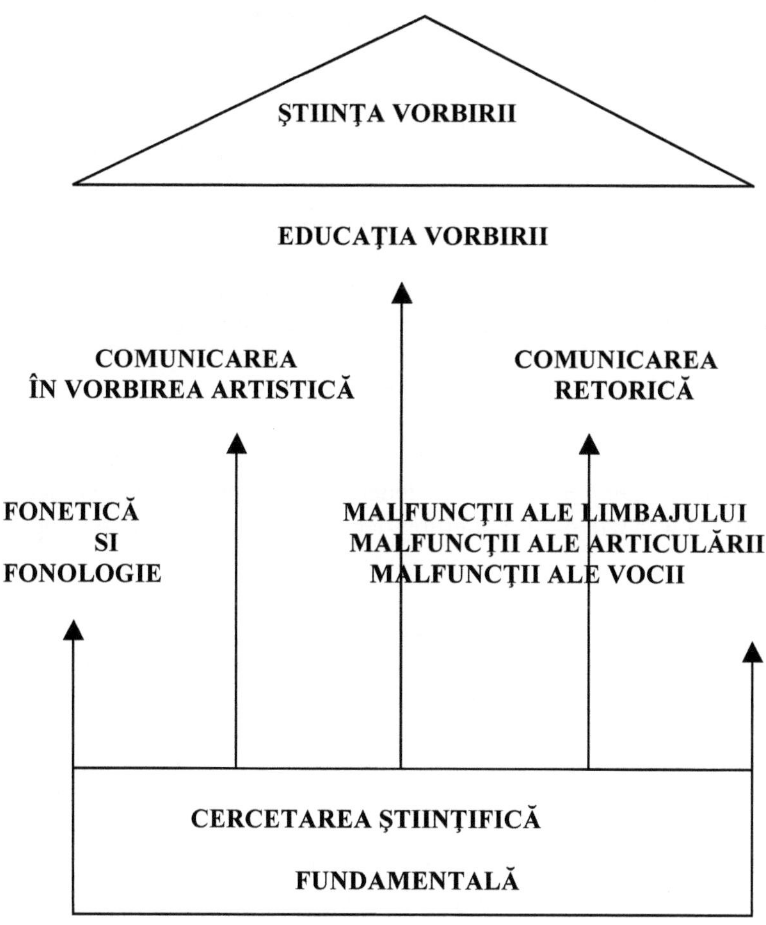

Ilustrația XXXI: Domenii de aplicație ale foneticii după Björn Fiedler

În aceste domenii practice este ancorată o altă subdisciplină a foneticii, fonetica științelor logosului (HIRSCHFELD: 2006, p. 38). În spațiul de limbă germană aceasta se practică cu precădere de către Școala de la Halle, deja menționată anterior.

VIII. ZEHN THESEN ZUR PHONETOLOGIE

1.

Trotz des Saussureschen Primats der gesprochenen Sprache über die geschriebene Sprache nimmt die artikulatorisch-akustisch zentrierte Phonetik aufgrund ihres restriktiven Aufgabenbereiches lediglich eine Randstellung in der gegenwärtigen Linguistik ein.
Die Phonetik und die Phonologie sind die einzigen linguistischen Disziplinen, die sich ausschließlich mit der Beschreibung der gesprochenen Sprache beschäftigen. Hingegen betreiben die anderen Teildisziplinen, die in der Tradition der diachronen Linguistik stehen, verstärkt die Untersuchung der geschriebenen Sprache.

So hat die linguistische Tradition den Übergang von der Untersuchung der geschriebenen Sprache zu jener der gesprochenen Sprache genauso schwer wie die Etablierung der Phonetik und der Phonologie akzeptiert.

2.

Das Verhältnis zwischen der Phonetik und der Phonologie bleibt von phonologischen Vereinnahmungstendenzen geprägt, da die Phonetik ihren Grenzwert-Status zwischen Physik (Akustik), Medizin (HNO, neuerdings auch Neurologie) und Soziologie aus der Sicht der Linguisten, und insbesondere der Phonologen, nicht endgültig überwunden hat.
Andererseits bleibt die Phonologie zu strukturalismuslastig, um eine empirische Sprachbeschreibung zuzulassen.

3.

Dennoch baut die hierarchische Architektur der linguistischen Disziplinen (Lexikologie, Morphologie, Syntax, Semantik, Textlinguistik) auf die primäre Artikulationsebene, nämlich der Phonetik, auf. Hingegen befindet sich die Phonologie auf der nächstliegenden Abstraktionsstufe des Lautes, auf der die ersten funktionalen Abgrenzungen zu greifen beginnen.

VIII. ZECE TEZE DESPRE FONETOLOGIE

1.

În pofida primatului saussurian al limbii vorbite asupra limbii scrise, fonetica, centrată acustic-articulatoriu, ocupă doar o poziţie marginală în lingvistica actuală datorită obiectului său de studiu restrictiv.

Fonetica şi fonologia sunt singurele discipline lingvistice ce se ocupă exclusiv cu studiul limbii vorbite. În schimb celelalte subdiscipline aflate în tradiţia lingvisticii diacronice, se ocupă preponderent cu cercetarea limbii scrise.

Astfel tradiţia lingvistică a acceptat tranziţia de la cercetarea limbii scrise la cercetarea limbii vorbite la fel de greu ca pe încetăţenirea foneticii şi fonologiei ca discipline de sine stătătoare.

2.

Relaţia dintre fonetică şi fonologie rămâne marcată de tendinţele integratoare ale fonologiei, deoarece fonetica nu şi-a depăşit în ochii lingviştilor, în special a fonologilor, definitiv statutul limită între fizică (acustică), medicină (ORL, mai nou şi neurologie) şi sociologie.

Pe de altă parte, fonologia rămâne prea puternic ancorată în structuralism pentru a permite o descriere empirică a limbii.

3.

Şi totuşi arhitectura ierarhică a disciplinelor lingvistice (lexicologie, morfologie, sintaxă, semantică, lingvistica textului) este construită pe nivelul articulatoriu primar al foneticii.

În schimb fonologia se află pe următoarea treaptă de abstracţie a sunetului, pe care încep să acţioneze primele delimitări funcţionale.

4.

Die Randstellung der Phonetik im Kanon der linguistischen Disziplinen sowie die integrativen Tendenzen der Phonologie werden in erheblichem Ausmaß von einem fehlenden Oberbegriff für beide Disziplinen verursacht.

5.

Analog zur begrifflichen und terminologischen Lücke, die Henry Sweet nur inkonsequent und gelegentlich mit dem Terminus „praktische Philologie" versah, bedürfen die Phonetik und die Phonologie, einer gemeinsamen Bezeichnung, eben wegen ihres gemeinsamen Untersuchungsgegenstandes und ihrer thematischen Affinitäten.

Die taxonomische Lücke, das Fehlen eines Oberbegriffs für die zwei Disziplinen, Phonetik und Phonologie, ist historisch bedingt. Ihr Ursprung findet sich in den Etablierungsbestrebungen des Strukturalismus gegenüber der Sprachwissenschaft des 19. Jahrhunderts, der den Ausbau der Phonologie exzessiv forciert hat.

So wurden die Phonetik und die Phonologie gewissermassen das Opfer der Begeisterung ob der strukturalistischen Methode, deren Träger sie waren, die sie aber in den kanonischen Hintergrund gedrückt hatte. Auch blieb ihre Stellung in der hierarchischen Architektur der linguistischen Disziplinen unklar. Doch darf, damals wie jetzt, die historische Tradition nicht den Weg der Logik versperren.

6.

Denn an ein und demselben Untersuchungsgegenstand, an den Sprechlauten, führen heute zwei historisch gewachsene Forschungstraditionen heran: eine empirisch-experimentelle Tradition, die als Phonetik bezeichnet wird, und eine funktional-strukturalistische Tradition, die als Phonologie bezeichnet wird.
Beide haben mittlerweile den Status linguistischer Teildisziplinen erlangt.

4.

Atât poziţia marginală a foneticii în canonul disciplinelor lingvistice cât şi tendinţele integratoare ale fonologiei sunt determinate într-o măsură importantă de lipsa unui supra-termen pentru cele două discipline.

5.

Analog cu golul conceptual şi terminologic pe care Henry Sweet nu l-a umplut decât inconsecvent şi ocazional cu termenul de „filologie practică", fonetica şi fonologia necesită o denumire comună, tocmai datorită obiectului lor comun de cercetare şi a afinităţilor tematice.

Golul taxonomic, lipsa unui supra-termen pentru cele două discipline, fonetica şi fonologia, provine din tradiţia istorică a lingvisticii. Originea sa se găseşte în tendinţele de emergenţă ale structuralismului faţă de lingvistica secolului al XIX-lea, care a forţat excesiv dezvoltarea fonologiei.

Astfel fonetica şi fonologia au devenit, într-o anumită măsură, victima entuziasmului pentru metoda structuralistă, a cărei purtătoare au fost, însă care le-a împins apoi într-un con de umbră canonic.

Dar aşa cum tradiţiile istorice nu aveau voie atunci, ele nu au voie nici acum să taie calea logicii.

6.

Căci unul şi acelaşi obiect de studiu, anume sunetele limbii, a devenit obiectul de studiu a două tradiţii de cercetare consolidate istoric: o tradiţie empiric-experimentală, denumită fonetică, şi o tradiţie funcţional-structuralistă, denumită fonologie.
Ambele au ajuns cu timpul la statutul de discipline parţiale ale lingvisticii.

Dennoch beschäftigen sich diese Teildisziplinen mit ein und demselben Untersuchungsgegenstand. Demnach müssen die Sprechaktlautlehre (Phonetik) und die Sprachgebildelautlehre (Phonologie) von Trubetzkoy eine einheitliche Bezeichnung führen.

Während der Terminus „Metaphonetik" für „Phonologie" lediglich als ein Etikettenwechsel mit Ursprungsbezeichnung beanstandet werden könnte, füllt der Terminus „Phonetologie" von Bailey und Maroldt die begriffliche und terminologische Lücke auf, die zwischen den zwei Lehren von den Sprechlauten spätestens ab der Etablierung der Phonologie als Forschungstradition mit dem Status von Teildisziplin klafft.

7.

Die Phonetologie besteht aus der Phonetik und der Phonologie.
Anders gesagt umfasst die Phonetologie sowohl die Ebene Null der linguistischen Abstraktionsstufen, jene primäre Ebene des Lautes, von der aus die Linguistik ihr gesamtes Sprachmaterial schöpft, als auch die unmittelbar nächstliegende Abstraktionsstufe des Lautes, auf der die ersten funktionalen Abgrenzungen greifen.
Deswegen kann man auch sagen, dass die Phonetologie als Summe von Phonetik und Metaphonetik („Phonologie") die Einheit des lautlichen Zeichens wiederherstellt.

8.

Die Phonetologie ist also eine unmittelbare Umsetzung der von Saussure nie zu Ende gedachten Semeologie als Wissenschaft von den Zeichen.
Jedoch wurde der saussuresche Gedanke der Semeologie später in der Semiotik wiederbelebt, doch ist darin sein unmittelbarer linguistischer Bezug, so wie er im *Cours* aufscheint, kulturwissenschaftlich verwässert.
So gesehen ist also die Phonetologie eine semeologische Teilwissenschaft, die sich mit den lautlichen Zeichen beschäftigt und dadurch den Gedanken der Semeologie wieder linguistisch aufleben lässt.

272

Şi totuşi aceste discipline parţiale se ocupă cu unul şi acelaşi obiect de studiu. Prin urmare, disciplina actelor sunetelor vorbirii (fonetica) şi disciplina formei sunetelor vorbirii ale lui Trubeţkoi trebuie să poarte unul şi acelaşi nume.

În vreme ce folosirii termenului de „metafonetică" pentru „fonologie" i se poate imputa o reetichetare cu indicaţia denumirii de origine, termenul lui Bailey şi Maroldt, anume „fonetologia", umple golul conceptual şi terminologic care s-a deschis între cele două discipline cel târziu odată cu consacrarea fonologiei ca tradiţie de cercetare cu statut de disciplină parţială.

7.

Fonetologia constă din fonetică şi fonologie.
Altfel spus, fonetologia cuprinde atât poziţia ierarhică zero al gradului de abstracţie lingvistică, acel nivel articulatoriu primar al sunetului, de unde lingvistica îşi adună întregul său material de lucru, cât şi următoarea treaptă de abstracţie a sunetului, pe care încep să acţioneze primele delimitări funcţionale.

De aceea se poate spune că fonetologia reface, ca sumă a foneticii şi metafoneticii („fonologiei"), unitatea semnului sonor.

8.

Fonetologia este deci transpunerea nemijlocită a semeologiei ca ştiinţă generală a semnelor, pe care Saussure nu a gândit-o niciodată până la capăt.
Ideea saussuriană a semeologiei a fost reluată, ce-i drept, mai târziu în semiotică, însă conţinuturile sale nemijlocit lingvistice, aşa cum apar ele în *Cours*, au fost diluate cultural în sensul acestei ştiinţe.

Privită astfel, fonetologia este deci o subdisciplină semeologică ce se ocupă cu semnele sonore şi care reia prin aceasta ideea semeologiei din punct de vedere lingvistic.

Denkt man die semeologische Auslegung der Phonetologie zu Ende, ergeben sich daraus sowohl eine phonetologische Lexikologie, als auch eine phonetologische Morphologie sowie eine phonetologische Syntax und eine phonetologische Pragmatik.

Doch werden bislang die linguistischen Disziplinen primär über die linguistischen Einheiten, die sie beschreiben in der klassischen hierarchischen Architektur der linguistischen Teildisziplinen definiert.

9.

Ausgehend vom Primat der gesprochenen Sprache über die geschriebene Sprache würde dann die traditionelle kanonische Hierarchie der linguistischen Einheiten, die ohnehin schwer eindeutig definierbar sind, von der Silbe bis zum Text durchgehend durch die linguistische Einheit des Lautes im Saussureschen Sinn ersetzt werden.

Dies führt freilich noch nicht zur Auflösung der Lexikologie, der Morphologie, der Syntax und der Textlinguistik, jedoch füllt sie diese mit einer neuen linguistischen Einheit, dem Laut, auf.
Dieser Weg wurde bereits in Richard Wieses *The Phonology of German* [Die Phonologie des Deutschen] (^{2}2000) beschritten, jedoch ist er einstweilen noch nicht programmatisch benannt.

10.

Die Phonetologie hat demnach eine dreifache Legitimation.

Erstens hat die Phonetologie eine von der taxonomischen Logik gegebene Existenzberechtigung, zumal sie eine begriffliche, aber auch eine terminologische Lücke füllt.

Zweitens hebt die Phonetologie die künstliche Spaltung ein und desselben Untersuchungsgegenstandes in zwei Teildisziplinen auf.

Drittens ist die Phonetologie die konsequente Weiterentwicklung des Gedankens der Semeologie, so wie sie Saussure in seinem *Cours* festhält.

274

Gândind până la capăt interpretarea semeologică a fonetologiei, rezultă din aceasta atât o lexicologie fonetologică, cât şi o morfologie fonetologică, respectiv o sintaxă fonetologică precum şi o pragmatică fonetologică.

Însă până în prezent disciplinele lingvistice se definesc în primul rând prin unităţile lingvistice pe care le descriu în arhitectura clasică ierarhică a disciplinelor lingvistice.

9.

Pornind de la primatul limbii vorbite asupra limbii scrise, ierarhia tradiţional-canonică a unităţilor lingvistice, care sunt oricum greu de definit univoc, începând cu silaba şi sfârşind cu textul, s-ar înlocui cu unitatea lingvistică a sunetului vorbirii în sensul saussurian.

Aceasta nu duce, bineînţeles, la dizolvarea lexicologiei, a morfologiei, a sintaxei şi a lingvisticii textului, ci le oferă acestora o unitate lingvistică sonoră ca obiect de cercetare.

Această abordare se întâlneşte în prezent în *The Phonology of German* [Fonologia limbii germane] (^{2}2000) a lui Richard Wiese, fără a fi însă deocamdată denominată programatic.

10.

Fonetologia este deci triplu legitimată.

În primul rând fonetologia este cerută de logica taxonomică, având în vedere golul conceptual şi terminologic pe care aceasta îl umple.

În al doilea rând, fonetologia anulează disociaţia artificială a obiectului unic de cercetare în două subdiscipline.

În al treilea rând fonetologia este dezvoltarea consecventă a concepţiei semeologice, aşa cum o schiţează Saussure în *Cours*-ul său.

A

BASILIUS **ABAGER** / EMILIA **SAVIN** / ALEXANDRU **ROMAN** (1968): *Gramatica practică a limbii germane*. Bucureşti: Editura Ştiinţifică.

DAVID **ABERCROMBIE** (1967): *Elements of General Phonetics*. Edinburgh: Edinburgh University Press.

*** (1929): *Actes du premier congrès international de linguistes a la Haye*, du 10-15 avril 1928. Leiden: A.W. Sijthoff's Uitgeversmaatschappij.

LIVIA **ADAMCOVÁ** (2005): *Moderne Linguistik. Eine Propädeutik für Germanisten* (Edition Präsens Studienbücher, Bd. 19). Wien: Präsens.

JOHANN CHRISTOPH **ADELUNG** (1788): *Vollständige Anweisung zur deutschen Orthographie nebst einem kleinen Wörterbuche für die Aussprache, Orthographie, Biegung und Ableitung*. Leipzig: Weygand.

JÖRN **ALBRECHT** (^{3}2007): *Europäischer Strukturalismus. Ein forschungsgeschichtlicher Überblick* (Tübinger Beiträge zur Linguistik, Bd. 501). Tübingen: Gunter Narr.

HANS **ALTMANN** / UTE **ZIEGENHAIN** (^{2}2007): *Phonetik, Phonologie und Graphemik fürs Examen* (Linguistik fürs Examen, Bd. 3). Göttingen: Vandenhoeck & Ruprecht.

HANS PETER **ALTHAUS** (^{2}1980): *Graphemik*. In: Lexikon der germanistischen Linguistik, Bd. 2, vollständig neu bearbeitete und erweiterte Auflage. (Hg.: Hans Peter Althaus, Helmut Henne, Herbert Ernst Wiegand). Tübingen: Niemeyer: 142-151.

ULRICH **AMMON** (1995): *Die deutsche Sprache in Deutschland, Österreich und der Schweiz. Das Problem der nationalen Varietäten*. Berlin / New York: de Gruyter.

RAPHAEL **ARNOLD** (2001): *William Jones. Ein Orientalist zwischen Kolonialismus und Aufklärung* (Arbeitsmaterialien zum Orient, Bd. 11). Würzburg: Ergon.

ANDREI **AVRAM** (1967): *Despre neutralizarea opoziţiilor lingvistice*. In: Ion Coteanu (ed.): Elemente de lingvistică structurală. Bucureşti: Editura Ştiinţifică: 132-147.

B

CHARLES JAMES NICE **BAILEY** / KARL **MAROLDT** (^{2}1988): *Grundzüge der englischen Phonetologie: Allgemeine Systematik*. 2. vollständig neu bearbeitete Auflage mit zahlreichen Ergänzungen nach Vorschlägen von Charles-James N. Bailey (Arbeitspapiere zur Linguistik Bd. 16 / Working papers in linguistics, vol. 16). Berlin: Technische Universität: Universitätsbibliothek, Abteilung Publikationen.

HELMUT **de BOOR** / HUGO **MOSER** / CHRISTIAN **WINKLER** (1969): *Einführung*. In: Siebs. Deutsche Aussprache. Reine und gemäßigte Hochlautung mit Aussprachewörterbuch. Berlin / New York: de Gruyter.

WILLIAM **BARRY** (1995): *Phonetik im Kopf und im Computer. Gedanken zur Theorie der Phonetik* (Antrittsvorlesung vom 6. Juni 1994 in der Philosophischen Fakultät der Universität des Saarlandes, Saarbrücken). In: Phonus 1. Institute of Phonetics, University of the Saarland: 1-18.

OTTO **BREMER** (1893): *Deutsche Phonetik* (Sammlung kurzer Grammatiken deutscher Mundarten, Hg.: Georg Bremer, Band I., Deutsche Phonetik). Leipzig: Druck und Verlag von Breitkopf & Härtel.

HERMANN **BREYMANN** (1897): *Die phonetische Literatur von 1876-1895. Eine bibliographisch-kritische Übersicht.* Leipzig: Deichert'sche Verlagsbuchhandlung., Nachf. (Georg Böhme).

PATRICK **BRANDT** / DANIEL **DETTMER** / ROLF-ALBERT **DIETRICH** / GEORG **SCHÖN** (1999): *Sprachwissenschaft. Ein roter Faden für das Studium* (Böhlau Studienbücher: Grundlagen des Studiums). Köln / Weimar: Böhlau.

C

PETER **CATFORD** (1998): *A Practical Introduction to Phonetics.* Oxford.

DONALD **CALVERT** / CLAY **CALVERT** (^{2}1986): *Descriptive Phonetics Transcription Workbook.* Stuttgart / New York: Georg Thieme.

IOANA **CHITORAN** (2002): *The Phonology of Romanian: A Constraint-Based Approach.* Berlin (Studies in Generative Grammar, vol. 56). New York: Mouton de Gruyter.

DUMITRU **CHIŢORAN** (1978): *English Phonetics and Phonology.* Bucureşti: Editura Didactică şi Pedagogică.

DUMITRU **CHIŢORAN** / JAMES E. **AUGEROT** / HORTENSIA **PÂRLOG** (s.a.): *The Sounds of English and Romanian* (The Romanian-English Contrastive Analysis Project). [Bucureşti] Bucharest University Press.

GERTRUD **G.**[REGOR] **CHIRIŢĂ** (1975): *Laut- und Klanggestalt des Deutschen. Theoretisches und Praktisches zur Aussprache und Ausdrucksleistung.* Bucureşti: Editura Didactică şi Pedagogică.

GERTRUD **G.**[REGOR] **CHIRIŢĂ** (1979): *Phonetik und Phonologie des Deutschen.* [Bukarest]: Centrul de multiplicare al universităţii [sic!] din Bucureşti.

GERTRUD **G.**[REGOR] **CHIRIŢĂ** (1980): *Phonisch-rhythmische Textanalyse.* Bucureşti: Editura Universităţii.

GERTRUD **GREGOR CHIRIŢĂ** (1991): *Das Lautsystem des Deutschen und des Rumänischen* (Deutsch im Kontrast, Bd. 11). Heidelberg: Julius Groos.

NOAM **CHOMSKY** / MORRIS **HALLE** (^{2}1991): The Sound Pattern of English. Cambridge: MIT Press.

ION **COJA** (1985): *Ferdinand de Saussure*. In: Lucia Wald / Elena Slave (ed.) Lingvistică saussuriană şi postsaussuriană. Texte adnotate. Universitatea din Bucureşti. Facultatea de limbi străine. Bucureşti: Tipografia Universităţii din Bucureşti: 5-32.

BRUNO **COLBERT** (1961): *Gramatica limbii germane*. Editura de Stat didactică şi pedagogică, Bucureşti.

BRUNO **COLBERT** (1963): *Limba germană contemporană. Vol. I. Fonetica.* Ministerul Învăţămîntului. Universitatea Bucureşti. Facultatea de Filologie. Bucureşti: Editura Didactică şi Pedagogică.

BEVERLEY **COLLINS** (1999): *The Real Professor Higgings: The Life and Career of Daniel Jones*. Berlin / New York: de Gruyter.

DAVID **CRYSTAL** (1969): *Prosodic Systems and Intonation in English*. Oxford: Oxford University Press.

DAVID **CRYSTAL** (^{6}2008): *A Dictionary of Linguistics and Phonetics* (The Language Library). Oxford: Blackwell.

D

NORBERT **DITTMAR** (^{2}2004): *Transkription. Ein Leitfaden mit Aufgaben für Studenten, Forscher und Laien* (Qualitative Sozialforschung, Bd. 10) (Hg.: Ralf Bohnsack, Christian Lüfers, Jo Reichertz). Opladen: Leske + Budrich.

KONRAD **DUDEN** (1872): *Die deutsche Rechtschreibung. Abhandlung, Regeln und Wörterverzeichniß mit etymologischen Angaben. Für die oberen Klassen höherer Lehranstalten und zur Selbstbelehrung für Gebildete.* Leipzig: Verlag B.G. Teubner.

KONRAD **DUDEN** (1880): *Vollständiges Orthographisches Wörterbuch der deutschen Sprache, nach den neuen preußischen und bayerischen Regeln*. Leipzig: Verlag des Bibliographischen Instituts [Faksimile: Bibliographisches Institut Mannheim, 1980].

KONRAD **DUDEN** (1903): *Rechtschreibung der Buchdruckereien deutscher Sprache. Auf Anregung und unter Mitwirkung des Deutschen Buchdruckervereins, des Reichsverbandes Österreichischer Buchdruckereibesitzer und des Vereins Schweizerischer Buchdruckereibesitzer*. Leipzig und Wien: Bibliographisches Institut.

*** (^{6}2005): *DUDEN. Das Aussprachewörterbuch*. Bearbeitet von Max Mangold in Zusammenarbeit mit der Duden-Redaktion. Mannheim: Dudenverlag.

E

KLAAS HINRICH **EHLERS** (2005): *Strukturalismus in der deutschen Sprachwissenschaft. Die Rezeption der Prager Schule zwischen 1926-1945*. (Studia linguistica germanica, Bd. 77) (Hg.: Stefan Sonderegger, Oskar Reichmann). Berlin / New York: de Gruyter.

PETER **ERNST** / THOMAS **HEROK** (^{2}1999): *Phonetik und Phonologie des Deutschen*. In: Einführung in die synchrone Sprachwissenschaft (Hg.: Peter Ernst). Wien: Edition Praesens: 7-1 - 7-33.

PETER **ERNST** (2001): *Nachwort*. In: Ferdinand de Saussure (^{3}2001): Grundfragen der allgemeinen Sprachwissenschaft (Hg.: Charles Bally / Albert Sechehaye. Unter Mitwirkung von Albert Riedlinger. Übersetzt von Hermann Lommel. Mit einem Nachwort von Peter Ernst) (De Gruyter Studienbuch): Berlin / New York: de Gruyter: 291-347.

PETER **ERNST** (2004): *Germanistische Sprachwissenschaft*. UTB Basics (UTB 2451). Wien: Wiener Universitätsverlag Facultas.

OTTO **VON ESSEN** (1964): *Grundzüge der hochdeutschen Satzintonation*. Ratingen: Henn-Verlag.

OTTO **VON ESSEN** (^{5}1979): *Allgemeine und angewandte Phonetik.* Wissenschaftliche Buchgesellschaft Darmstadt. Mit Genehmigung des Akademie-Verlages Berlin herausgegebene Sonderausgabe für die Mitglieder der wissenschaftlichen Buchgesellschaft Darmstadt.

F

BJÖRN **FIEDLER** (2000): *Sprechwissenschaft und Erwachsenenbildung. Skizze einer andragogischen Grundkonzeption für die hallesche Sprachwissenschaft.* Halle: Diplomarbeit [Typoskript].

HANS **FINK** (1987): *Heitere Grammatik. Wie man mit Wörtern spielen kann.* Bukarest: Kriterion Verlag.

STEVEN ROGER **FISCHER** (^{2}2001): *A History of Language.* (Globalities). London: Reaktion Books.

HEINZ **FIUKOWSKI** (^{5}1992): *Sprecherzieherisches Elementarbuch.* Tübingen: Niemeyer.

G

SORIN **GADEANU** (2009): Graphematik und „Phonetologie". Eine Schrift- und Lautlehre des Deutschen. Synoptisch-zweisprachige Ausgabe. Grafematică şi „fonetologie". Ştiinţa scrierii şi a sunetelor limbii germane. Ediţie sinoptic-bilingvă. Bucureşti: Editura Fundaţiei România de Mâine.

SORIN **GADEANU** (1994): *Durkheim versus Saussure: Sprachsetzung im sozial-kommunikativen Kontext.* In: Analele Universităţii de Vest din Timişoara (seria filologie, vol. 1994), Timişoara: Editura Universităţii de Vest: 18-27.

ANDREAS **GARDT** (1999): *Geschichte der Sprachwissenschaft in Deutschland. Vom Mittelalter bis ins 20. Jahrhundert.* Berlin /New York: de Gruyter.

JOACHIM **GESSINGER** (1994): *Auge & Ohr. Studien zur Erforschung der Sprache am Menschen 1700–1850*. Berlin / New York: de Gruyter.

SIEGFRIED **GEHRMANN** (^{2}1995): *Deutsche Phonetik in Theorie und Praxis. Ein Lehr- und Übungsbuch auf lernpsychologisch-motorischer Grundlage*. Zagreb: Školska knjiga.

JOHN A. **GOLDSMITH** (ed.) (1995): *The Handbook of Phonological Theory*. Cambridge / Massachusetts: Blackwell.

HANS **GRASSEGGER** (2004): *Phonetik, Phonologie*. (BWT, Basiswissen Therapie). Idstein: Schulz-Kirchner.

ALEXANDRU **GRAUR** / LUCIA **WALD** (^{3}1997): *Scurtă istorie a lingvisticii*. Bucureşti: Editura didactică şi pedagogică.

H

HARALD **HAARMANN** (1976): *Grundzüge der Sprachtypologie: Methodik, Empirie und Systematik der Sprachen Europas*. Stuttgart / Berlin / Köln / Mainz: Kohlhammer.

HARALD **HAARMANN** (^{3}2007): *Geschichte der Schrift* (C. H. Beck Wissen, Bd. 2198). München: Verlag C.H. Beck.

ALAN T. **HALL** (2000): *Phonologie. Eine Einführung* (de Gruyter Studienbuch). Berlin / New York: de Gruyter.

MORRIS **HALLE** / G.N. **CLEMENTS** (^{7}1984): *Problem Book in Phonology. A Workbook for Introductory Courses in Linguistics and in Modern Phonology*. A Bradford Book. Cambridge, Massachusetts and London: The MIT Press.

··· (^{9}2007): *Handbook of the International Phonetic Association. A Guide to the Use of the International Phonetic Alphabet*. Cambridge: Cambridge University Press.

HEIKKI J. **HAKKARAINEN** (1995): *Phonetik des Deutschen*. (UTB für Wissenschaft: Uni-Taschenbücher 1835). München: Fink.

WILLIAM J. **HARDCASTLE** / JOHN **LAVER** (eds.) (1997): *The Handbook of Phonetic Sciences*. Oxford: Blackwell.

ROY **HARRIS** / TALBOT J. **TAYLOR** (2001): *Jacobson and Structuralism*. In: Landmarks in Linguistic Thought II: The Western tradition in the twentieth century (eds.: John E. Joseph, / Nigel Taylor / Talbot J. Taylor). London / New York: Routledge: 17-28.

EINAR **HAUGEN** (1950): *First Grammatical Treatise. The Earliest Germanic Phonology* (Language Monograph, vol. 25), Baltimore: Linguistic Society of America.

BRUCE **HAYES** / DONCA **STERIADE** (2004): *Introduction: the phonetic bases of phonological Markedness*. In: Phonetically based Phonology (eds.: Bruce Hayes / Robert Kirchner / Donca Steriade). Cambridge: Cambridge University Press: 1-33.

GEORG **HEIKE** (^{2}1982): Phonologie. Stuttgart: Metzler.

JOST **HERMAND** (1994): *Geschichte der Germanistik* (Rowohlts Enzyklopädie, Hg.: Burghard König). Hamburg: Rowohlt.

URSULA **HIRSCHFELD** (2006): *Gegenstandsbestimmung und Pespektiven der sprechwissenschaftlichen Phonetik*. In: Probleme und Perspektiven sprechwissenschaftlicher Arbeit (Hg.: Ursula Hirschfeld / Lutz Christian Anders) (Hallesche Schriften zur Sprechwissenschaft und Phonetik, Bd. 18). Frankfurt / Main: Peter Lang: 37-48.

URSULA **HIRSCHFELD** / EBERHARD **STOCK** (2007): *Phonothek interaktiv, CD-ROM*. München: Langenscheidt.

LUDGER **HOFFMANN** (^{2}2000): *Sprachwissenschaft. Ein Reader*. Berlin / New York: de Gruyter.

RUDOLF **HOBERG** / URSULA **HOBERG** (1996): *Der kleine Duden*. Gramatica limbii germane. Fonetică. Lexicologie. Morfologie. Sintaxă (traducere şi adaptare: Octavian Nicolae). Iaşi: Polirom.

WILLIAM **HOLDER** (1975): *Elements of Speech and Discourse Concerning Time*. New York: AMS Press [Reprint].

A.[NTHONY] P.[HILIPP] R.[EID] **HOWATT** / G.[EORGE] H.[ENRY] **WIDDOWSON** (^{2}2005): *A History of English Language Teaching* (Oxford Applied Linguistics). Oxford: Oxford University Press.

WILHELM **VON HUMBOLDT** (1836): *Über die Verschiedenheit des menschlichen Sprachbaues und ihren Einfluss auf die geistige Entwickelung des Menschheitsgeschlechts* [Einleitung zum Kawiwerk]. Berlin. Gedruckt in der Druckerei der Königlichen Akademie der Wissenschaften. In Commision bei F. Dümmler. [Faksimile-Druck nach Dümmlers Originalausgabe, ausgegeben anlässlich des 125. Todestages von Wilhelm von Humboldt – 8. April 1960 –. Bonn: Dümmler].

WILHELM **VON HUMBOLDT** (2008): *Despre diversitatea structurală a limbilor şi influenţa ei asupra dezvoltării spirituale a umanităţii* (trad. Eugen Munteanu). Bucureşti: Humanitas.

I

EMIL **IONESCU** (^{3}2001): *Manual de lingvistică generală*. Bucureşti: Bic ALL Universitar.

J

LUDWIG **JÄGER** (2006): *Ferdinand de Saussure zur Einführung*. Hamburg: Junius-Verlag.

ROMAN **JAKOBSON** / MORRIS **HALLE** (1956): *Fundamentals of Language*. The Hague: Mouton.

DANIEL **JONES** (1917): *The phonetic structure of the Sechuana language*. In: Transactions of the Philological Society 1917-20. London: Paul Kegan: 99-106.

DANIEL **JONES** (^{3}1932): *An Outline of English Phonetics*. Leipzig: Teubner.

DANIEL **JONES** (^{3}1967): *The Phoneme. Its Nature and Use*. London: Cambrigde University Press [Reprint: W. Heffer & Son].

WILLIAM **JONES** (^{7}1989): *A Grammar of the Persian Language*. Delhi: Boards. [Reprint ^{6}1807].

WILLIAM **JONES** (1807): *The Third Anniversary Discourse Delivered 2 February 1786 by the President*. In: The Works of Sir William Jones. With a Life of the Author, by Lord Teignmouth [John Shore], London, printed for John Stockdale and John Walker, 1807, 13 vols., vol. III: 24-46, [Reprint nach: Asiatick Researches 1 / 1788: 415-431). *2 February 1786*. In: The Collected Works of Sir William Jones (Hg.: Garland H. Cannon) (Faksimile-Druck, 13 Bde.), New York, 1993]

K

PETER **KAROW** (1992): *Digitale Schriften. Darstellung und Formate*. Berlin / Heidelberg / New York: Springer.

WOLFGANG **VON KEMPELEN** (1970 / 1791)*: Mechanismus der menschlichen Sprache nebst Beschreibung einer sprechenden Maschine* Stuttgart / Bad Cannstatt: Friedrich Fromann Verlag [Reprint].

ALLAN **KEMP** (2001): *The development of phonetics from the late 18th to the late 19th century*. In: History of the Language Sciences, vol. 18, tome 2: An International Handbook on the Evolution of the Study of Language from the Beginnings to the Present (eds.: Sylvain Auroux, E.F. Koerner, Hans-Josef Niederehe, Kees Versteegh). Berlin / New York: Walter de Gruyter: 1468-1480.

MICHAEL **KENSTOWICZ** (1994): *Phonology in Generative Grammar*. Oxford: Blackwell.

KLAUS J. **KOHLER** (^{2}1995): *Einführung in die Phonetik des Deutschen* (Grundlagen der Germanistik, Hg.: Werner Besch / Hartmut Steinecke, Bd. 20). Berlin: Erich Schmidt

CHRISTOPH **KÖNIG** (Hg.) (2003): *Internationales Germanistenlexikon 1800-1950* (3 Bde., bearb.: Birgit Wägenbaur / Andrea Frindt /

Hanne Knickmann / Volker Michel / Angela Reinthal / Karla Rommel). Berlin / New York: Walter de Gruyter.

HANS **KRAUSE** (1938): *Intonation und Lautgebung in der englischen Aussprache des Prof. Daniel Jones* (Experimentalphonetische Untersuchungen, Hg.: Wilhelm Horn / Kurt Ketterer, Heft 1). Berlin: Walter de Gruyter & Co.

L

PETER **LADEFOGED** (1971): *Linguistic Phonetics* [Midway Reprint]: Preliminaries to linguistic phonetics. Chicago: University of Chicago Press.

PETER **LADEFOGED** / IAN **MADDIESON** (1996): *The Sounds of the World's Languages*. Oxford: Blackwell.

PETER **LADEFOGED** (^{2}2005): *Vowels and Consonants: an Introduction to the Sounds of Languages*. Oxford: Blackwell.

PETER **LADEFOGED** (^{5}2006): *A Course in Phonetics*. Boston: Thomson / Wadsworth.

ANATOLY **LIBERMAN** (1995): *The beginning and end of the (great) vowel shifts in Late Germanic*. In: Insight in Germanic Linguistics I. Methodology in Transition (eds.: Irmengard Rauch, Gerald F. Carr) (Trends in Linguistics, Studies and Monographs, 83). Berlin / New York: Mouton de Gruyter: 203-230.

ROSEMARIE **LÜHR** (^{6}2000*): Neuhochdeutsch. Eine Einführung in die Sprachwissenschaft* (UTB 1349). München: Fink.

KARL **LUICK** (^{3}1932): *Deutsche Lautlehre. Mit besonderer Berücksichtigung der Sprechweise Wiens und der österreichischen Alpenländer* [Reprint der dritten Auflage 1932. Nebst einem Nachdruck des „Österreichischen Beiblattes zu Siebs"]. Herausgegeben von Otto Back. Wien: ÖsBV Pädagogischer Verlag.

M

UTZ **MAAS** (1999): *Phonologie. Einführung in die funktionale Phonetik des Deutschen* (Studienbücher zur Linguistik, Hg.: Peter Schlobinski, Bd 2). Opladen / Wiesbaden: Westdeutscher Verlag.

MICHAEL **MacMAHON** (2001): *Modern Language Instruction and Phonetics in the Later 19th Century*. In: History of the Language Sciences, vol. 18, tome 2: An International Handbook on the Evolution of the Study of Language from the Beginnings to the Present (eds.: Sylvain Auroux, E.F. Koerner, Hans-Josef Niederehe, Kees Versteegh). Berlin / New York: Walter de Gruyter: 1585-1595.

CARL **MARTENS** / PETER **MARTENS** (^{3}1992): *Übungstexte zur deutschen Aussprache* (unter Mitarbeit von Hiltrud und Maren-Elisabeth Martens). Ismaning / München: Max Hueber.

MAX **MANGOLD** (1962): *Vorwort*. In: Duden. Aussprachewörterbuch. Wörterbuch der deutschen Standardaussprache. Neu bearbeitete und erweiterte Auflage. Mannheim: Dudenverlag: 3-15.

MAX **MANGOLD** (^{2}1974): *Vorwort*. In: Duden. Aussprachewörterbuch. Wörterbuch der deutschen Standardaussprache. Neu bearbeitete und erweiterte Auflage. Mannheim: Dudenverlag: 3-15.

DAN **MATEESCU** (2002): *A Course in English Phonetics and Phonology*. Bucureşti: Editura Universităţii din Bucureşti.

GOTTFRIED **MEINHOLD** / EBERHARD **STOCK** (1982): *Phonologie der deutschen Gegenwartssprache*. Leipzig: VEB Bibliographisches Institut Leipzig.

RUARI **McLEAN** (^{2}1988): *Typography* (The Thames and Hudson Manuals, General Editor: W.S. Taylor). London: Thames and Hudson.

ZAMFIRA **MIHAI** / MARIA **OSIAC** (2006): *Lingvistică generală şi aplicată. Universitatea Spiru Haret*. Bucureşti: Editura Fundaţiei România de Mâine.

JOACHIM **MUGDAN** (1984): *Jan Baudouin de Courtenay (1845-1929). Leben und Werk*. München: Wilhelm Fink.

JÖRG **MEIBAUER** et al. (^{2}2007): *Einführung in die germanistische Linguistik*. Stuttgart: Metzler.

MARIA ILEANA **MOISE** (2004): *Akzent und Rhythmus im Deutschen und Rumänischen. Kontrastive Untersuchung*. Bucureşti: Editura Enciclopedică.

MARIA ILEANA **MOISE** (2005): *Aussprachestandard – Ziel der phonetischen Ausbildung rumänischer Germanistikstudenten und zukünftiger DaF-Lehrer*. In: Zeitschrift der Germanisten Rumäniens (Hg.: George Guţu) 13. / 14. Jg., Heft 1-2 (25-26), 1-2 (27-28), 2004/ 2005: 283-294.

MARIA ILEANA **MOISE** (2007): *Die Phonetik / Phonologie, die Ausspracheschulung und -korrektur im gemeinsamen europäischen Referenzrahmen. Desiderata im Hinblick auf die Realisierung des „Bolognaprozesses" in der Germanistik in Rumänien*. In: Interkulturelle Grenzgänge. Akten der wissenschaftlichen Tagung des Bukarester Instituts für Germanistik zum 100. Gründungstag (GGR-Beiträge zur Germanistik, Hg.: George Guţu / Doina Sandu, Bd. 16): 376-386.

EUGEN **MUNTEANU** (2005): *Introducere în lingvistică* (Collegium: Litere). Iaşi: Polirom.

N

H.[EINZ] JOACHIM **NEUHAUS** (1995): A Phonetic Concordance to Daniel Jones. Phonetic Readings in English (ALPHA – OMEGA. Lexika · Indizes · Konkordanzen, Reihe C, Englische Autoren, Bd 6). Hildesheim / Wien: Ollms-Weidmann.

JOACHIM M.H. **NEPPERT** / MAGNÚS **PÉTURSSON** (^{3}1992): *Elemente einer Akustischen Phonetik*. Hamburg: Buske.

O

HERMANN **OSTHOFF** / KARL **BRUGMANN** (1878): *Morphologische Untersuchungen auf dem Gebiete der indogermanischen Sprachen.* Erster Theil. Leipzig: Hirzel.

DAVID **ODDEN** (2005): *Introducing Phonology* (Cambridge Introductions to Language and Linguistics), Cambridge: Cambridge University Press.

P

GIULIO **PANCONCELLI-CALZIA** (1943): *Leonardo als Phonetiker.* Mit 217 Abbildungen. Hamburg-Wandsbeck: Hansischer Gildenverlag, Joachim Heitmann & CO.

GIULIO **PANCONCELLI-CALZIA** (1947): *Das Als Ob in der Phonetik. Eine erkenntniskritische Studie.* Hamburg-Bergendorf: Stromverlag.

GIULIO **PANCONCELLI-CALZIA** (1961): *3000 Jahre Stimmforschung. Die Wiederkehr des Gleichen.* Marburg: Elwert.

GIULIO **PANCONCELLI-CALZIA** (1994): *Geschichtszahlen der Phonetik* (1941); *Quellenatlas der Phonetik* (1940) [Reprint: (Studies in the History of Language Sciences) Amsterdam: John Benjamins].

HORTENSIA **PÂRLOG** (1997): *English Phonetics and Phonology.* Bucureşti: Bic ALL Universitar.

MAGNÚS **PÉTURSSON** / JOACHIM M.H. **NEPPERT** ([3]2002): *Elementarbuch der Phonetik.* Hamburg: Buske.

HEIDRUN **PELZ** ([4]1981): *Linguistik für Anfänger* (Kritische Wissenschaft). Hamburg: Hoffmann und Campe.

KENNETH **PIKE** ([6]1964), *Phonemics. A technique for reducing languages to writing.* Ann Arbor: University of Michigan Press.

HERBERT **PILCH** (1964): *Phonemtheorie Teil I.* (Bibliotheca Phonetica, Bd. 1). Basel: Karger.

BERND **POMPINO-MARSCHALL** (^{2}2003): *Einführung in die Phonetik* (de Gruyter-Studienbuch). Berlin / New York: de Gruyter

GEOFFREY K. **PULLUM** / WILLIAM A. **LADUSAW** (^{4}1991): *Phonetic Symbol Guide*. Chicago: Chicago University Press.

R

MARIA van SCHAIK **RĂDULESCU** (^{3}2007): *A short introduction to phonetics and phonology*. Universitatea Spiru Haret. Bucureşti: Editura Fundaţiei România de Mâine.

KARL-HEINZ **RAMERS** (^{2}2001): *Einführung in die Phonologie* (UTB 2008). München: Fink.

KARL-HEINZ **RAMERS** / HEINZ **VATER** (1992): *Einführung in die Phonologie* (Kölner Linguistische Arbeiten – Germanistik, Bd. 16). Hürth-Efferen: Gabel.

KARL-HEINZ **RAMERS** (2002): *Phonologie*. In: Jörg Meibauer (Hg.): Einführung in die germanistische Linguistik. Stuttgart, Weimar: Metzler: 70-120.

KARL MORITZ **RAPP** (1836; 1839; 1840; 1841): *Versuch einer Physiologie der Sprache nebst historischer Entwicklung der abendländischen Idiome nach physiologischen Grundsätzen*. Vier Bände. Stuttgart und Tübingen: in der J.G. Cotta'schen Buchhandlung.

KARL MORITZ **RAPP** (1859): *Der Verbal-Organismus der indisch-europäischen Sprachen. Erster Band. Das indische, das persiche und das slawische Verbum*. Stuttgart und Augsgburg: Cotta'scher Verlag.

RUDOLF **RAUSCH** / ILKA **RAUSCH** (^{7}2002): *Deutsche Phonetik für Ausländer*. Leipzig / Berlin / New York: Langenscheidt Verlag Enzyklopädie.

JOACHIM **RIEHME** (1986): *Grammatik / Orthographie. Zur Theorie und Praxis des Unterrichts*. Berlin: Volkseigener Verlag Volk und Wissen.

PETER **RITTER** ([5]2005): *Phonetik und Phonologie. Die Lehre von den Lauten der Sprache*. In: Volmert, Johannes (Hg.): Grundkurs Sprachwissenschaft. Eine Einführung in die Sprachwissenschaft für Lehramtsstudiengänge (UTB für Wissenschaft: Uni-Taschenbücher 1879). München: Fink: 55-85.

PETER **ROACH** (1992): *Introducing Phonetics* (Penguin English Linguistics). London: Penguin English.

PETER **ROACH** (2001): *Phonetics* (Oxford Introductions to Language Study). Oxford: Oxford University Press.

AL.[EXANDRU] **ROSETTI** ([4]1967): *Introducere în fonetică*. Bucureşti: Editura Ştiinţifică.

AL.[EXANDRU] **ROSETTI** / AURELIAN **LĂZĂROIU** ([5]1982): *Introducere în fonetică*. Bucureşti: Editura Ştiinţifică şi Enciclopedică.

BEATE **RUES** / BEATE **REDECKER** / ADRIAN P. **SIMPSON** / EVELYN **KOCH** / UTA **WALRAFF** (2007): *Phonetische Transkription des Deutschen, mit CD* (Narr Studienbücher): Tübingen: Gunter Narr.

S

MARIUS **SALA** (1971): *Phonétique et phonologie du Judéo-Espagnol de Bucarest* (Janua Linguarum, Series practica 142) (zugl. Univ. Diss., Bukarest). The Hague: Mouton.

EMILIA **SAVIN** / BASILIUS **ABAGER** / ALEXANDRU **ROMAN** ([2]1974): *Gramatica practică a limbii germane*. Ediţia a II-a revizuită de Emilia Savin şi Basilius Abager. Bucureşti: Editura Ştiinţifică.

FERDINAND DE **SAUSSURE** ([3]2001): *Grundfragen der allgemeinen Sprachwissenschaft* (Hg.: Charles Bally / Albert Sechehaye, mit einem Nachwort von Peter Ernst) (de Gruyter Studienbuch). Berlin: de Gruyter.

HUGO **SCHUCHARDT** (1885/ 1972): *Über die Lautgesetze. Gegen die Junggrammatiker*. In: Schuchardt, the Neogrammarians, and the Transformational Theory of Phonological Change: Four Essays by Hugo Schuchardt (eds.: Theo Venemann; Terence H. Wilbur) (Linguistische Forschungen, 26). Frankfurt / Main: Athenäum.

HERMANN **SCHEURINGER** / CHRISTIAN **STANG** (2004): *Die deutsche Rechtschreibung. Geschichte, Reformdiskussion, Neuregelung.* Wien: Edition Präsens.

AUGUST **SCHLEICHER** (1863): *Die Darwinsche Theorie und die Sprachwissenschaft – offenes Sendschreiben an Herrn Dr. Ernst Haeckel*. Weimar: H. Böhlau.

AUGUST **SCHLEICHER** ([3]1871): *Compendium der vergleichenden Grammatilk der indogermanischen Sprachen. Kurzer Abriss einer Laut- und Formenlehre der indogermanischen Ursprache, des Altindischen, Alteranischen, Altgriechischen, Altitalischen, Altkeltischen, Altslawischen, Litauischen und Altdeutschen*. Dritte berechtigte und vermehrte Auflage. Weimar: Hermann Böhlau.

GÜNTHER **SCHWEIKLE** ([2]1987): *Germanisch-deutsche Sprachgeschichte im Überblick*. Stuttgart: J.B. Metzlersche Verlagsbuchhandlung.

CLEMENS **SCHWENDER** (1997a): *S – wie Samuel*. In: Erst lesen – dann einschalten. Zur Geschichte der Gebrauchsanleitung. Berlin: Museum für Post und Telekommunikation: 70-80.

CLEMENS **SCHWENDER** (1997b): *Wie benutze ich den Fernsprecher? Die Anleitung zum Telefonieren im Berliner Telefonbuch 1881–1996/97* (Technical Writing: Beiträge zur Technikdokumentation in Forschung, Ausbildung und Industrie, Bd. 4), Frankfurt / Main: Peter Lang.

THEODOR **SIEBS** ([20]2004): *Deutsche Aussprache. Reine und gemäßigte Hochlautung mit Aussprachewörterbuch*. Berlin / New York: Walter de Gruyter.

DELIA **SIBIAN-ARSENOVICI** (1965): *Statistische Untersuchungen über die Phoneme im Deutschen und im Rumänischen.* [Timişoara] Universitatea din Timişoara. Catedra de limba şi literatura germană [Typoskript].

EDUARD **SIEVERS** (^{5}1901): *Grundzüge der Phonetik zur Einführung in das Studium der Lautlehre der indogermanischen Sprachen* (Bibliothek indogermanischer Sprachen, Bd. 1). Leipzig: Druck und Verlag von Breitkopf & Härtel [Nachdruck 1980: Hildesheim: Olms].

EDUARD **SIEVERS** (1924): *Ziele und Wege der Schallanalyse. Zwei Vorträge* (Sonderdruck aus der Festschrift für Wilhelm Streitberg: Stand und Aufgaben der Sprachwissenschaft). Heidelberg: Carl Winter's Universitätsbuchhandlung.

THEODOR **SIEBS** (1898): *Deutsche Bühnenaussprache. Ergebnisse der Beratungen zur ausgleichenden Regelung der deutschen Bühnenaussprache, die vom 14. bis 16. im April 1898 im Apollosaale des Königlichen Schauspielhauses zu Berlin stattgefunden haben.* Berlin, Cöln a. Rh. u.a.: Ahn.

THEODOR **SIEBS** (^{19}1969): *Deutsche Aussprache. Reine und gemäßigte Hochlautung mit Aussprachewörterbuch / Siebs* (Hg.: Helmut de Boor u. a.). Berlin: de Gruyter [Nachdruck: Wiesbaden: VMA-Verlag, 2000].

EBERHARD **STOCK** (^{2}1978): *Laut und Intonation.* In: Einführung in die Sprechwissenschaft. Leipzig: VEB Bibliographisches Institut Leipzig: 68-143.

HENRY **SWEET** (1885): *Elementarbuch des gesprochenen Englisch.* Oxford: Clarendon Press.

HENRY **SWEET** (1899): *The Practical Study of Languages.* A Guide for Teachers and Learners. London: Oxford University Press.

T

ELMAR **TERNES** (1976): *Probleme der kontrastiven Phonetik* (Forum Phoneticum, Bd. 13): Hamburg: Helmut Buske.

ELMAR **TERNES** (^{2}1999): *Einführung in die Phonologie* (Die Sprachwissenschaft: Einführungen in Gegenstand, Methoden und Ergebnisse ihrer Teildisziplinen und Hilfswissenschaften). Darmstadt: Wissenschaftliche Buchgesellschaft.

HANS GÜNTER **TILLMANN** / PHIL **MANSELL** (1980): *Phonetik. Lautsprachliche Zeichen, Sprachsignale und lautsprachlicher Kommunikationsprozess*. Stuttgart: Klett-Cotta.

HANS GÜNTER **TILLMANN** (1970): *Technische Kommunikationshilfen für Gehörlose. Ein Beitrag zur Signalphonetik*. Berlin-Charlottenburg: Carl Marhold Verlag.

N.[IKOLAI] S.[ERGEEWITSCH] **TRUBETZKOY** (1929): *Sur la <<morphonologie>>*. Travaux du Cercle Linguistique de Prague, vol.1, n.p.: **85-88**.

N.[IKOLAI] S.[ERGEEWITSCH] **TRUBETZKOY** (1931): Gedanken über Morphonologie. Travaux du Cercle Linguistique de Prague, vol.4, n.p.: 160-163.

N.[IKOLAI] S.[ERGEEWITSCH] **TRUBETZKOY** (1939): *Grundzüge der Phonologie* (Travaux du Cercle Linguistique de Prague, vol. 7) Prague: n.p.

N.[IKOLAI] S.[ERGEEWITSCH] **TRUBETZKOY** (^{7}1989): *Grundzüge der Phonologie* [Travaux du Cercle Linguistique de Prague, vol. 7, reprint]. Göttingen: Vandenhoek & Ruprecht.

N.[IKOLAI] S.[ERGEEWITSCH] **TRUBETZKOY** (2001): *Studies in General Linguistics and Language Structure* (Edited and with an Introduction by Anatoly Liberman. Translated by Marvin Taylor and Anatoly Liberman). Durham / London: Duke University Press.

V

HEINZ **VATER** (1999): *Einführung in die Sprachwissenschaft*. (UTB für Wissenschaft: Uni-Taschenbücher 1799). München: Fink.

EMANUEL **VASILIU** (1965): *Fonologia limbii române*. Bucureşti: Editura Ştiinţifică.

EMANUEL **VASILIU** (1967): *Problema fonemului în lingvistica actuală*. In: Ion Coteanu (ed.): Elemente de lingvistică structurală. Bucureşti: Editura Ştiinţifică: 81-89.

WILHELM **VIËTOR** (1885): *Die Aussprache der im Wörterverzeichnis für die deutsche Rechtschreibung zum Gebrauch in den preußischen Schulen enthaltenen Wörter*. Heilbronn: Henninger.

THEO **VENEMANN** (1992): Syllable Structure and Simplex Accent in Modern Standard German. In: Papers of the Twenty-sixth Regional Meeting of the Chicago Linguistic Society, ii, The Parasession on the Syllable in Phonetics and Phonology (eds. Michael Ziolkowski / Manuela Noske / Daren Deaton): Chicago: Chicago Linguistic Society: 399-412.

JOHANNES **VOLMERT** (^{5}2005): *Sprache und Sprechen: Grundbegriffe und sprachwissenschaftliche Konzepte*. In: Johannes Volmert, (Hg.:): Grundkurs Sprachwissenschaft. Eine Einführung in die Sprachwissenschaft für Lehramtsstudiengänge. (UTB für Wissenschaft: Uni-Taschenbücher 1879). München: Fink 9-28.

W

HANS-HEINRICH **WÄNGLER** (^{4}1983): *Grundriss einer Phonetik des Deutschen. Mit einer allgemeinen Einführung in die Phonetik*. Marburg: Elwert.

JOHANN **WOLF** (1969): *Methodik des deutschen Sprachunterrichts in den Klassen I – VIII* (Verfasst unter der Mitwirkung von Marie Johannes und Paula Knopf). Bucureşti: Editura didactică şi pedagogică.

RICHARD **WIESE** (^{2}2000): *The Phonology of German* (The phonology of the World's Languages, ed.: Jaques Durand). Oxford: Oxford University Press.

ERNST **WINDISCH** (^{3}1921): *Geschichte der Sanskrit-Philologie und Indischen Altertumskunde.* Strassburg: M. DuMont Schauberg. Berlin / New York: de Gruyter [Nachdruck 1992 mit Nachlasskapitel].

J.[OST] **WINTELER** (1876): *Die Kerner Mundart des Kantons Glaurus in ihren Grundzügen dargestellt.* Leipzig und Heidelberg: C. F. Wintersche Verlagsbuchhandlung [Nachdruck: Walluf bei Wiesbaden, 1972].

PETER **WUNDERLI** (1981): *Saussure-Studien. Exegetische und wissenschaftsgeschichtliche Untersuchungen zum Werk von F. de Saussure* (Tübinger Beiträge zur Linguistik, Bd. 148). Tübingen: Gunter Narr Verlag.

PETER **WUNDERLI** (1990): *Principes de diachronie. Contribution à l'exégèse du >> Cours de linguistique générale<< de Ferdinand de Saussure* (STUDIA Romanica et Linguistica, currant: Peter Wunderli / Hans-Martin Gauger, vol. 24). Frankfurt / Main: Peter Lang.

Z

EBERHARD **ZWIRNER** / KURT **ZWIRNER** (^{3}1982): Grundfragen der phonometrischen Linguistik. Basel: S. Karger.

<http://www.suetterlinschrift.de/Lese/Schriftgeschichte/Fraktur 1.htm> [03. 02. 2008; 23:11]. Frakturschrift. Webmaster: Peter Dörling. Abbildung zur Frakturschrift.

<http://www.suetterlinschrift.de/Lese/Sutterlin0.htm> [04. 02. 2008; 01:19]. Sütterlinschrift. Webmaster: Peter Dörling. Abbildung zur Sütterlinschrift.

<http://www.suetterlinschrift.de/Lese/Schriftgeschichte/Fraktur 3.htm> [04.02. 2008. 00:20]. Webmaster: Peter Dörling. Auszüge aus dem Erlaß vom 26. Juli 1751, in dem der König von Hannover anordnet, daß die Zeitung "Hannoversche Anzeigen" als Amtsblatt anerkannt wird und amtlich unterstützt werden soll.

<http://www.phill.uni_wuerzburg.de/institutelehrstuehle/institut _fuer_deutsche_philologie/lehrstuehle/lehrstuhl_fuer_deutsche_ sprachwissenschaft/studium/seminare_veranstaltungen/sprachw issenschaftl_seminar_i/semesterplan_ws_0708/> [25. 02. 2008; 04:39]. Webmaster: Universität Würzburg. Transkriptionsmodelle.

<http://www.transcriptio.de/43300.html> [25.02. 2008; 5:01]. Webmaster: Christian Harz. Abbidlung: Was ist Aufklärung?.

<http://www.arts.gla.ac.uk/ipa/> [25. 02.2008; 19:59]. Webmaster: IPA. Darstellungen der Vokale und Konsonanten.

<http://phonetik.shttp://www.uebersetzung.at/twister/de.htmc.ht ml> [25. 02. 2008; 13:52]. Webmaster: Rainhold Griesbach. Johann Wolfgang Goethe Universität / Frankfurt / Main. Beispielsätze.

<http://www.uebersetzung.at/twister/de.htm> [26. 02. 2008; 11:37]. Webmaster: Michael Reck. Zungenbrecher.

<http:// www.arts.gl.ac.uk/ipa/ipachart.html> [04- 05. 2008; 16:34].

X. DAS IPA TRANSKRIPTIONSSYSTEM
(aktualisierte Fassung, aus dem Jahr 2005)

X. SISTEMUL DE TRANSCRIERE IPA
(ediția actualizată din anul 2005)

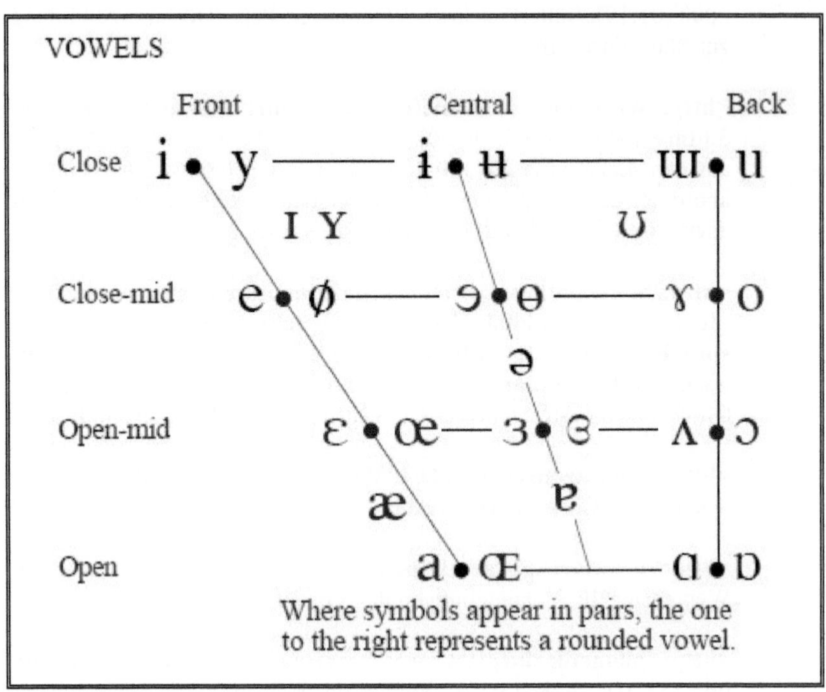

Die Vokale des IPA Transkriptionssystems
Vocalele sistemului de transcriere IPA

THE INTERNATIONAL PHONETIC ALPHABET (revised to 2005)

CONSONANTS (PULMONIC)

© 2005 IPA

	Bilabial	Labiodental	Dental	Alveolar	Postalveolar	Retroflex	Palatal	Velar	Uvular	Pharyngeal	Glottal
Plosive	p b			t d		ʈ ɖ	c ɟ	k g	q ɢ		ʔ
Nasal	m	ɱ		n		ɳ	ɲ	ŋ	ɴ		
Trill	ʙ			r					ʀ		
Tap or Flap		ⱱ		ɾ		ɽ					
Fricative	ɸ β	f v	θ ð	s z	ʃ ʒ	ʂ ʐ	ç ʝ	x ɣ	χ ʁ	ħ ʕ	h ɦ
Lateral fricative				ɬ ɮ							
Approximant		ʋ		ɹ		ɻ	j	ɰ			
Lateral approximant				l		ɭ	ʎ	ʟ			

Where symbols appear in pairs, the one to the right represents a voiced consonant. Shaded areas denote articulations judged impossible.

Die pulmonalen Konsonanten des IPA Transkriptionssystems
Consoanele pulmonale ale sistemului de transcriere IPA

CONSONANTS (NON-PULMONIC)		
Clicks	Voiced implosives	Ejectives
⊙ Bilabial	ɓ Bilabial	' Examples:
ǀ Dental	ɗ Dental/alveolar	p' Bilabial
ǃ (Post)alveolar	ʄ Palatal	t' Dental/alveolar
ǂ Palatoalveolar	ɠ Velar	k' Velar
ǁ Alveolar lateral	ʛ Uvular	s' Alveolar fricative

Die nicht-pulmonalen Konsonanten des IPA Transkriptionssystems
Consoanele nepulmonale ale sistemului de transcriere IPA

DIACRITICS		Diacritics may be placed above a symbol with a descender, e.g. ŋ̊				
̥ Voiceless	n̥ d̥	̤ Breathy voiced	b̤ a̤	̪ Dental	t̪ d̪	
̬ Voiced	s̬ t̬	̰ Creaky voiced	b̰ a̰	̺ Apical	t̺ d̺	
ʰ Aspirated	tʰ dʰ	̼ Linguolabial	t̼ d̼	̻ Laminal	t̻ d̻	
̹ More rounded	ɔ̹	ʷ Labialized	tʷ dʷ	̃ Nasalized	ẽ	
̜ Less rounded	ɔ̜	ʲ Palatalized	tʲ dʲ	ⁿ Nasal release	dⁿ	
̟ Advanced	u̟	ˠ Velarized	tˠ dˠ	ˡ Lateral release	dˡ	
̠ Retracted	e̠	ˤ Pharyngealized	tˤ dˤ	̚ No audible release	d̚	
̈ Centralized	ë	̴ Velarized or pharyngealized	ɫ			
̽ Mid-centralized	e̽	̝ Raised	e̝	(ɹ̝ = voiced alveolar fricative)		
̩ Syllabic	n̩	̞ Lowered	e̞	(β̞ = voiced bilabial approximant)		
̯ Non-syllabic	e̯	̘ Advanced Tongue Root	e̘			
˞ Rhoticity	ɚ a˞	̙ Retracted Tongue Root	e̙			

Diakritika im IPA Transkriptionssystem
Semne diacritice ale sistemului de transcriere IPA

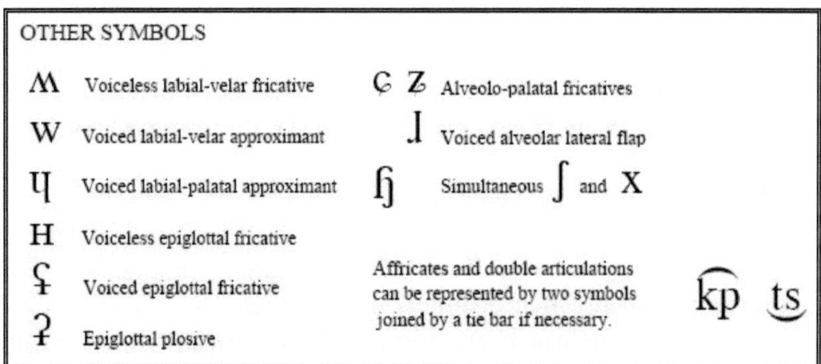

Andere Symbole des IPA Transkriptionssystems
Alte simboluri ale sistemului de transcriere IPA

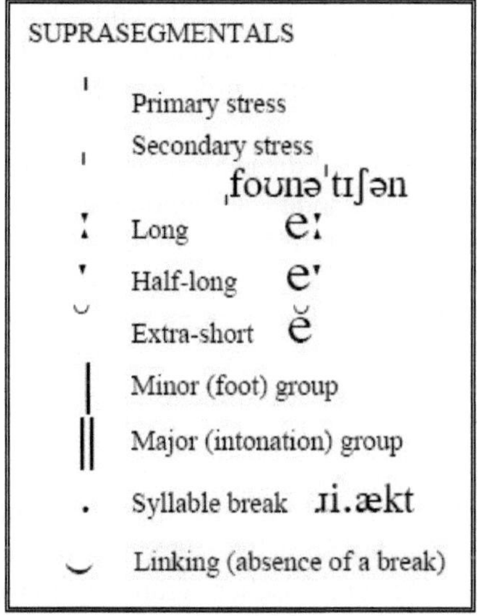

Notationen für Suprasegmentalia im IPA Transkriptionssystem
Notaţii pentru suprasegmentale în sistemul de transcriere IPA

IPA-Transkriptionen

1. Zwei exemplarische Transkriptionen nach Pompino-Marschall

Ein klassischer Text der bereits erwähnten sprechwissenschaftlichen Phonetik (HIRSCHFELD: 2006, S. 38), die sich in neuerer Zeit immer deutlicher als eine Teildisziplin der Phonetik mit Kanonisierungsansprüchen profiliert, ist der sogenannte „Nordwind - Sonne"-Text, der mehrfach als Sprachmaterial in Experimenten und Untersuchungen zu Sprechstörungen verwendet wird.

In seinem Standardwerk *Einführung in die Phonetik* (^{2}2003) verwendet Bernd Pompino-Marschall diesen Text für ein Experiment. Er lässt diesen Text von einem aleatorisch selektierten Sprecher in der Alltagssprache sprechen.
Dieser Sprecher bemüht sich also nicht sonderlich, den Text anders auszusprechen, als er ihn normalerweise in seinem gewohnten sprachlichen Umfeld artikulieren würde.

Nachdem Pompino-Marschall diese Sprechervariante des „Nordwind - Sonne"-Textes seines Probanden aufgenommen hat, zeichnet er nun die „impressionistische" (POMPINO-MARSCHALL: ^{2}2003, S. 268), also empirische Transkription seiner Aussprache auf.
Anschließend stellt er diese empirische Transkription einer normgerechten und modellhaften Standard-Transkription gegenüber, die er nach den Vorgaben des Aussprache-*Dudens* anfertigt.

Die zwei Varianten werden hier, leicht angepasst, gegenübergestellt. Daraus wird deutlich, wie wichtig die suprasegmentale Phonetik für die Perzeption und für das Sprachverständnis allgemein ist. So leidet die Verständlichkeit der empirischen Transkription massiv unter der nicht vorhandenen suprasegmentalen Gliederung.
Andererseits verdeutlicht der Vergleich, wie sehr die phonetischen Variationen der Alltagssprache von der Standardnorm abweichen.

Transcrieri IPA

1. Două transcrieri exemplare după Pompino-Marschall

În fonetica ştiinţelor logosului (HIRSCHFELD: 2006, p. 38) menţionată anterior, care se profilează în ultima vreme tot mai puternic ca o subdisciplină a foneticii cu pretenţii la canonizare, se foloseşte frecvent ca material lingvistic în experienţe şi cercetări de malfuncţii ale vorbirii un text de-acum clasic, cunoscut sub numele de „Vânt de nord – soare".

Bernd Pompino-Marschall foloseşte acest text pentru un experiment în lucrarea sa de referinţă *Introducere în fonetică* [Einführung in die Phonetik] (^{2}2003). El pune un vorbitor selectat aleatoriu să citească acest text într-o pronunţie uzual-colocvială.

Acest vorbitor nu se străduieşte deci în mod special să pronunţe textul altfel decât l-ar articula în mediul său lingvistic obişnuit.

După ce Pompino-Marschall a înregistrat varianta vorbită de către probandul său a textului „Vânt de nord – soare", el notează transcrierea „impresionistă" (POMPINO-MARSCHALL: ^{2}2003, p. 268), adică empirică a pronunţiei acestuia.

La sfârşit el opune acestei transcrieri empirice una exemplară, conformă cu norma, pe care o efectuează în conformitate cu regulile *Duden*-ului de pronunţie.

Cele două variante sunt prezentate aici într-o formă uşor adaptată. Din compararea lor reiese cât de importantă este fonetica suprasegmentală pentru percepţie şi pentru înţelegerea vorbirii în general. Astfel nivelul de accesibilitate al transcrierii empirice suferă masiv datorită lipsei structurării sale suprasegmetale.
Pe de altă parte comparaţia evidenţiază cât de mult deviază variaţiile fonetice de la norma standard.

ORTHOGRAPHISCHE FASSUNG
DES „NORDWIND – SONNE"-TEXTES

01. ‖ Einst stritten sich Nordwind und Sonne, |
02. | wer von ihnen beiden wohl der Stärkere wäre, |
03. | als ein Wanderer, |
04. | der in einen warmen Mantel gehüllt war, |
05. | des Weges daherkam. ‖

06. ‖Sie wurden einig, |
07. | dass derjenige für den Stärkeren gelten sollte, |
08. | der den Wanderer zwingen würde, |
09. | seinen Mantel abzunehmen. ‖

10. ‖Der Nordwind blies mit aller Macht, |
11. | aber je mehr er blies, |
12. | desto fester hüllte sich der Wanderer in seinen Mantel ein. ‖

13. ‖ Endlich gab der Nordwind den Kampf auf. ‖

14. ‖ Nun erwärmte die Sonne die Luft mit ihren freundlichen
Strahlen, |
15. | und schon nach wenigen Augenblicken zog der Wanderer seinen
Mantel aus. ‖

16. ‖ Da musste der Nordwind zugeben, |
17. | dass die Sonne von ihnen beiden die stärkere war. ‖

VARIANTA ORTOGRAFICĂ
A TEXTULUI „VÂNT DE NORD – SOARE"

01. ‖ Odată vântul de nord şi soarele se certau, |

02. | care dintre ei oare să fie cel mai tare, |

03. | când un călător, |

04. | care era învelit într-un palton cald, |

05. | trecu pe drum. ‖

06. ‖Ei se învoiră, |

07. | ca acela să treacă drept cel mai puternic, |

08. | care îl va sili pe călător, |

09. | să se dezbrace de palton. ‖

10. ‖ Vântul de nord suflă cu toată puterea, |

11. | dar cu cât mai mult sufla, |

12. | cu atât mai strâns se învelea călătorul în paltonul său. ‖

13. ‖ În sfârşit vântul de nord renunţă la luptă. ‖

14. ‖ Acum soarele încălzi aerul cu razele sale prietenoase, |

15. | şi deja după puţine clipe călătorul îşi dezbrăcă paltonul. ‖

16. ‖ Aşa vântul de nord trebui să recunoască, |

17. | cum că dintre ei doi soarele este cel mai puternic. ‖

EMPIRISCH-IMPRESSIONISTISCHE „ENGE" TRANSKRIPTION DES „NORDWIND – SONNE"-TEXTES

01. ‖ ʔaɪns'ʃtʁɪtn̩zɪç'nɔɐtvɪntʊn'zɔnə |

02. | veɐfəniːm̩'baɪdⁿn̩voldɐ'ʃtɛɐkəʁəveˑʁə |

03. | ʔalzɐɪŋ'vandəʁɐ |

04. |d̥ɐɣɪnaɪn'vaːm'mantⁱ⃦lgə‚hʏltvaːɐ |

05. | d̥əs veːɡəsd̥a'heːɐkʰaːm ‖

06. ‖ zɪvʊɐdn̩ 'ʔaɪnɪç |

07. | d̥əs'd̥eːɐjenɪɡəfʏɐdⁿʃtɛɐkɐʁəŋ gɛltⁿn̩zɔltə |

08. | d̥ɛɐŋ'vandəʁɐ'tsvɪŋn̩ʋʏɐdədə |

09. | zaɪm'matⁱl̩'ʔaptsʊ‚neːm ‖

10. ‖ d̥ɛɐ'nɔɐtvɪm 'bliːsmɪt 'ʔalɐmaxtʰ |

11. | 'ʔaːbɐjeˑ mɛɐɐ̯ bliːs |

12. | d̥esto'fɛstɐhʏltəzɪçd̥ɐ'vandəʁɐɐ̯nzaɪm'mantⁱlaɪn ‖

13. ‖ 'ʔentlɪçd̥aːpd̥ɐ'ɔɐtvɪndəŋ'kʰampf'aʊf ‖

14. ‖ nuːnʔɛɐ'veɐmtədɪ'zɔnəd̥ɪlʊfpᵐmɪtiˑɐn'fʁɔɪntlɪçn̩ 'ʃtʁaːln̩ |

15. | ʔʊnʃoːⁿnax've:nɪŋŋ'ʔaʊɡⁿŋ̩‚blɪkn̩̩tso:kd̥ɐ'vandəʁɐ zaɪm'mantl̩ʔaʊs ‖

16. ‖ d̥amʊstəd̥ɐ'nɔɐtvɪn'tsuːɡeːbᵐm̩ |

17. |d̥əsd̥ɪ'zɔnəfəniːm̩'b̥aɪdn̩n̩d̥ɐ'ʃtɛɐkəʁəvaːɐ ‖

TRANSCRIERE EMPIRIC-IMPRESIONISTĂ „STRÂNSĂ" A TEXTULUI „VÂNT DE NORD – SOARE"

01. ‖ ʔaɪns'ʃtʁɪt n̩zɪç'nɔ͡etvɪntun'zɔnə |

02. | veʁfəni:m̩'baɪd n̩voldɐ'ʃtɛʁkəʁəve·ʁə |

03. | ʔalzɐɪŋ'vandəʁɐ |

04. |d̥ɛɣɪnaɪn̩'va:m'mant lgə hʏltva:ʁ |

05. | d̥əs ve:gəsd̥a'he:ʁkʰa:m ‖

06. ‖ zɪvʊʁdn̩ 'ʔaɪnɪç |

07. | d̥əs'd̥e:ʁjenɪgəfʁɐd n̩ʃtɛʁkəʁəŋ gɛlt n̩zɔltə |

08. | d̥ɛʁŋ'vandəʁɐ tsvɪŋn̩vʁɐdədə |

09. | zaɪm'mat l̩'ʔaptsʊ ne:m̩ ‖

10. ‖ d̥ɛʁ'nɔ͡etvɪm 'bli:smɪt 'ʔalɐmaxtʰ |

11. | 'ʔa:bɐje· me͡ʁɐ bli:s |

12. | d̥ɛsto'fɛstɐhʏltəzɪçd̥ɐ'vandəʁɐɪnzaɪm'mant laɪn ‖

13. ‖ 'ʔɛntlɪçd̥a:pd̥ɐ'ɔ͡etvɪnd̥əŋ'kʰampf auf ‖

14. ‖ nu:nʔɛʁ'veʁmtəd̥ɪ'zɔnəd̥ɪlʊfp m̩miti:ʁɐn'fʁɔɪntlɪçn̩ 'ʃtʁa:ln̩ |

15. | ʔʊnʃo:ⁿnax've:nɪŋn̩'ʔa͡ʊg n̩ŋ blɪkn̩tso:kd̥ɐ'vandəʁɐ zaɪm'mantl̩ʔa͡ʊs ‖

16. ‖ d̥amʊstəd̥ɐ'nɔ͡etvɪn tsu:ge:b m̩m̩ |

17. |d̥əsd̥ɪ'zɔnəfəni:m̩'b̥aɪdn̩n̩d̥ɐ'ʃtɛʁkəʁəva:ʁ ‖

DUDENKONFORME STANDARDSPRACHLICHE „BREITE" TRANSKRIPTION

01. ‖a͡ɪnst 'ʃtʁɪtn̩ zɪç 'nɔɐ̯t͡vɪnt ʊnt 'zɔnə,

02. | veɐ̯ fɔn iːnən 'ba͡ɪdn̩ voːl deɐ̯ 'ʃtɛrkərə veːrə, |

03. | als a͡ɪn 'vandərɐ, |

04. |dɛɐ̯ ɪn a͡ɪnən 'varmən 'mantl̩ ˌɡə'hʏlt vaːɐ̯, |

05. | dɛs veːɡəs da'heːɐ̯kaːm. ‖

06. ‖ zɪ vʊrdn̩ 'a͡ɪnɪç, |

07. | das' deːɐ̯jeːnɪɡə fʏːr deːn ʃtɛrkərən ɡɛltn̩ zɔltə, |

08. | dɛɐ̯ deːn 'vandərɐ 't͡svɪŋən vʏrdə, |

09. | za͡ɪnən 'mantl̩ 'apt͡sʊˌneːmən. ‖

10. ‖ deːɐ̯ nɔrtvɪnt 'bliːs mɪt 'alɐ 'maxt, |

11. | aːbɐ jeː meːɐ̯ eːɐ̯ bliːs, |

12. | dɛsto 'fɛstɐ hʏltə zɪç deːɐ̯ 'vandərɐ ɪn za͡ɪnən 'mantl̩ a͡ɪn. ‖

13. ‖ 'ɛntlɪç ɡaːp deːɐ̯ nɔrtvɪnt deːn 'kampf 'a͡ʊf. ‖

14. ‖ nuːn ɛɐ̯'vɛrmtə d̥iː 'zɔnə dɪː lʊft mɪt iːrən 'fʁɔɪntlɪçn̩ 'ʃtʁaːln̩, |

15. | ʊnt ʃoːn nax 've:nɪɡən 'a͡ʊɡn̩ˌblɪkn̩ t͡soːk deːɐ̯ 'vandərɐ za͡ɪnən 'mantl̩ a͡ʊs. ‖

16. ‖ da mʊstə deːɐ̯ 'nɔɐ̯tvɪnt 't͡suːɡeːbn̩, |

17. |das diː 'zɔnə fən iːnən 'ba͡ɪdn̩ deːɐ̯ 'ʃtɛrkərə vaːɐ̯.‖

TRANSCRIERE „LARGĂ"
DUPĂ STANDARDUL DUDEN

01. ‖a͡ınst ˈʃtʁıtn̩ zıç ˈnɔ͡ɐtˌvınt ʊnt ˈzɔnə,

02. | ve͡ɐ̆ fɔn iːnən ˈba͡ıdn̩ voːl de͡ɐ̆ ˈʃtɛrkərə veːrə, |

03. | als e͡ın ˈvandərɐ, |

04. |de͡ɐ̆ ın a͡ınən ˈvarmən ˈmantl̩ ˌɡəˈhʏlt va͡ɐ̆, |

05. | dɛs veːɡəs d̬aˈheːɐ̆kaːm. ‖

06. ‖ zı vʊrdn̩ ˈa͡ınıç, |

07. | dasˈ deːɐ̆jeːnıɡə fʏːr deːn ʃtɛrkərən ɡɛltn̩ zɔltə, |

08. | de͡ɐ̆ deːn ˈvandərɐ ˈt͡svıŋən vʏrdə, |

09. | za͡ınən ˈmantl̩ ˈapt͡sʊˌneːmən. ‖

10. ‖ deːɐ̆ nɔrtvınt ˈbliːs mıt ˈalɐ ˈmaxt, |

11. | aːbɐ jeː meːɐ̆ eːɐ̆ bliːs, |

12. | dɛsto ˈfɛstɐ hʏltə zıç deːɐ̆ ˈvandərɐ ın za͡ınən ˈmantl̩ a͡ın. ‖

13. ‖ ˈɛntlıç ɡaːp deːɐ̆ nɔrtvınt deːn ˈkampf ˈa͡ʊf. ‖

14. ‖ nuːn ɛ͡ɐ̆ˈvɛrmtə d̬iː ˈzɔnə dıː lʊft mıt iːrən ˈfʁɔ͡ıntlıçn̩ ˈʃtʁaːln̩, |

15. | ʊnt ʃoːn nax ˈveːnıɡən ˈa͡ʊɡn̩ˌblıkn̩ t͡soːk deːɐ̆ ˈvandərɐ za͡ınən ˈmantl̩ a͡ʊs. ‖

16. ‖ da mʊstə deːɐ̆ ˈnɔ͡ɐtvınt ˈt͡suːɡeːbn̩, |

17. |das diː ˈzɔnə fən iːnən ˈba͡ıdn̩ deːɐ̆ ˈʃtɛrkərə va͡ɐ̆.‖

„Enge" realistische Transkripton mit realistischer Aussprache

Wir kamen in ein Gewitter.

„Breite" Transkription mit Berücksichtigung der Silbengrenzen

DER GOLEM

Gustav Meyrink

1. Das Mondlicht fällt auf das Fußende meines Bettes
2. und liegt dort wie ein großer, heller, flacher Stein.

3. Wenn der Vollmond in seiner Gestalt
4. zu schrumpfen beginnt
5. und seine rechte Seite anfängt zu verfallen –
6. wie ein Gesicht, das dem Alter entgegengeht,
7. zuerst an einer Wange Falten zeigt und abmagert-,

8. dann bemächtigt sich meiner um solche Zeit des Nachts
9. eine trübe, qualvolle Unruhe.

10. Ich schlafe nicht und wache nicht, und im Halbtraum
11. mischt sich in meiner Seele Erlebtes mit Gelesenem
12. und Gehörtem, wie Ströme von verschiedener Farbe
13. und Klarheit zusammenfließen.

Transcriere „strânsă" cu pronunţie realistă

Am intrat într-o furtună.
[Wir kamen in ein Gewitter.]

Transcriere „largă" cu considerarea limitelor silabice

GOLEMUL

Gustav Meyrink

1. Lumina lunii cade pe capătul piciorului patului meu
2. şi stă acolo întinsă ca o piatră mare, luminoasă, plată.

3. Când luna plină începe în forma sa
4. să se chircească
5. şi partea sa dreaptă începe să decadă –
6. ca o faţă care se îndreaptă spre bătrâneţe,
7. care arată pe un obraz riduri şi slăbeşte-,

8. atunci mă cuprinde la o vreme ca aceasta a nopţii
9. o nelinişte tulbure, chinuitoare.

10. Nu dorm şi nu sunt treaz, şi în semisomn
11. se amestecă în sufletul meu cele întâmplate cu cele citite
12. şi auzite, aşa cum râuri de culoare
13. şi claritate diferită converg.

„Enge" realistische Transkripton mit realistischer Aussprache

|| vɪɐkɑːmˀɪnˀaɪ͡ŋɡəvɪtɐ ||

„Breite" Transkription unter Berücksichtigung der Silbengrenzen

DER GOLEM

Gustav Meyrink

1. || das ˈmoːnt.lɪçt fɛlt ʔaʊf das fuːs.ʔen.də ˈmaɪ.nəs ˈbɛʈəs |

2. ʔʊnt liːkt dɔɐt | viː ʔaɪ͡n ˈɡʁoːsɐ ˈheʟɐ flaxɐ ʃtaɪ͡n.||

3. || vɛn deːɐ ˈfɔl.moːnt ʔɪn zaɪ.nɐ ɡə.ˈʃtalt

4. t͡sʊ ˈʃʁʊm.p͡fən bə.ˈɡɪnt

5. ʔʊnt ˈzaɪ͡.nə ˈʁɛç.tə ˈzaɪ.tə ˈʔan.fɛŋt t͡sʊ fɐ.ˈfaʟən

6. viː ʔaɪ͡n ɡə.zɪçt das deːm ˈʔal.tɐ ʔɛnt.ˈɡeːɡən.geːt

7. t͡sʊ ˈʔɛɐst ʔan ˈʔaɪ.nɐ ˈvaŋə ˈfal.tən t͡saɪɡt ʔʊnt ˈap.mɑː.ɡɐt

8. dan bə.ˈɛç.tɪkt zɪç maɪ.nɐ ʔʊm ˈzɔl.çə t͡saɪt dɛs naxt͡s

9. ʔaɪ͡.nə ˈkvɑːl.fɔʟə ʔˈʊn.ʁuː.ə

10. ʔɪç ˈʃlɑː.fə nɪçt ʔʊnt ˈvaxə nɪçt ʔʊnt ʔɪm ˈhalp.t͡ʁaʊ͡m

11. mɪʃt zɪç ʔɪn ˈmaɪ͡.nɐ ˈzeːlə ʔɐ.ˈleːp.təs mɪt ɡə.ˈleː.zɛ.nəm

12. ʔʊnt ɡə.ˈhœɐ.təm viː.ˈʃtʁøː.mə fɔn fɐ.ˈʃiː.də.nɐ faˈʁ.bə

13. ʔʊnt ˈklɑːʁ.haɪt t͡sʊ.ˈzamən.fliːsən.

Transcriere „strânsă" cu pronunţie realistă

|| vɪɐkɑːmˀɪnˀa͡ɪŋɡəvɪtɐ ||

3. Transcriere „largă" cu considerarea limitelor silabice

GOLEMUL

Gustav Meyrink

1. || das ˈmoːnt.lɪçt fɛlt ˀauf das fuːs.ˀɛn.də ˈma͡ɪ.nəs ˈbɛʈəs |

2. ˀʊnt liːkt dɔɐt | viː ˀa͡ɪn ˈɡʁoːsɐ ˈhɛl̩ɐ flaxɐ ʃta͡ɪn.||

3. || vɛn deːɐ ˈfɔl.moːnt ˀɪn za͡ɪ.nɐ ɡə.ˈʃtalt

4. t͡sʊ ˈʃʁʊm.p͡fən bə.ˈɡɪnt

5. ˀʊnt ˈza͡ɪ.nə ˈʁɛç.tə ˈza͡ɪ.tə ˈʔan.fɛŋt t͡sʊ fɐ.ˈfal̩ən

6. viː ˀa͡ɪn ɡə.zɪçt das deːm ˈʔal.tɐ ˀɛnt.ˈɡeːɡən.ɡeːt

7. t͡sʊ ˈʔɛɐst ˀan ˈʔa͡ɪ.nə ˈvaŋə ˈfal.tən t͡sa͡ɪɡt ˀʊnt ˈap.mɑː.ɡɐt

8. dan bə.ˈɛç.tɪkt zɪç ma͡ɪ.nɐ ˀʊm ˈzɔl.çə t͡sa͡ɪt dɛs naxt͡s

9. ˀa͡ɪ.nə ˈkvaːl.fɔl̩ə ˀˈʊn.ʁuː.ə

10. ˀɪç ˈʃlɑː.fə nɪçt ˀʊnt ˈvaxɐ nɪçt ˀʊnt ˀɪm ˈhalp.t͡ʁa͡ʊm

11. mɪʃt zɪç ˀɪn ˈma͡ɪ.nɐ ˈzeːlə ˀɛɐ.ˈleːp.təs mɪt ɡə.ˈleː.zɛ.nəm

12. ˀʊnt ɡə.ˈhœɐ.təm viːˈʃtʁøː.mə fɔn fɐ.ˈʃiː.də.nɐ faˈʁ.bə

13. ˀʊnt ˈklɑːʁ.ha͡ɪt t͡sʊ.ˈzamən.fliːsən.

XI. ABBILDUNGSVERZEICHNIS

XI. INDEX DE ILUSTRAȚII

XII. NAMENREGISTER

E
EHLERS, Klaas Hinrich: **137**.
ENGEL, Ulrich: **21**.
ERNST, Peter: 29, **33**, 71, 125, 211, 213, 237.
ESSEN, Otto von: **81**, 119, 215.

F
FABRICIUS, Hieronymus: **99**.
FIEDLER, Björn: **265**, 267.

G
GALENUS: **95**.
GEORG AUGUST II de Hanovra, Principe Elector: **163**.
GOETHE, Johann Wolfgang von: **67**
GRAUR, Alexandru: 87, 97, 109.
GRIMM, Jacob: **111**, 113.
de GROOT, A. W.: **137**, 139, 209, 215.
GUTENBERG, Johannes: **51**, 159.

H
HALLE, Morris: **73**, 77, 79, 239.
HALLER, Albrecht von: **101**.
HAKKARAINEN, Heikki J.: **153**, 191.
HARRIS, Roy: **135**.
HAUGEN, Einar Ingvar: **97**, 99.
HEIKE, Georg: **237**.
HELLWAG, Christian Friedrich: **105**.
HESTERMANN, Ferdinand: **139**.
HIRSCHFELD, Ursula: **267**, 303.
HJELMSLEV, Louis: **71**, 73.
HOLDER, William: **101**, 103.
HOWATT, Anthony P. R.: **153**.
HUMBOLDT, Wilhelm von: **23**, 25, 27, 29, 67, 73, 75, 101, 249.

J
JAKOBSON, Roman: **61**, 63, 135, 137, 239.
JONES, Daniel: **139**, 141, 143, 145, 147.
JONES, Sir William: **107**, 109, 113, 137.

K
KARCEVSKI, Serghei: **135**, 137.
KANT, Immanuel: **105**, 171.
KOCH, Rudolf: **159**.
KOHLER, Klaus: 65, **149**, 243, 245,

L
LADEFOGED, Peter: **145**, 147, 209.
LESKIEN, August: **113**, 115.
LUDOVIC AL II-LEA de Franconia: **157**.
LÜHR, Rosemarie: **151**.

M
MADDIESON, Ian: **145**
MAAS, Utz: **229**.
MANGOLD, Max: **193**, 195, 197.
MANSELL, Phil: **247**, 258, 263.
MAROLDT, KARL: **XXX, XXX**
MEINHOF, Carl: **81**.
MOISE, Ileana: **21**.
MOSER, Hugo: **193**.
MUNTEANU, Eugen: **39**.

N
NEPPERT, Joachim M.H.: 241, **245**, 247,

O
OSTHOFF, Hermann: 113.

P
PĀNINI: **89**, 91, 93, 97, 99, 107, 109, 113, 229.
PANCONCELLI-CALZIA, Giulio:
81 , 83, 85, 88, 93, 95, 97, 99, 111, 119, 149.
PAUL, Hermann: 113.
PÉTURSSON, Magnús: 241, **245**, 247,

PIKE, Kenneth: **211**, 255.
POMPINO-MARSCHALL, Bernd: 65, 81, 213, **247**, 303.

R
RAMERS, Karl Heinz: 210, **232**.
RAMÉE, Pierre: **98**.
RAPP, Karl Moritz: **64**, 66, 68, 70.
RASK, Rasmus: **110**.
ROMAN, Alexandru: **18**.
ROUSSELOT, Jean-Pierre: **116**.
RITTER, Peter: **180**.

S
SAUSSURE, Ferdinand de:
24, 26, 28, 30, 32, 34, 36, 38, 40, 42, 44, 46, 48, 50, 52, 60, 64, 70, 74, 86, 92, 96, 100, 106, 108, 114, 126, 130, 134, 150, 210, 212, 220, 224, 226, 234, 236, 246, 248, 254, 268, 272, 274.
SAVIN, Emilia: **18**.
SCHEURINGER, Hermann: **182**.
SCHLEICHER, August: **26**, 108, 214.
SCHUCHARDT, Hugo: **114**.
SCHWENDER, Clemens: **198**.
SECHEHAYE, Albert: **28**.
SHAW, George Bernard: **142**.
SĪBAWAIH aus Baṣra: **96**.
SIEBS, Theodor: 186, **188**, 190.
SIEVERS, Eduard: **112**, 114, 116, 118, 212, 214, 260.
STĂNESCU, Speranţa: **20**.
STEELE, Joshua: **102**.
STANG, Christian: **182**.
SWEET, Henry:
120, 122, 124, 126, 128, 130, 138, 140, 142, 144, 146, 148, 208, 248, 252, 254, 256, 270.
SÜTTERLIN, Ludwig: **172**.

T
TAYLOR, Talbot: **134**.
TERNES, Elmar: 228, **250**, 252.
TILLMANN, Hans G.: **246**, 258, 262.
TRUBETZKOY, N.S.:
60, 62, 64, 68, 70, 92, 134, 136, 210, 212, 228, 236, 238, 272.

XIII. SACHREGISTER

A

allgemeine Phonetik: **258**.
Al Kitāb: **96**.
akustische Phonetik (gennematische Phonetik): **264**.
Antiqua-Satz: 156, **158**, 162, 166, 172, 176, 182.
anudātta (ton adânc): **92**.
Aṣṭādhyāyī: 88, 90, 92, 98, 106, 108, 112, 228.
Arabik: **96**.
artikulatorische Phonetik (genetische Phonetik): 96, **264**.
auditive Phonetik (energemische Phonetik): **264**.

B

Black-Box: **40**, 74, 246,
Buchstabiertafeln: **198ff.**

D

DaF (Deutsch als Fremdsprache): **128**.
DaZ (Deutsch als Zweitsprache): **128**.
deskriptive (beschreibende) Phonetik: **258**.
„deutsche" Schrift: **164**.
Diachronie: **42**, 44, 46.
diachronisch: 26, 44, 250, 252, 258.
dynamisch-funktionale Kategorien: **222**, 226, 228.

E

Einheitsduden: **184**.
EL (Educational Linguistics): **130**.
Energeia: **22**, 24, 28.
Ergon: **22**, 24, 28.
Erste Orthographische Konferenz: **182**.
Experimentalphonetik: 80, 116, 118, 136, **260**.

XIII. INDEX DE TERMENI

***F**

fractură: **159**, 161, 163, 165, 167.
fonetica funcţională: **263**.
opoziţie funcţională: **69**, 225, 227.

***G**

pronunţie înaltă moderată [gemäßigte Hochlautung]: **193**.
fonologie generativă: **73f.**
scriere-grilaj: **159**.
glosematică: **71**.
glosem: **73**.
grafematică: **151**.
grafemică: **151**.
scriere „gotică": **165**.

***H**

Congresul lingvistic de la Haga: **131**, 133, 137, 139, 209, 215.
Şcoala de la Halle: 148, **249**, 267.
Şcoala de la Hamburg: 229, 243, **245**, 247, 251.
ştiinţa manuscriselor: **151**.
Hildebrandslied: **157**.
fonetica istorică (diacronică): **259**.

***J**

neogramaticienii („junimea gramaticienilor"):
65, 71, **113**, 115, 119, 135, 137, 261.

***K**

fractură cabinet: **163**.
vocale cardinale: **141**, 143, 145.
minusculă caroliniană: **155**.
cenem: **73**.
Şcoala de la Kiel **243**.
Corpusul de la Kiel: **151**.
competenţă: **27**, 75, 77, 79.

fonetica contrastivă: **263**.
corpus: 21, **89**, 105.
Şcoala de la Copenhaga: **71**.
scriere curentă: 169, **171**, 173.

***L**
langue: **37**, 39, 41, 43, 63, 71, 75, 79, 135, 153, 221.
langage:37, **41**, 43.
majusculă latină: **155**.
substanţă sonoră: **245**.
Şcoala de la Leipzig: **113**.

***M**
metafonetică: 53, **255**, 256, 272.
Muspilli: **157**.

***N**
NATO: **201**.
scriere nomică: **121**.
normă: 141, 151, **153**, 183, 185, 187, 189, 191, 193, 195, 197, 225.

***O**
structură de suprafaţă (surface structure): **77**, 79.
„filologia de ureche": **65**.
„fonetica de ureche": **65**.
opoziţie: **131**, 209.
ortoepie: 151, **153**, 187, 191.
ortografie: 51, 97, 125, **153**, 183, 185.
ortofonie: **153**.

***P**
pancronie: **47**.
filologia de hârtie: **65**.
paradigmatic: 39, 53, **55**, 57, 59, 61.
parole: 37, **39**, 41, 43, 47, 63, 71, 75, 79, 153, 221.

performanţă: **27**, 75, 77, 79.
gramatici filologice: **87**.
PHONDAT: **245**.
fonem:
21, **61**, 63, 69, 77, 79, 97, 125, 141, 143, 215, 221, 225, 227, 229, 233.
fonemică (*phonemics*): **209**, 211, 213.
fonetologie: 255, **257**, 269, 273, 275.
opoziţie fonologică: 53, **61**, 63, 67, 109, 215.
fonometrie: **261**.
plerem: **73**.
Şcoala de la Praga: **61**, 71, 137, 221.
„fonetică practică": **121**, 131.
proposition: **133**, 135, 137.
prozodia: **261**.
psihofonem: **69**.

***R**
Duden-ul Reformei [Reformduden]: **185**.
pronunţie înaltă pură [reine Hochlautung]: **189**, 191, 195.
nivel de suprafaţă (surface level): **79**.
scriere romică: **121**.
rotunda: **167**, 171.
RP (Received Pronunciation): **140**.

***S**
metafora jocului de şah: **45f.**
sunet Schwa primar [ə]: **67**.
corpul de literă Schwabach: **161**, 163, 165, 167.
semeologie: **35**, 37, 273, 275.
dicţionarul de pronunţie *Siebs*: **193**, 197.
banda fonetică a semnalelor: **247**, 263.
SLA [Achiziţia celei de-a doua limbi străine]: **129**.
construcţia limbii: **71**.
descrieri (istorice complete) de limbă: **87**, 89, 91, 97.

Sprachgebildelautlehre: **212**, 220, 236, 272.
Sprachgebrauch: 26, **70**.
Sprachnorm: **70**.
Sprachschema: **70**.
sprachwissenschaftliche Grammatiken: **86**.
Sprechaktlautlehre: **212**, 220, 236, 272.
Standardaussprache: 140, 186, 188, **194**, 196.
suprasegmentale Phonetik: 92, **260**, 262, 302.
Sutras: **88**.
Sütterlinschrift: **172**, 174.
svarita (fallende Tonlage): **92**.
Synchronie: **42**, 44, 46.
syntagmatisch: 38, **52**, 54, 56, 58, 60.
synthetische Phonetik: **262**.

U / Ü
Überlautung: **196**.
ūdātta (hohe Tonlage): **92**.
untersetzte Ebene (underlying level): **78**.
Urduden: **184**.

V
Vedanga,: 88, **90**.
Veden: **88**, 90.

T
tadjwid / tajwid: **96**.
Textura: **156**, 158, 160, 166.
Tiefenstruktur (deep structure): **76**, 78.

Z
ZNS (zentrales Nervensystem): **244**, 246.
Zweite Orthographische Konferenz: **184**.

ştiinţa formelor sunetelor vorbirii: **213**, 221, 237, 273.
uzul limbii: 27, **71**.
norma lingvistică: **71**.
schema limbii: **71**.
gramatici de lingvistică modernă: **87**.
ştiinţa actelor sunetelor vorbirii: **213**, 221, 237, 273.
pronunţia standard: 141, 187, 189, **195**, 197.
fonetica suprasegmentală: 93, 261, 263, 303.
sutre: **89**.
scriere Sütterlin: **173**, 175.
svarita (ton descendent): **93**.
sincronie: **43**, 45, 47.
sintagmatic: 39, **53**, 55, 57, 59, 61.
fonetica sintetică: **263**.

***U / Ü**
supraarticulare [Überlautung]: **197**.
ūdātta (ton înalt): **93**.
nivel de substrat (underlying level): **79**.
Primul Duden [Urduden]: **185**.

***V**
vedanga,: 89, **91**.
vede: **89**, 91.

***T**
tadjwid / tajwid: **97**.
textura: **157**, 159, 161, 167.
structură de adâncime (deep structure): **77**, 79.

***Z**
SNC (sistemul nervos central): **245**, 247.
a doua conferinţă ortografică: **185**.

Sorin Gadeanu

Studium der Germanistik, Anglistik und Kanadistik. lic. phil.: Temeswar, 1988, MA.: Düsseldorf, 1996, Dr. Phil.: Düsseldorf 1998. Franz Werfel Stipendium 1997–1999. Alexander von Humboldt Forschungsstipendium 2003–2005.
Gründungsmitglied des Literaturkreises Die Stafette (Temeswar, 1993) und der offenen studentischen Schreibkreise 8-o-clock (Wien, 2007) und halb neun (Wien, 2011).

Studii: Germanistică, anglistică şi canadistică. lic. phil.: Timişoara, 1988, MA.: Düsseldorf, 1996, Dr. Phil.: Düsseldorf 1998. Bursier Franz Werfel 1997–1999. Bursier Alexander von Humboldt 2003–2005.
Membru fondator al cercului literar Die Stafette (Timişoara, 1993) şi a cercurilor literare deschise studenţeşti 8-o-clock (Viena, 2007) şi halb neun (Viena, 2011).

SPRACHWISSENSCHAFT

Bd. 1   Sergio Viaggio: A General Theory of interlingual Mediation.
408 Seiten. ISBN 978-3-86596-063-4

Bd. 2   Karl-Ernst Sommerfeldt: Regionalgeschichte im Spiegel der Sprache.
188 Seiten. ISBN 978-3-86596-077-1

Bd. 3   Ulla Fix: Stil – ein sprachliches und soziales Phänomen. Beiträge zur Stilistik.
Herausgegeben von Irmhild Barz, Hannelore Poethe, Gabriele Yos.
462 Seiten. ISBN 978-3-86596-138-9

Bd. 4   Anja Seiffert: Autonomie und Isonomie fremder und indigener Wortbildung
am Beispiel ausgewählter numerativer Wortbildungseinheiten.
418 Seiten. ISBN 978-3-86596-141-9

Bd. 5   Ulla Fix: Texte und Textsorten – sprachliche, kommunikative und
kulturelle Phänomene. 510 Seiten. ISBN 978-3-86596-179-2

Bd. 6   Juliana Goschler: Metaphern für das Gehirn. Eine kognitiv-linguistische
Untersuchung. 244 Seiten. ISBN 978-3-86596-188-4

Bd. 7   Maria Wirf Naro: La composition en allemand : structure sémantique et fonction
littéraire. Mit einer ausführlichen Zusammenfassung in deutscher Sprache.
416 Seiten. ISBN 978-3-86596-284-3

Bd. 8   Bettina Bock/Ulla Fix/Steffen Pappert (Hg.): Politische Wechsel –
sprachliche Umbrüche. 404 Seiten. ISBN 978-3-86596-363-5

Bd. 9   Kerstin Preiwuß: Ortsnamen in Zeit, Raum und Kultur. Die Städte Allenstein/Olsztyn
und Breslau/Wrocław. 470 Seiten. ISBN 978-3-86596-368-0

Bd. 10   Werner Holly: Sprache und Politik. Pragma- und medienlinguistische Grundlagen
und Analysen, herausgegeben von Sonja Ruda und Christine Domke.
394 Seiten. ISBN 978-3-86596-438-0

Bd. 11   Hatice Deniz Canoğlu: *Kanak Sprak* versus *Kiezdeutsch* – Sprachverfall
oder sprachlicher Spezialfall? Eine ethnolinguistische Untersuchung.
138 Seiten. ISBN 978-3-86596-483-0

Bd. 12   Ulla Fix: Sprache in der Literatur und im Alltag. Ausgewählte Aufsätze.
452 Seiten. ISBN 978-3-86596-369-7

Bd. 13   Anja Hennemann/Claudia Schlaak (Hg.): Korpuslinguistische Untersuchungen.
Analysen einzelsprachlicher Phänomene. 202 Seiten. ISBN 978-3-86596-519-6

Bd. 14   Joachim Born/Wolfgang Pöckl (Hg.): „Wenn die Ränder ins Zentrum drängen ...".
Außenseiter in der Wortbildung(sforschung). 304 Seiten. ISBN 978-3-86596-449-6

SPRACHWISSENSCHAFT

SPRACHWISSENSCHAFT

Bd. 29 Sorin Gadeanu: Intelligente Laute: Ein System mit eigener Ordnung.
Dynamisch-funktionale Kategorien zur „Phonetologie" des Deutschen
für Rumänischsprachige / Sunete inteligente: Un sistem cu ordine propie.
Categorii dinamic-funcţionale ale „fonetologiei" limbii germane pentru vorbitorii
de limba română. 344 Seiten. ISBN 978-3-7329-0229-3

Bd. 30 Juan Cuartero Otal/Juan Pablo Larreta Zulategui/Christoph Ehlers (Hg.):
Querschnitt durch die deutsche Sprache aus spanischer Sicht. Perspektiven
der Kontrastiven Linguistik. 272 Seiten. ISBN 978-3-7329-0244-6

Bd. 31 Uwe Grund: Orthographische Regelwerke im Praxistest.
Schulische Rechtschreibleistungen vor und nach der Rechtschreibreform.
248 Seiten. ISBN 978-3-7329-0279-8

Bd. 32 Enrico Garavelli/Hartmut E. H. Lenk (Hg.): Verhüllender Sprachgebrauch.
Textsorten- und diskurstypische Euphemismen.
174 Seiten. ISBN 978-3-7329-0213-2

Bd. 33 Bettina Radeiski: Denkstil, Sprache und Diskurse. Überlegungen zur Wieder-
aneignung Ludwik Flecks für die Diskurswissenschaft nach Foucault.
210 Seiten. ISBN 978-3-7329-0325-2

Bd. 34 Coline Baechler/Eva Martha Eckkrammer/Johannes Müller-Lancé/Verena Thaler (Hg.):
Medienlinguistik 3.0 – Formen und Wirkung von Textsorten im Zeitalter
des Social Web. 354 Seiten. ISBN 978-3-7329-0078-7

Bd. 35 Joanna Szczęk: Phraseologie der Farben. Phraseologisches Wörterbuch
Deutsch–Polnisch/Polnisch–Deutsch. 130 Seiten. ISBN 978-3-7329-0337-5

Bd. 36 Dieter Cherubim: Sprachliche Aneignung der Wirklichkeit. Studien zur Sprach-
geschichte des neueren Deutsch. 636 Seiten. ISBN 978-3-7329-0250-7

Bd. 37 Bernd Spillner: Error Analysis in the World. A Bibliography.
586 Seiten. ISBN 978-3-7329-0356-6

Bd. 38 Karolina Suchowolec: Sprachlenkung – Aspekte einer übergreifenden Theorie.
458 Seiten. ISBN 978-3-7329-0339-9

Bd. 39 Anna Gondek/Joanna Szczęk (Hg.): Kulinarische Phraseologie.
Intra- und interlinguale Einblicke. 250 Seiten. ISBN 978-3-7329-0389-4

Bd. 40 Marcelina Kałasznik: Bezeichnungen für bekannte Personen im Polnischen und
im Deutschen. Eine lexikologische Analyse. 512 Seiten. ISBN 978-3-7329-0398-6

Bd. 41 Larissa Naiditsch/Anna Pavlova: Prädikatives Attribut. Eine Vergleichsstudie
für Deutsch und Russisch. ISBN 978-3-7329-0426-6. 180 Seiten

SPRACHWISSENSCHAFT

SPRACHWISSENSCHAFT

Bd. 56   Ulla Fix: Macht und Widerständigkeit durch Sprache.
         332 Seiten. ISBN 978-3-7329-0768-7

Bd. 57   Naima Tahiri: Die Syntax des Deutschen – eine Einführung.
         226 Seiten. ISBN 978-3-7329-0911-7

Ŧ Frank & Timme